U0617045

高职高专物流管理类"十三五"规划教材

仓储管理实务

（第二版）

主　编　朱　莉

副主编　关堂春

西安电子科技大学出版社

内 容 简 介

本书针对高职高专学生的特点，系统介绍了仓储经营管理的基本理论、方法和技能，以"模块导向、任务驱动"为教学模式进行编写。

全书共有九个模块，具体内容包括：仓储管理认知、仓储设施与设备、仓储规划与布局、仓储经营管理、仓储作业管理、库内物品的保养与维护、仓库安全管理、库存控制、仓储成本管理等。

本书围绕基础性和前沿性进行编写，以培养学生创新思维和实际能力为目的，融能力培养和素质教育为一体，着重培养学生的岗位职业道德、实际动手能力、岗位适应能力和可持续发展能力，以适应仓储企业岗位的需要。

本书可作为技术应用型高职高专物流管理及相关专业的教学用书，也可作为企业培训教材和物流行业人员的自学用书。

图书在版编目(CIP)数据

仓储管理实务 / 朱莉主编. 2版. —西安：西安电子科技大学出版社，2017.5
高职高专物流管理类"十三五"规划教材
ISBN 978 - 7 - 5606 - 4437 - 0

Ⅰ. ① 仓… Ⅱ. ① 朱… Ⅲ. ① 仓库管理—高等职业教育—教材 Ⅳ. ① F253

中国版本图书馆 CIP 数据核字(2017)第 068870 号

策　　划　戚文艳
责任编辑　宁晓蓉
出版发行　西安电子科技大学出版社(西安市太白南路 2 号)
电　　话　(029)88242885　88201467　　　邮　　编　710071
网　　址　www.xduph.com　　　电子邮箱　xdupfxb001@163.com
经　　销　新华书店
印刷单位　陕西利达印务有限责任公司
版　　次　2017 年 5 月第 2 版　　2017 年 5 月第 2 次印刷
开　　本　787 毫米×1092 毫米　1/16　　　印张　15
字　　数　353 千字
印　　数　3001～6000 册
定　　价　28.00 元

ISBN 978 - 7 - 5606 -4437 - 0 / F

XDUP 4729002-2

*** 如有印装问题可调换 ***

前　言

"仓储管理实务"是高等职业院校物流管理专业的一门必修主干课程，是在学生学习物流基础课程以后讲授的一门专业课。仓储作为物流活动的重要节点，其发展对一个国家和地区经济的综合配套能力与社会化服务的作用日益重要。

本书主要根据校企合作、工学结合培养模式，力求突出"理论够用、重在实操"的特色，注重作业流程及其功能的可操作性，从仓储业务基础知识、仓储管理要素、仓储业务流程及操作、仓储经济效益等方面进行阐述，培养学生分析、解决物流仓储业务实际问题的能力，同时使学生得到一定的实践技能训练。

本书力求通过对仓储活动的基本理论、功能和作业流程各环节的诠释，结合现代物流发展对仓储活动的基本要求，对仓储管理认识、仓库设施与设备、仓储规划与布局、仓储经营管理、仓储作业管理、库内物品的保养与维护、仓库安全管理、库存控制和仓储成本管理等方面的内容做了系统的阐述。

本书共九个模块，由淮北职业技术学院朱莉任主编并编写模块一、六、八、九；安徽商贸职业技术学院关堂春任副主编，编写模块三、五；安徽财贸职业技术学院曹宝亚编写模块四、七；六安职业技术学院汪高元编写模块二。

本书在编写过程中引用了许多同行的成果，在此向他们表示感谢。由于编者经验和水平有限，书中难免存在不足之处，恳望广大师生和读者提出宝贵意见。

编　者

2016 年 11 月

目　　录

模块一　仓储管理认知

学习目标

1. 了解仓储和仓储管理的基本概念
2. 掌握仓储的功能、仓储管理的任务及基本原则、仓储管理的内容
3. 了解我国仓储的历史和发展趋势

案例导入

西南仓储公司的业务演变

西南仓储公司是一家地处四川省成都市的国有商业储运公司，随着市场经济的深入发展，原有的业务资源逐渐减少，在企业的生存和发展过程中，经历了由专业储运公司到非专业储运公司再到专业储运公司的发展历程。

在业务资源和客户资源不足的情况下，这个以仓储为主营业务的企业其仓储服务是有什么就储存什么。以前是以五金交电为主，后来也储存过钢材、水泥和建筑涂料等生产资料。这种经营方式解决了企业仓库的出租问题。

那么，这家企业是如何发展区域物流的呢？

1. 专业化

当仓储资源又重新得到充分利用的时候，这家企业并没有得到更多利益。经过市场调查和分析研究，这家企业最后确定了立足自己的老本行，发展以家用电器为主的仓储业务。

一方面，在家用电器仓储上，加大投入和加强管理，加强与国内外知名家用电器厂商的联系，向这些客户和潜在客户介绍企业确定的面向家用电器企业的专业化发展方向，吸引家电企业进入。另一方面，与原有的非家用电器企业客户协商，建议其转库，同时将自己的非家用电器客户主动地介绍给其他同行。

2. 延伸服务

在家用电器的运输和使用过程中，不断出现损坏的家用电器。以往，每家生产商都是自己进行维修，办公场所和人力方面的成本很高，经过与客户协商，在得到大多数生产商认可的情况下，这家企业在库内开展了家用电器的维修业务，既解决了生产商的售后服务的实际问题，也节省了维修品往返运输的成本和时间，并分流了企业内部的富余人员，一举多得。

3．多样化

除了为客户提供仓储服务之外，这家企业还为一个最大的客户提供办公服务，向这个客户的市场销售部门提供办公场所，为客户提供了前店后厂的工作环境，大大提高了客户的满意度。

4．区域性物流配送

通过几年的发展，企业经营管理水平不断提高，企业内部的资源得到了充分的挖掘，同样，企业的仓储资源和其他资源也已经处于饱和状态。资源饱和了，收入的增加从何而来？在国内发展现代物流的形势下，这家企业认识到只有走出库区，走向社会，发展物流，才能提高企业的经济效益，提高企业的实力。发展物流从何处做起？经过调查和分析，决定从学习入手，向比自己先进的企业学习，逐步进入现代物流领域。经过多方努力，他们找到一家第三方物流企业，在这个第三方物流企业的指导下，通过与几家当地的运输企业合作(外包运输)，开始了区域内的家用电器物流配送，为一家跨国公司提供物流服务，现在这家企业的家用电器的物流配送已经覆盖了四川(成都市)、贵州和云南。

 思考题

1．通过分析西南仓储公司向现代物流的转变过程，你认为其转变成功的关键是什么？

2．通过本案例分析，你认为中国目前传统仓储企业怎样才能实现向现代仓储企业的转变？

任务一　仓　　储

一、仓储的概念

"仓"也称为仓库，是专门用来存放、保管储存物品的建筑物和场地，可以是房屋建筑、大型容器、洞穴或特定的场地等，具有存放和保管物品的功能。"储"表示收存物品以备使用，具有保管、收存、交付使用的意思。所谓仓储，就是利用仓库存放、储存未即时使用的物品的行为。

仓储是为适应社会产品出现剩余和产品流通的需要而形成的。当产品不能被即时消耗掉，需要暂时存放在某一场所时就产生了静态的仓储；将物品存入仓库并对存放在仓库里的物品进行保管、控制、提供使用等的管理，便形成了动态仓储。可以说仓储是对有形物品提供存放场所、物品存取过程和对存放物品的控制、保管的过程。仓储的性质可以归纳为：仓储是物质产品的生产持续过程，物质的仓储也创造出产品的价值；仓储既有静态的物品储存，也包括对物品的存取、保管、控制的动态过程；仓储活动发生在仓库等特定的场所；仓储的对象既可以是生活资料，也可以是生产资料，但必须是有形的物品。

二、仓储的功能

从整个物流过程看，仓储是保证其正常运转的基础环节之一。仓储的功能主要体现在以下几点：

(1) 保证社会生产顺利进行。当由于产品量大而难以消费时，运用仓储可以避免生产过程堵塞，保证生产过程能够继续进行。当然对生产所使用的材料、原料等进行合理的储备，也是生产能够顺利进行的一个重要保证。

(2) 调整生产和消费的时间差，维持市场稳定。集中生产的产品如果全部推向市场销售，必然会造成市场短时期内供求严重失衡，导致产品价格大幅降低，甚至无法消费而被废弃；相反，如果产品按季节分批量供应，则市场供应量适当而价格合理。仓储对生产的产品集中储存，保证了产品对市场持续不断地供给，满足了消费需求。这样解决了集中生产与供给之间的供需时差矛盾，稳定了市场，有利于生产的持续进行。

(3) 保持劳动产品价值。在商品进入消费领域前必须保持其使用价值，由于仓储是产品从生产到消费的最后一道环节，因此这项任务要由仓储来完成。仓储可对产品进行管理、保护，防止价值的损失。

(4) 衔接流通过程。使用仓储服务可以实现经济运输，商品在仓储中经分类、整合、拆除包装、配送等处理并存放，可以更好地适应销售。

(5) 传递市场信息。产品存货增加表明其产品需求减少或者竞争力降低，或者生产规模不符合市场需求。仓储环节反馈的信息一般较销售信息滞后，但其优点是信息成本极低，信息更为集中和准确。因此企业应重视仓储环节反馈的信息，将仓储量的变化作为决定生产的依据之一。

(6) 提供现货交易的场所。存货人要转让已在仓库存放的商品时，买方也可以到仓库查看货物，现场进行取样检验，双方可以在仓库进行转让交割，这样就减少了一定的运输过程。在仓库进行交易时，由仓库保管人出具的货物仓单可以作为实物交易的凭证，并作为对购买方提供的保证。仓单本身还可以作为一种融资工具，即使用仓单进行质押。

任务二 仓 储 管 理

仓储管理是指对仓库及仓库内的货物所进行的管理，是仓储机构为了充分利用所拥有的仓储资源来提供高效的仓储服务所进行的计划、组织、控制和协调过程。仓储管理的基本任务是提供储存功能、创造时间价值、提高资源效益，是现代物流最为重要的、必不可少的环节之一。仓储管理的任务包括宏观任务和微观任务。仓储管理的基本原则主要包括效率原则、效益原则和服务原则。仓储管理的内容包括了战略层面的规划，也包括仓储作业流程的操作。随着现代仓储业的发展，对仓储管理人员和仓储保管人员提出了新的和更高的要求。

一、仓储管理的概念

简单地说，仓储管理就是对仓库和仓库内储存的商品所进行的管理，是仓储机构为了充分利用所拥有的仓储资源来提供仓储服务所进行的计划、组织、控制和协调的过程。这种对仓库和仓库储存商品进行的管理工作，是随着储存商品品种的多样化，仓库结构、技术设备的科学化、现代化而不断发展的。因此，概括起来，仓储管理主要经历了简单仓储管理、复杂仓储管理和现代仓储管理三个发展阶段。

在仓库出现的初期以及后来相当长的一段时间内，由于生产力水平低下且发展缓慢，商品的库存数量和品种都很少，仓库结构简单，设备粗陋，因此，仓储管理工作也比较简单，主要负责产品出入库的计量及看管好库存物资使之不受损失。这种情况下的仓储活动，称之为简单仓储管理。

随着生产力水平的提高，特别是机器生产代替手工生产之后，社会储存产品数量增加，品种复杂，产品性质各异，对储存条件提出了各自不同的要求。同时，由于社会分工越来越细，许多生产性活动也逐渐转移到流通领域，使得仓库职能发生了变化。仓库不仅仅是单纯的储存和保管商品的场所，还可进行商品的分类、挑选、整理和加工等活动，从而增加了商品的价值。储存商品的复杂化和仓储职能的多样化，必然引起仓储建筑结构的变化以及技术设备的变化。机械进入仓库，使得仓储活动向复杂化方向发展，可称之为复杂仓储管理。

科学技术的进步特别是电子计算机的出现和发展，给仓储业带来了一系列的重大变化。在整个仓储活动过程中，可以使用计算机进行控制。现代仓库的出现，要求仓储工作人员专业化、仓储管理科学化、仓储手段现代化。目前，许多先进国家的仓储活动已经不是原来意义上的仓储了，而变成一个经济范围巨大的商品配送服务中心，并发展成为现代化的仓储企业。

二、仓储管理的任务

仓储管理的基本任务是提供物流的储存功能、创造时间价值、提高资源效益，是现代物流最为重要的、必不可少的环节之一。仓储管理的任务包括宏观任务和微观任务。

(一) 宏观方面的任务

(1) 设置高效率的组织管理机构。仓储机构是开展有效仓储管理的基本条件，是一切管理活动的保证和依托。仓储组织机构的确定需要围绕仓储经营的目标，以实现仓储经营的最终目标为原则，依据管理任务和因事设岗、权责对等的原则，建立结构简单、分工明确、互相合作和促进的管理机构与管理队伍。

(2) 以市场化手段配置仓储资源。市场经济最主要的功能是通过市场的价格和供求关系调节经济资源的配置。市场配置资源是以实现资源最大效益为原则，这也是企业经营的目的。仓储管理需要营造好本仓储机构的局部效益空间，吸引资源的投入。

(3) 积极开展商务活动。仓储商务活动是指仓储对外的经济联系，包括市场定位、市场营销(与消费者、媒体、政府)、交易和合同关系(与消费者、存货人)管理、客户关系管理、争议处理等。

仓储商务管理是关系到仓储生存和发展的关键工作，是经营收入和仓储资源得到充分利用的保证。从功能上看，商务管理是为了实现收益最大化，仓储管理必须遵循不断满足社会生产和人民生活需要的生产原则，最大限度地提供仓储产品，满足市场需要。

(4) 合理组织仓储生产。仓储生产包括货物入库、储存、装卸搬运、堆码、拣货、盘点、出库的作业等。仓储生产应遵循高效、低耗的原则，充分利用机械设备、先进的保管技术、有效的管理手段，实现仓储快进、快出，提高仓储利用率，降低成本，不发生差、损、错事故，保持连续、稳定的生产。

(5) 树立良好的企业形象。企业形象是指企业展现在社会公众面前的各种感性印象和总体评价的整合，包括企业和产品的知名度、社会的认可程度、美誉度、企业的忠诚度等方面。企业形象是企业的无形财富，良好的企业形象不仅促进产品的销售，也为企业的发展提供良好的社会环境。作为服务产业的仓储业，其企业形象的建立主要通过服务质量、产品质量、诚信和友好合作获得，并通过一定的宣传手段在潜在客户中推广。

(6) 努力提高仓储管理水平。任何企业的管理都不可能一成不变，需要随着企业内外环境的改变而不断改变，以适应形势的需要。仓储管理也不例外，也要根据仓储企业经营目的的改变、社会需求的变化而变化。仓储管理也要从简单管理到复杂管理、从直观管理到系统管理，在管理实践中不断补充、修正、完善，不断提高，实行动态的仓储管理。

(7) 着力提升员工素质。没有高素质的员工队伍，就没有优秀的企业。员工的精神面貌体现了企业的形象和企业文化。仓储管理的一项重要工作就是不断提高员工素质，根据企业形象建设的需要加强对员工的约束和激励。

(二) 微观方面的任务

(1) 合理组织货物收发。
(2) 采取科学的保管、保养方法。
(3) 合理规划并有效利用各种仓储设施。
(4) 保证仓储设施、库存物品、仓库职工的安全。
(5) 搞好经济管理，开源节流，提高仓储企业的经济效益。

三、仓储管理的原则

仓储管理的目标是快进、快出、多储存、保管好和省费用，因此其基本原则应该是保证质量、注重效率、确保安全、讲求效益。

1. 保证质量

仓储管理最基本的原则是保证质量。仓储管理中的一切活动，都必须以保证在库商品的质量为中心。没有质量的数量是无效的，甚至是有害的，因为质量不好的商品依然占用资金、产生费用、占用仓库空间。因此，为了完成仓储管理的基本任务，仓储活动中的各项作业必须有质量标准，并严格按标准进行作业。

2. 注重效率

仓储成本是物流成本的重要组成部分，因而仓储效率关系到整个物流系统的效率和成本。在仓储管理过程中，要充分发挥仓储设施和设备的作用，提高仓库设施和设备的利用率；要充分调动生产人员的积极性，提高劳动生产率；要加速在库商品的周转，缩短商品在库时间，提高库存周转率。

3. 确保安全

仓储活动中不安全因素很多。有的来自仓储物，有的来自装卸搬运作业过程，还有的来自人为破坏。因此要特别加强安全教育，提高安全意识，制定安全制度，贯彻执行"安全第一，预防为主"的安全生产方针。

4. 讲求效益

仓储活动中所消耗的物化劳动和活劳动的补偿是由社会必要劳动时间决定的。为实现经济效益目标，必须力争以最少的人、财、物消耗，及时准确地完成最多的储存任务。因此，对仓储生产过程进行计划、控制和评价是仓储管理的主要内容。

四、仓储管理的内容

1. 仓库的选址与建设

仓库的选址和建设是仓库管理战略层面所研究的问题，它涉及公司长期战略与市场环境相关联的问题的研究，对仓库长期经营过程中的服务水平和综合成本将会产生非常大的影响，所以必须提到战略层面来对待和处理。

2. 仓库机械作业的选择与配置

仓库机械作业的选择与配置，包括如何根据仓库作业特点和储存商品的种类及其理化特征，选择机械设备以及应配套的数量，如何对这些机械进行管理等。现代仓库离不开仓库所配备的机械设施和设备，如叉车、货架、托盘和各种辅助设备等。恰当地选择适用于不同作业类型的仓库设施和设备将大大降低仓库作业中的人工作业劳动量，并提高商品流通的顺畅性和保障商品在流通过程中的质量。

3. 仓库作业组织和流程

仓库作业组织和流程包括组织结构的设置，各岗位责任的分工，仓储过程中信息流程和作业流程的确定等。仓储的作业组织和流程随着作业范围的扩大和功能的增加而变得复杂。设计合理的组织结构和明确的分工是仓储管理目标得以实现的基本保证。合理的信息流程和作业流程会使仓储管理更为高效、顺畅，并达到客户满意的要求。

4. 仓库管理技术的应用

现代仓储管理离不开现代管理技术与管理手段，例如，选择合适的编码系统，安装仓储管理系统(WMS)，实行JIT(准时制)管理等先进的管理方法。现代物流越来越依靠现代信息和管理技术，这也是现代物流区别于传统物流的主要特点之一。现代仓储管理技术极大地改善了商品流通过程中的识别和信息传递与处理过程，使得商品的仓储信息更准确、快捷，成本也更低。

5. 仓库的作业管理

仓库作业管理是仓储日常管理所面对的最基本内容。例如，如何组织商品入库验收，如何安排库位，如何对在库商品进行合理保管、盘点和发放出库等。仓库的作业管理是仓库日常所面对的大量和复杂的管理工作，只有认真做好仓库作业中每一个环节的工作，才能保证仓储整体作业的良好运行。

6．仓储成本控制

成本控制是每一个企业管理者的重要工作目标，仓储管理也不例外。仓储综合成本控制不但要考虑库房内仓储运作过程中各环节的相互协调关系，还要考虑物流过程中各功能间的背反效应，以平衡局部利益和全局利益的关系，实现全局利益的最大化。选择适用的成本控制方法和手段，对仓储过程中每一个环节的作业表现和成本加以控制是实现仓储管理目标的要求。

五、对仓储管理人员的基本要求

(一) 现代仓储管理的类型及要求

1．生产企业的仓储管理及要求

生产企业仓储管理的要求是多方面的，最重要的是要确保在物流过程中仓储物资的价值和使用价值不受损失，为用户提供良好的仓储服务。具体来讲，对货物的收、管、发、运要做到及时、准确、安全、节约。

(1) 及时。

货物入库要做到：及时接运卸车；及时清点验收；及时搬运入库；及时登账、立卡、建档；及时传递单据；对存在问题的物资及时提出退换货或拒付索赔。

货物管理要做到：及时检查；及时通风防潮；及时维护保养。随时做到保管合理、存放有序、质量完好、清洁整齐、便于收发。日常管理时应注意苫盖严密，下垫适当；配套齐全，账卡清晰。

货物出库要做到：及时备货，准确符合，认真点交，及时发运，及时结算。

(2) 准确。

收发货物要求做到：品名、规格、型号、数量、质量配套准确。

发运货物要求做到：方向、到站、收货单位和件数(或重量)、运货票号准确。

业务手续要求做到：账、卡、物一致，单据、统计报表数字准确；反映情况准确。

财务结算要求做到：单据、金额准确；核收运杂费准确。

(3) 安全。

做好防潮、防热、防冻、防雷、防洪、防火、防虫、防盗等各项工作。达到无失火爆炸，无霉烂变质，无虫蛀鼠咬，无受潮锈蚀，无过期失效，无被盗丢失，无冻热损伤。

严格遵守操作规程和各项安全制度，防止在技术作业中发生事故。

加强库区警戒，严格控制闲杂人员进入库区。做好电源、火源及水源管理，完善消防设施设备，保证其处于良好的技术状态；切实做好警戒、保密、消防工作。

(4) 节约。

为节约开支、降低成本，进行仓储管理时应做到：抓好维修保养工作，使库存货物保持数量准确、质量完好，并降低维护保管费用；合理堆放货物，提高库房面积和容积的利用率；合理装卸搬运，力争做到满装满载；加强库用设备的维修与保养，提高其工作效率；加快技术革新，提高仓库自动化管理水平。

2．流通企业的仓储管理及要求

流通企业的仓库管理要根据市场的需求来确定商品的品种、数量、规格等。在仓储管理中流通企业要加强对市场需求的调查，了解上游生产企业的生产能力，积极组织货源以满足市场的需求。

流通企业的仓储管理主要应做好以下工作：

(1) 积极开展市场调研，了解市场需求和社会生产能力，拟定进货计划。

(2) 积极组织货源，调节货物，以保证市场供给。

(3) 及时进行货物盘点，及时处理积压货物。

(4) 认真做好货物保管工作，确保货物的质量。

3．第三方物流的仓储管理及要求

(1) 保证储存货物的安全。各种货物是企业顺利开展生产和经营活动的保证，确保货物安全是保管过程中的首要要求。

(2) 符合作业规范要求。在保管作业中，物流经理应对一些保管操作制定相应的作业规范，从而提高作业绩效，方便保管作业，实现合理库存，改善保管环境。

(3) 节约开支，降低储存成本。物流部门在保管货物的过程中必然会发生保管费用，这些费用是企业经营成本的组成部分。为此，在保管中的另一项重要任务就是使用多种方法，最大限度地降低成本。

(4) 为企业各方面的管理提供信息服务。企业内部控制依赖于各种信息的传递，保管货物的信息是其中重要的组成部分，是企业组织生产经营计划、进行各部门业务安排、实施经济核算的重要依据。

(二) 仓储管理人员的职责

仓储管理是把仓库内的人、财、物等各种要素合理地组织起来，使之能够正常运转，达到既定的管理目标，这就要求各岗位人员承担必要的责任和义务，同时也要赋予仓管人员一定的管理权力。因此，要建立起严格的仓管人员岗位责任制，明确各岗位履行的职责和应具备的基本要求，这样，才能做到合理分工、各司其职、责任清楚、职权明确，不断提高仓储管理水平，提高仓库的作业效率。

1．仓储管理人员的分类

(1) 按照仓储管理人员的岗位划分。根据岗位的不同，仓储管理人员可分为仓库主管、仓库管理员、仓储文员、搬运员等。

仓库主管：仓库的主要负责人，负责仓库的全面工作。

仓库管理员：主要负责仓库日常业务管理。

仓库文员：负责仓储作业记录与统计、单证流转管理。

搬运员：负责商品搬运方案的选择与实施。

(2) 按照仓储管理人员的部门划分。根据部门的不同，仓储管理人员可分为营销管理人员、业务管理人员、财务管理人员、仓管人员和搬运人员等。

营销管理人员：负责仓库的业务推广和客户管理。

业务管理人员：负责仓库的业务咨询、洽谈和业务办理。

　　财务管理人员：负责货仓的业务结算、经济活动分析，为企业管理者的业务决策提供财务信息支持等。

　　仓管人员：负责仓库储存商品的接货、验收、入库、分拣、储存和养护、出库等业务。

　　搬运人员：负责仓储物的移动、搬运等业务。

2. 仓储管理人员的基本要求

1) 仓储管理人员的基本素质要求

(1) 具有丰富的商品知识。充分地熟悉所管理的商品，掌握其理化性质和保管要求，能有针对性地采取管理措施。

(2) 充分掌握并能熟练运用现代仓储管理技术特别是现代信息技术。

(3) 熟悉仓储设备，能合理和高效地安排和使用仓储设备。

(4) 管理能力强，能区分工作的轻重缓急，有条不紊地处理各种事务。

(5) 具有一定的财务管理能力，能进行经济核算、成本分析，在正确掌握仓储经济信息的基础上，能进行成本管理、价格管理和决策。

2) 仓储管理人员的职责

(1) 认真贯彻仓库保管工作的方针、政策和法律法规，树立高度的责任感，忠于职守，热爱仓库工作，具有敬业精神。

(2) 严格遵守仓库管理的规章制度和工作规范，严格履行岗位职责，及时做好商品验收、保管保养和出库发运工作；严密各项手续制度，做到收有据、发有凭，及时准确销账，把好收、发、管三关。

(3) 熟悉仓库的结构、布局、技术定额，熟悉仓库规划；熟悉堆码、苫垫技术，掌握堆垛作业要求；在库容使用上做到：妥善安排货位，合理高效地利用仓容。

(4) 熟悉仓储商品的特性、保管要求，能有针对性地进行保管，防止商品损坏，提高仓储质量；熟练地填写表账、制作单证，妥善处理各种单证业务；了解仓储合同的义务约定，完整地履行义务。

(5) 重视仓储成本管理，不断降低仓储成本。妥善保管好剩料、废旧包装，做好回收工作；用具、苫垫、货板要妥善保管、细心使用，延长其使用寿命。

(6) 加强业务学习和训练，熟练掌握计量、测量用具和仪器的使用；及时掌握仓库管理的新技术、新工艺，适应仓储自动化、现代化和信息化的发展，不断提高仓储管理水平；了解仓储设备和设施的性能和要求，督促设备维护和维修。

(7) 严格执行仓库安全管理的规章制度，时刻保持警惕，做好防火、防盗、防破坏、防虫鼠等安全保卫工作，防止各种人身伤亡事故，确保人身、物资、设备的安全。

任务三　现代仓储的发展趋势

　　随着商品经济的飞速发展，现代意义上的仓库已不完全是古代意义上的"仓库"了，其内涵已经发生了深刻的变化。我国的仓储业发展迅速，但在服务质量和效益上还存在着明显的不足，与发达资本主义国家还有相当大的差距。我国仓储业发展应立足本国特色，提高仓储的社会化、专业化、标准化、科学化和现代化水平。

一、仓储的发展历史

(一) 仓储活动的产生

人类社会自从剩余产品出现以来，就产生了储存。"积谷防饥"是中国古代的一句警世名言，其简单的意思是将丰年剩余的粮食储存起来以防歉年之虞。

原始社会末期，当某个人或者某个部落获得的食物能够自给自足时，就会把多余的产品储藏起来，由此，也就产生了专门储存产品的场所和条件，于是"窑穴"就出现了。西汉时建立的"常平仓"是我国历史上最早由国家经营的仓库。可见，中国古代人们的"仓"是指储藏粮食的场所；而"库"则是指储存物品的场所。以后，人们逐渐将"仓"和"库"两个字连在一起用，表示储存各种商品的场所。随着商品经济的飞速发展，现代意义上的仓库已不同于古代的仓库了，其含义要广泛得多。

(二) 仓储活动的发展过程

回顾我国仓储活动的发展历史，可以分为古代仓储业、近代仓储业和现代仓储业三个阶段。

1. 中国古代仓储业

中国古代商业仓库是随着社会分工和专业化生产的发展而逐渐形成和扩大的。中国古代的"邸店"可以说是商业仓库的最初形式，但由于受当时商品经济发展的局限，它既具有商品寄存性质，又具有旅店性质。随着社会分工的进一步发展和交换的不断扩大，专门储存商品的"塌房"从"邸店"中分离出来，成为带有企业性质的商业仓库。

2. 中国近代仓储业

伴随着近代工业和商业的产生和发展，我国近代仓储业也逐步发展起来了。我国近代仓储业起源于商品流通领域。近代中国的商业性仓库也称为"堆栈"，是指堆存和保管物品的场地和设备。堆栈业与交通运输业、工商业的发展状况，以及与商品交换的深度和广度关系极为密切，在工商业发展较快的地区，堆栈也较为发达。如1929年上海的大小仓库已有40多家，库房总容量达90万吨。散装货品、堆场货栈、私营管理是当时的仓储特点。

3. 现代仓储业

新中国成立后，随着工业化的推进，仓储业也得到迅速发展。特别是20世纪后期，中国经济快速发展，并且融入经济全球化的发展洪流中。经济的发展带动了物流的发展，经济的全球化、商品的多样化、消费者需求的个性化对物流提出了更高的要求。现代信息技术的发展使物流向着快速、准确、高效和综合的方向发展。在经济发达的地区和城市，现代化的仓储物流设施开始发展起来，它包括先进的库房设施、高货架系统、高货架叉车、自动货架、自动分拣系统、全封闭库房，也包括库房中信息系统、条形码、仓储管理系统、无线射频等技术的应用。现代仓储的发展与信息技术的发展密切相关。

二、我国仓储业发展现状

尽管我国部分地区和部分行业的仓储设施及管理已经开始改变原有的状况，但整体的物流基础设施建设和仓储管理水平仍处于较初级的水平。

在我国，仓库一直属于劳动密集型企业，仓库中大量的装卸搬运、堆码、计量等作业都是由人工来完成的。因此，仓库不仅占用了大量的劳动力，而且劳动强度大，劳动条件差，劳动效率低。在多数传统行业，仓库的状况和运作模式依然没有变化。例如，在传统工业库房、食品库房、大型货品中转站、铁路公路转运货场等地方，依然沿用着旧式的仓储设施和管理方法。在我国东南沿海地区、大中型城市和经济开发区，较先进的现代仓储业开始发展起来，并逐步带动了整体物流水平的发展。我国仓储业的现状体现了我国经济发展的地缘性和行业性差异。具体来说，我国仓储业的现状有以下特点。

1. 仓储业发展势头良好

20 世纪末我国经济发展达到了较高的水平，同时带动了仓储业的发展，对仓储业的发展也提出了较高的要求，此后大型的现代化库房开始出现在经济较为发达的沿海地区和大中型城市，以满足地区发展对物资流通的现代化需求。随着外资企业的进入，先进的仓储管理系统和硬件设施也随之建立起来。现代商业体系的建立引导仓储业向着合理、高效、环保的方向发展。到 2003 年底，中国内地现代化自动库房已经超过 200 座，并且每年还在快速增长。

在仓储业硬件设施达到改善的同时，仓储业的管理水平也在不断提高。政府管理机构对仓储业的发展起到了引导和规范的作用，所颁布的物流技术标准等对仓储业的发展起着重要的作用；各种技术标准和管理措施的出台为仓储业的发展奠定了良好的基础，并为我国物流管理水平与国际接轨提供了保证。各高校纷纷建立物流专业，为仓储管理现代化提供专业人才，各种社会培训机构的出现也满足了企业发展对物流人才知识更新的要求。

2. 仓储业的计划经济特征依然存在

在计划经济体制下，我国的生产资料包括部分生活资料的生产和流通完全纳入计划分配的轨道。各部门为了储存和流通，建立了适合于某一类产品流通的储存保管仓库。相同功能的库房重复建设，大量空置，产品在库房中大量积压，仓库建设水平较低，多数仓库设计为平仓、无站台、靠近城市中心。这些库房不符合市场经济发展的需要，不能满足现代物流对仓库基本条件的要求。仓储业大发展所遗留的问题直接影响了一个地区经济的发展，也影响了城市或地区整体经济的发展。

3. 仓库的低水平建设与管理依然存在

我国大量的仓库是在计划经济体制下建立起来的，没有一个统一的仓储管理部门，没有仓储业建设和作业标准，仓库按照部门的各自需求建设。时至今日，多数仓库设施严重老化，并且随着城市的发展，仓库的位置处在城市的繁华地带，造成了交通不便。仓库管理水平与现代仓储管理要求更有一定的差距。一方面，传统企业将仓库作为附属部门，不重视仓库管理，人员业务素质也不高；另一方面，仓库中设施设备严重老化，不能适应企业发展的需要。这些仓储业的弊端至今在有些行业和地区还没有得到根本的解决。

4．仓储技术发展不平衡

近几年，虽然仓储技术在我国得到了较大的发展，但是，还存在着行业和地区的不均衡性。国外先进仓储技术的引入，使我国仓储业发生了显著变化，特别是自动化仓储技术在一些企业的运用，使我国仓储技术水平有了较大的提高。至 2003 年底，我国已经有自动化仓库 200 座以上，但是多数集中在发达地区和沿海城市，集中在高附加值的行业。各地仓库设备以及技术的差距依然存在。

三、仓储业的发展趋势

随着生产的发展和流通规模的扩大，随着我国经济融入国际经济体系的速度加快，我国仓储业也将发生一系列的变化。

1．仓储社会化

我国传统的仓储管理模式是条块分割，自成体系，造成了以部门或地区为单位的仓库分布和组织形式，多数仓库不面向社会和市场，其结果是占用了大量的资源，但利用率不高。随着改革开放和市场经济的发展，条块分割和行政管理模式将被打破，很多行业和企业的仓库将直接参与市场竞争。面向社会、面向市场，提供合理、快速、安全的流通集散地是仓储业社会化发展的趋势。

2．仓储产业化

随着仓储业技术含量的增加，仓储在商品流通过程中提供的功能的增多，实现价值的增大，仓储业也必然向着产业化的方向发展。大型物流中心、配送中心将承担越来越多的连接生产商与销售商的中心节点的作用，流通加工、再包装等工作将转移到仓库中完成。

3．仓储标准化

为了提高物流效率，保证物流的统一性与各物流环节的有机联系，并与国际接轨，必须制定仓储标准。仓储标准化是物流标准化的重要组成部分。

4．仓储现代化

仓储现代化是现代物流的重要组成部分。商品流通快速化、小批量、多品种的趋势要求现代物流中心为其提供相应服务，传统的库房将逐渐被淘汰，取而代之的将是配备现代信息系统、装备高技术的现代化物流中心。

◆◆◆◆◆　　模 块 小 结　　◆◆◆◆◆

通过本模块学习需要掌握的知识点有：仓储及仓储管理的概念，仓储的功能，仓储管理的任务、基本原则及内容，仓储管理人员应具备的素质。重点掌握仓储的功能、仓储管理的基本原则、仓储管理的内容。

本模块需要掌握的技能点有：为什么说仓储是社会生产顺利进行的必要过程？仓储管理中的"效益"与"效率"之间的关系是什么？仓储企业的服务水平是否越高越好？

关键概念

静态仓储；动态仓储；效率；效益；仓储社会化；仓储产业化；仓储标准化；仓储现代化

✦✦✦✦ 练 习 与 思 考 ✦✦✦✦

一、单选题

1．在仓储过程中对产品进行保护、管理，防止损坏而丧失价值，体现了仓储的( )功能。

    A．保管　　　　　　　　　　B．整合

    C．加工　　　　　　　　　　D．储存

2．( )是指企业将仓储管理等物流活动转包给外部公司，由外部公司为企业提供综合物流服务。

    A．租赁仓库仓储　　　　　　B．供应商管理库存

    C．第三方仓储　　　　　　　D．寄售

3．仓储管理活动可以表述为：仓储管理人员和作业人员借助仓储设施和设备，对( )进行收发保管。

    A．库存物　　　　　　　　　B．仓库

    C．仓库管理系统　　　　　　D．重要物资

4．仓储具有( )和静态仓储两种。

    A．动态　　　　B．流动　　　　C．静止　　　　D．停滞

5．仓储包括储存、( )和控制过程。

    A．保管　　　　B．运输　　　　C．生产加工　　　D．销售

6．在我国商业仓库的最初形式是( )。

    A．客栈　　　　　　　　　　B．塌房

    C．邸店　　　　　　　　　　D．堆栈

7．物流过程中的重要环节是( )。

    A．生产　　　　　　　　　　B．仓储

    C．流通　　　　　　　　　　D．位移

8．物流的两大支柱是( )。

    A．运输和配送　　　　　　　B．运输和包装

    C．运输和仓储　　　　　　　D．仓储和配送

9．仓储的基本功能是( )。

    A．储存和保管　　　　　　　B．时间调节

    C．价格调节　　　　　　　　D．衔接商品流通

10．我国近代仓储业起源于商品的(　　)。
　　A．流通领域　　　B．生产领域
　　C．销售领域　　　　　　　D．购买领域

二、多选题

1．仓储管理的内容包括(　　)。
　　A．仓库选址　　　　　　　B．仓库机械选择
　　C．仓库人员　　　　　　　D．库存管理

2．我国仓储业现代化包括(　　)。
　　A．仓储社会化、功能专业化　　B．仓储标准化
　　C．仓储机械化、自动化　　　　D．仓储信息化、信息网络化
　　E．管理科学化

3．仓储标准化的重要组成部分是(　　)。
　　A．包装标准化　　　　　　B．标志标准化
　　C．托盘成组标准化　　　　D．容器标准化

4．纵观中国仓储活动的发展历史，大致经过了以下几个阶段(　　)。
　　A．中国古代仓储业　　　　B．中国近代仓储业
　　C．社会主义仓储业　　　　D．仓储业现代化发展阶段

5．仓储管理的基本原则包括(　　)。
　　A．保证服务质量　　　　　B．注重效率
　　C．确保安全　　　　　　　D．讲求效益

三、判断题

1．库存是指企业在生产经营过程中为现在和将来的耗用或者销售而储备的资源。
(　　)

2．实行仓储管理可以降低运输成本和运输效率。(　　)

3．仓储既有积极的一面也有消极的一面。只有考虑到仓储作用的两面性，尽量使仓储合理化才能有利于物流业务活动的顺利开展。(　　)

4．仓储劳动的质量通过在库物品的数量和质量的完好程度、保证供应的及时程度来体现。(　　)

5．中国仓储业的一个主要不足就是仓库的拥有量大，但管理水平较低。(　　)

四、简答题

1．仓储管理中的效率与效益之间存在着怎样的关系？
2．仓储有哪些功能？
3．仓储管理的内容包括哪几个方面？

◆◆◆◆◆　**实 训 实 践**　◆◆◆◆◆

1．上网查询外国仓储巨头来中国投资对中国的仓储业有何影响。
2．学习本模块后，你对完善我国仓储业有哪些感想？

◆◆◆◆◆ **案 例 分 析** ◆◆◆◆◆

以仓储管理为核心 惠尔 100 万实现"脱胎换骨"

如今，信息化管理已成为客户选择第三方物流服务时最基本的要求。上海惠尔物流有限公司借助信息化成功地由一家传统的运输公司转型为第三方物流公司，完成了"脱胎换骨"的转变。

需求：以仓储管理为核心

2003 年 4 月，惠尔决定转型。此前，惠尔是一家传统的运输公司，其目标是转型为第三方物流公司，开展以储、运一体化为主要内容的物流服务。

与此同时，惠尔制定了"通过物流分发网络的快速扩张，大幅缩短客户响应时间，以及通过电子商务来拓展市场"的战略。

要实现这些美好的"蓝图"，惠尔的领导寄希望于物流信息管理系统。因为物流公司不是拼有多少车，而是拼服务，也就是看物流公司能否提供准确的报表反馈，以保证单据处理的及时和准确。

但是，惠尔的信息化需求究竟是什么？惠尔究竟要建立一套怎样的物流信息管理系统？公司领导莫衷一是。正在此时，将近而立之年的孙大亮加盟惠尔，任惠尔信息技术部经理。孙大亮大学毕业后进了一家新加坡的物流公司，一干就是 4 年，对物流的各环节了如指掌。他提出："对于物流管理，仓库是核心，尽管利润点可能不在仓库。拿到仓库，运输就基本拿到了；拿到运输，但拿不到仓库的话，估计客户也很快会丢掉。所以，物流管理的核心是仓储管理，然后可上升到供应链管理。"

基于这种认识，惠尔的整体物流系统建设把仓储管理系统摆在了首位，同时兼顾运输管理系统、客户关系管理系统、电子商务系统等。

针对系统的设计目标，孙大亮指出："要创建一个基于网络的集成物流管理信息系统，实现企业、客户及相关环节信息资源的数据共享和数据交换。系统应该具有良好的稳定性和可扩展性，能够同外部系统集成，并且安全可靠。"

选型：适合的才是最好的

谈及惠尔物流信息管理系统的投资情况，孙大亮向记者透露："整个系统的投资总计 100 多万，其中软件占 60%。"据了解，与同行业相比，惠尔建这样一套物流信息管理系统，投资额度还达不到中等水平。针对这种情况，孙大亮表示："没有最贵的，只有最合适的。"

基于这种考虑，惠尔最终选择了招商迪辰软件系统有限公司来开发这套系统。针对与迪辰的合作，孙大亮补充道："其实，迪辰开发的物流信息管理系统并不比其他的物流系统便宜。之所以选择迪辰，是因为迪辰的物流信息管理系统拥有较好的 DAP 平台。DAP 平台是采用纯 Java 开发的 BS 三层架构，能满足惠尔目前的需求及客户在线随时查询的需求。"

据悉，DAP 是招商迪辰开发的应用于物流及供应链管理领域的标准化信息技术平台。DAP 平台具有行业针对性，可进行图形化操作及管理。

基于 DAP 平台，迪辰为惠尔要做的就是个性化的开发工作。对于惠尔物流信息管理系统的定位，孙大亮提出："我们没有太复杂的工作，就是进出、库内管理、增值服务，所以系统不会选太复杂的功能化软件，而是需要流程化软件。"

就在建设物流信息管理系统之际，惠尔已开始在全国设立分发中心。目前，惠尔在全国 14 个城市设立了分发中心，仓库总面积达 8 万平方米，其中设在上海的中央分发中心仓库面积达 4 万平方米。

根据第三方物流服务网点化和核心仓储管理的特点，迪辰首先使系统做到集中化，即集中中央数据库、集中统一接单、集中统一动态管理，这些集中式管理不是记账式管理，而是由系统控制的主动管理。同时，在仓库管理系统和运输管理系统之间，增加了一个订单处理模块，将两大系统协同起来，避免了重复劳动。此外，迪辰还使整个系统实现流程化，按照严格的流程图，一步一步按图操作，完全贯彻了集中化、协同化、流程化的思路。

目前，惠尔各地的分发中心借助因特网，随时可与客户系统进行连接和数据交换。

实施：关注细微处

在项目实施过程中，尤其是个性化设计方面，迪辰项目组没少遇到一些细枝末节的问题，比如有关报表的处理。

第三方物流服务具有跨行业、跨客户、跨地区的特点，客户的个性化要求很多，他们对报表的需求也各种各样。最初，系统对报表的处理相对封闭，但业务要求系统报表一定要做成开放式的、可维护的。双方经过研究，决定在系统中增加一个报表设计器，设计好业务报表后，用户可以随时维护，以不变应万变，这样就可以满足不同客户的需求。

"大的框架确定后，系统的实施就是一些细节的问题。"孙大亮道出了惠尔物流信息管理系统实施的关键。

有一次，孙大亮发现系统打出的单据上没有标明具体时间，于是，他急忙找到迪辰项目组的负责人，提出："对于第三方物流服务，客户最关心的就是时间。"随后，系统中单据的处理程序便增加了时间要素。

就整个系统而言，让孙大亮比较满意的地方，还是 BS 架构下对查询速度、操作方式等细微处的处理。孙大亮告诉记者："CS 架构较之 BS 架构，最大优势就在于其查询速度快、操作简便，但我们基于 BS 架构的系统经过技术处理，目前在这些方面也达到了 CS 架构的水平。"由于这些方面的成功处理，最终实现了孙大亮"用最少的钱做最多的事"的初衷。

至于系统中需要改进的地方，孙大亮表示："目前，系统还存在一些细节性的地方需要改进，比如拣货、补货机制等。当然，我们在使用过程中将不断优化系统。"

(案例选编自《中国计算机报》2007 年)

结合案例回答问题：
1. 惠尔公司为什么要遵循以仓储管理为核心的原则？
2. 惠尔公司是如何进行仓储管理的？
3. 对惠尔公司的仓储管理工作进行评价。

模块二　仓储设施与设备

学习目标

1. 了解常用的叉车、托盘和自动化分拣设备的类型
2. 掌握仓储常用设备的基本概念、用途和特点
3. 掌握托盘系列标准，掌握常用仓储设备的功用
4. 能根据不同的仓储要求选择合适的货架系统
5. 能根据物流中心需求选择合适的托盘、叉车和自动化分拣设备
6. 能区分不同的仓储设备的特点及用途

案例导入

上千万元的自动分拣系统为何成了摆设？

随着元旦和春节的临近，大量的非标准信函、书写不规范信函以及夹寄物品的信函，使银川邮区中心局上千万元的自动分拣系统连续三年冬天成了摆设。

中心局分拣科员工不得不日夜加班进行手工分拣，确保所有信函能平安送到用户手中。他们呼吁，居民在投寄信函时应使用国家规定的标准信封，这不仅能保证信函平安快速送达，而且还能大大减轻邮政系统操作人员的劳动强度。

2001 年，我国开始全面推广标准信封，国家邮政局专门为全国 200 多个邮区中心局配备了自动分拣系统，大大提高了邮政系统的工作效率，减轻了操作人员的劳动强度，缩短了信函的时限。银川邮区中心当年夏天也配备了每小时分拣信函 3 万件的自动分拣系统，价值超过 1000 万元，仅调拨和安装费用就达到 75 万元。可好景不长，广大市民在节日来临前，纷纷利用贺卡和信函向亲朋好友表示祝福。各种不同规格的贺卡、书写不规范的信封以及夹寄物品的信函上了自动分拣系统后，有的被机器打坏了，有的被卡住导致机器无法工作，有的夹带了其他物品的信函甚至损坏了机器。分拣科员工为了将信函分清楚，只好手工重新分类，结果是耗时、耗力又得重复劳动。

银川邮区中心局分拣科统计员鲁扬无奈地告诉记者，平时分拣科函件班日处理信函量一般为十一二万件，到了节日前夕，函件班日处理信函量就达到十五六万件，如果利用分拣系统，只需要四五个小时就能分拣完。但因为其中有 50% 左右的"问题信函"，分拣系统根本无法工作。每年冬天，银川邮区中心局自动信函分拣系统都成了摆设。

据分拣科函件班班长王金芳分析，问题信函主要有以下三种。一种是信封不标准，有大有小。国家规定印制信封必须持有省级邮政部门核发的准印证，可许多印刷厂为了谋利，无证印制不合标准的信封，一旦碰到自动信函分拣系统就会出现问题。一种是邮政编码书写不规范或者书写错误。自动信函分拣系统主要是通过识别邮政编码将信函正确分类，碰到上述种类的信函就会束手无策。第三种是在信函中夹寄物品。许多消费者尤其是学生经常在信函中夹寄"幸运心"和手链等礼物，碰到自动信函分拣系统就被打坏了。

 思考题

1. 自动分拣系统的特点是什么？
2. 本案例自动分拣系统为何成了摆设？

任务一　货　架

一、货架的概念及功能

(一) 货架的概念

从字面上理解，货架泛指存放货物的架子。根据国家标准《物流术语 Logistics Terms GB/18354—2001》，货架(Goods shelf)是指用支架、隔板或托架组成的立体储存货物的设施。在仓库设备中，货架是专门用于存放成件物品的保管设备。货架在物流及仓库中占有非常重要的地位，随着现代化工业的迅猛发展，物流量的大幅度增加，货架的使用在仓库中就显得尤为重要，它是仓库现代化和提高效率的重要工具。当前，为实现仓库的现代化管理，改善仓库的功能，不仅要求货架数量多，而且要求具有多功能，并能实现仓库机械化及自动化管理的要求。

(二) 货架的作用及功能

货架在现代物流活动中起着相当重要的作用，仓库管理实现现代化，与货架的有效利用有直接的关系。货架的作用及功能主要体现在以下几方面：

(1) 充分利用仓库空间，提高库容利用率，扩大仓库储存能力。

(2) 保证货物储存状态，减少货品损耗，提高物资存储质量。存入货架中的货物互不挤压，物资损耗小，可完整保证物资本身的功能，减少货物的损失。同时货架可有效保证存储货物的质量，在日常管理中，作业人员可以适当采取防潮、防尘、防盗、防破坏等措施，以提高物资存储质量。

(3) 提高拣选、盘点等物流作业效率。货架中的货物存取方便，便于清点及计量，可做到先进先出。

(4) 有利于实现机械化及自动化管理。自动化仓库是以自动化货架系统为基础的，货架系统是自动化仓库的核心组成部分。目前很多新型货架的结构及功能都有利于实现仓库的机械化及自动化管理。

二、货架的种类

(一) 货架的分类

(1) 按货架的发展，可分为传统货架及新型货架。

传统货架包括：层架、层格式货架、抽屉式货架、橱柜式货架、U 形架、悬臂式货架、栅型架、鞍架、气罐钢筒架、轮胎专用货架等。

新型货架包括：旋转式货架、移动式货架、装配式货架、调节式货架、托盘货架、进车式货架、高层货架、阁楼式货架、重力式货架、屏挂式货架等。

(2) 按货架的适用性，可分为通用货架及专用货架。

(3) 按货架的制造材料，可分为钢货架、钢筋混凝土货架及钢与钢筋混凝土混合式货架、木制货架及钢木混合式货架。

(4) 按货架的封闭程度，可分为敞开式货架、半封闭式货架及封闭式货架等。

(5) 按结构特点，可分为层架、层格式货架、橱柜式货架、抽屉式货架、悬臂式货架、三角架及栅型架。

(6) 按货架的可动性，可分为固定式货架、移动式货架、旋转式货架、组合式货架、可调式货架及流动储存货架。

(7) 按货架结构，可分为整体结构式货架和分体结构式货架。整体结构式货架直接支撑仓库屋顶和围棚；分体结构式货架与建筑物分为两个独立系统。

(8) 按货架的载货方式，可分为悬臂式货架、橱柜式货架及棚板式货架。

(9) 按货架的构造，可分为组合可拆卸式货架及固定式货架。其中固定式货架又分为单元式货架、一般式货架、流动式货架及贯通式货架。

(10) 按货架高度，可分为低层货架(高度在 5 m 以下)、中层货架(高度为 5～15 m)及高层货架(高度在 15 m 以上)。

(11) 按货架重量，可分为重型货架、中型货架及轻型货架。重型货架每层载重量在 500 kg 以上；中型货架每层载重量 150 kg～500 kg；轻型货架每层载重量在 150 kg 以下。

(二) 常用货架及其特点

随着仓库机械化和自动化程度的不断提高，仓库设施设备特别是货架技术也在不断提高，市场中出现了很多类型的货架，这里主要介绍几种常用的货架。

1. 层架

层架由立柱、横梁和层板构成，如图 2.1 所示。架子本身分为数层，层间用于存放货物。层架在仓库及物流活动中应用非常广泛。根据不同的分类标准，层架可分为不同的类型。若按存放货物的重量来分，可分为重型层架、中型层架和轻型层架；若按结构特点来分，可分为层格式层架和抽屉式层架等类型。

一般轻型层架主要适合人工存取作业，其规格尺寸及承载能力都与人工搬运能力相适应。轻型层架高度通常在 2.4 m 以下，

图 2.1 层架

厚度在 0.5 m 以下；而中型和重型的货架尺寸则较大，高度可达 4.5 m，厚度达 1.2 m，宽度达 3 m 以上。一些层架还具有特殊的保管功能，如冷藏、恒温等。

层架结构简单、省料、适用性强，有利于提高空间利用率，便于收发，但存放物资数量有限，是人工作业仓库的主要储存设备。轻型层架多用于小批量、零星收发的小件物资的储存。中型和重型货架要配合叉车等工具，用于储存大件、重型物资。

2．托盘货架

托盘货架又称横梁货架、栈板货架、高位货架和货位式货架，是仓库中使用最普遍的一种货架，如图 2.2 所示。托盘货架专门用于存放堆码在托盘上的货物，其基本形态与层架类似，但其承载能力和每层空间适于存放整托盘货物。托盘货架一般沿仓库的宽度方向布置若干排，每两排货架间有一条巷道，供堆垛起重机、叉车或其他搬运机械行走，每排货架沿仓库长度方向分为若干列，在垂直方向又分成若干层。目前该类型货架多采用杆件组合，拆迁容易，层间距可依码货高度调整。托盘货架通常总高度在 6 m 以下，架底撑脚需装叉车防撞装置。

图 2.2　托盘货架

托盘货架结构简单，安全可靠，可任意调整组合，费用经济。托盘货架货物存取方便，速度快，拣选效率高，不受物品出入库先后顺序的限制。与此同时，因每两排货架间必须有一条巷道，所以库房利用率相对较低。这种货架广泛应用于以托盘存储、叉车存取的仓储模式，比较适用于品种较多、整板储存的货物。

3．阁楼式货架

阁楼式货架通常也叫阁楼货架、阁楼式仓储货架、阁楼平台货架、钢架阁楼、钢平台，如图 2.3 所示。阁楼式货架系统是在已有的工作场地或货架上建一个中间阁楼，以增加存储空间，可做二、三层阁楼。该类货架通常利用中型搁板式货架或重型搁板式货架作为主体和楼面板的支撑(根据单元货架的总负载重量来决定选用何种货架)。

图 2.3　阁楼式货架

阁楼式货架可以提升货架高度，更好地利用仓储空间；安装、拆卸方便，可根据实地灵活设计。阁楼式货架适合存储多种类型物品。

4．重力式货架

重力式货架由托盘式货架演变而成，采用滚筒式轨道或底轮式托盘，如图 2.4 所示。

其基本结构与普通层架类似，不同的是在横梁上安上滚筒式轨道，轨道呈 3°～5° 倾斜。托盘货物用叉车搬运至货架进货口，利用自重，托盘从进口自动滑行至另一端的取货口。

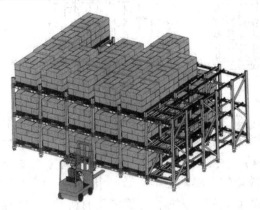

图 2.4　重力式货架

重力式货架存储密度高，且具有柔性配合功能。利用货物的自重，实现货物的先进先出，一边进另一边出，适用于大批量、同类货物的先进先出存储作业，空间利用率很高，尤其适用于有一定质保期、不宜长期积压的货物。重力式货架全部采用无动力形式，无能耗，噪音低，安全可靠，可满负荷运作。

5. 悬臂式货架

悬臂式货架是通过在立柱上装设悬臂构成的，悬臂可以是固定的，也可以是移动的，如图 2.5 所示。悬臂常用金属材料制造，其尺寸一般根据所存放物品的外形确定。

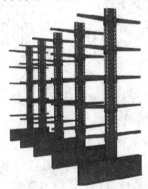

图 2.5　悬臂式货架

悬臂式货架为开放式货架，适用于存放长物料、环形物料、板材、管材及不规则货物。悬臂可以是单面或双面，悬臂式货架具有结构稳定、载重能力好等特点。货物存取由叉车、行车或人工进行。悬臂式货架的高度通常在 2.0 m 以内(如由叉车存取货物则可高达 5 m)，悬臂长度在 2.0 m 以内，每臂载重通常在 800 kg 以内。

6. 移动式货架

移动式货架的底部装有滚轮，并装有开启控制装置，滚轮可以沿轨道滚动，如图 2.6 所示。货架结构可以设计成普通层架，也可以设计成托盘货架。每排货架由一个电机驱动，依靠货架下的滚轮沿铺设于地面上的轨道移动。

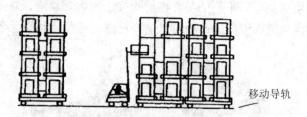

图 2.6　移动式货架

移动式货架易控制，安全可靠。其突出的优点是提高了空间利用率，一组货架只需一条通道，移动方便。根据承重，移动式货架可分为重型、中型和轻型三种，一般重型货架采用电动控制，便于移动；轻型、中型货架一般采用手摇移动。移动式货架较适用于库存品种多，但出入库频率较低的仓库，或者出入库频率较高，但可按巷道顺序出入库的仓库。因通常只需要一个作业通道，可大大提高仓库面积的利用率，所以广泛应用于传媒、图书馆、金融、食品等行业仓库。

7．驶入/驶出式货架

驶入/驶出式货架采用钢结构，立柱上有水平突出的构件，叉车将托盘货物送入，由货架两边的构件托住托盘，货架上无货时可方便叉车驶入，如图 2.7 所示。驶入/驶出式货架两端均可出入。

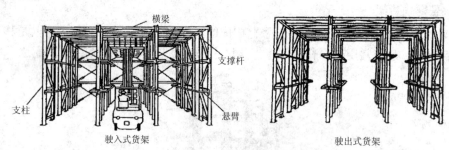

图 2.7　驶入/驶出式货架

驶入/驶出式货架仓库的特点是作为托盘单元货物的储存货位与叉车的作业通道是合一的、共同的。该货架的货物存取从货架同一侧进出，先存后取，平衡重式及前移式叉车可方便地驶入货架中间存取货物，无需占用多条通道，空间利用率较高，能进行高密度存储。这种货架适用存储大批量、少品种货物。目前该货架广泛应用于各类仓库及物流中心，如食品、烟草、乳业、饮料等行业，冷库中也较为多见。

8．旋转式货架

旋转式货架设有电力驱动装置，货架沿着由两个直线段和两个曲线段组成的环形轨道运行，由开关或小型电子计算机操纵，如图 2.8 所示。存取货物时，把货物所在货格编号由控制盘按钮输入，该货格则以最近的距离自动旋转至拣货点停止。

在拣选货物时，取货者不动，通过货架的水平、垂直或立体方向回转，货物随货架移动到取货者的面前。旋转式货架在存取货物时，可以通过计算机进行自动控制，通过货架的旋转改变货物的位置来代替拣选人员在仓库内的移动，能够大幅度地降低拣选作业的劳动强度，拣货路线短，拣货效率高。这种货架的存储密度大，货架间不设通道，与固定式货架相比，可以节省占地面积 30%～50%。

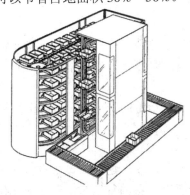
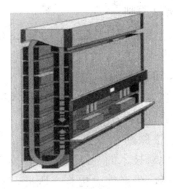

水平旋转式货架　　　　　　　　　垂直旋转式货架

图 2.8　旋转式货架

9. 自动货架系统

自动货架系统利用现代的机械化和自动化技术对货品进行存取。货品被放在入货位置后，系统会自动将货品放在指定的或者由系统选择的货架位置上，如图 2.9 所示。取货时，只需输入货品编码或位置信息，系统会自动将所需要的货品输送到出货位置。

图 2.9　自动货架系统

自动货架系统通过计算机、条形码识别器等职能工具进行管理，使用方便，可自动进行数据统计与查询，可以及时掌握货位利用率和库存信息，特别适合于体积小、价值高的物品的储存管理，也适合于多品种、小批量的物品管理。此外，使用自动货架系统的仓库空间利用率高，运作效率高，自动化程度高，可节省人力。但与此同时，自动货架系统的投资和运作成本较高，对货品的包装及码放要求较为严格。

三、货架的选择

(一) 货架选择的依据

1. 实用性原则

货架的选择应具有实用性，即货架应满足企业的实际仓储需要。在选择货架时，应首先明确仓库的类型，所储存商品的品种、规格尺寸、性质、储运要求，其次要考虑仓库的日均吞吐量、相关仓储设施设备，要注意各个设备之间的配置与衔接。

2. 经济性原则

货架的选择必须从仓库自身的经济条件出发，在满足企业仓储作业需求的基本上，以最少的资金占用来配置相对较全面、适宜的设备，真正实现低成本高效益。

3. 安全可靠原则

货架的强度和刚度要满足载重量的要求，并有一定的安全余量。对于存放危险品或其它特殊货物的货架应有特殊的规定。

4. 先进性原则

随着现代新技术的不断发展，各类新设备不断出现，这些新设备在技术上更为先进，性能更为优越，生产能力更强。因此，在选择仓库设备如货架时，应适应现代仓储技术发展的需要，尽量配置新的技术设备，以提高仓储作业效率。

(二) 货架选择时重点考虑的因素

1. 货物特点

货物的性质、库存量、单元装载及包装形式等都将会影响储存单位的选用，尤其是货物本身的重量、体积直接影响货架的选择。

2. 库存管理

仓库货物储存的密度、货位存货方式以及货物进出库的方式都会影响货架的选择。在选择货架时，应对各种因素进行统筹考虑，在考虑货物储存密度、出入库作业量等因素的同时，还要兼顾货架本身的成本，力求提高仓库的经营效益。

3. 装卸搬运设备

货架的存取作业是以装卸搬运设备来完成的，因此，在选择货架时应一并考虑装卸搬运设备，如设备的作业特征、型号规格等，力求货架与装卸搬运设备相配套。

4. 库房结构

库房是货架摆放的地点，库房的相关条件(如库房的地面条件、梁柱间距、有效高度等)会直接影响货架的配置。

任务二 托 盘

一、托盘的概念

(一) 托盘的概念

托盘又称卡板、拍子，是搬运、放置货物的连接垫放物。根据国家标准《物流术语 Logistics Terms GB/18354—2001》，托盘(pallet)是指用于集装、堆放、搬运和运输的放置作为单元负荷的货物和制品的水平平台装置。作为与集装箱类似的一种集装设备，托盘现已广泛应用于生产、运输、仓储和流通等领域，被认为是 20 世纪物流产业两大关键性创新之一。托盘作为物流运作过程中重要的装卸、储存和运输设备，与叉车配套使用，在现代物流中发挥着巨大的作用。

（二）托盘的特点

(1) 自重量小。用于装卸、运输托盘本身所消耗的劳动较少。

(2) 返空容易。托盘返空时占用运力较少，又由于托盘本身造价较低，且易相互替代，可互以对方托盘为递补，所以返空比集装箱容易。

(3) 装盘容易。托盘不需像集装箱那样深入箱体内部，可直接装盘，装盘后可采用捆扎、打包等技术处理，操作简便。

(4) 装载量较大。相对于一般的包装而言，托盘的装载量相对较大，能集中一定的数量，方便储运。

(5) 保护性较差。托盘的保护性不及集装箱，露天存放困难，需要有仓库等配套设施。

二、托盘的种类

根据不同的分类标准可以将托盘划分为很多种。如根据不同的使用需求可分为长期周转用托盘和一次性使用托盘两类；若按结构分，可分为平托盘、柱式托盘、箱式托盘、轮式托盘、特种专用托盘、滑板托盘等。下面将介绍目前市面上常见的几种托盘。

1．平托盘

平托盘是在承载面和支撑面间夹以纵梁，构成可集装物料、可使用叉车或搬运车等进行作业的货盘，如图 2.10 所示。

目前人们一般所说的托盘主要是指平托盘，这种托盘使用范围最广，利用数量最大，通用性最好。平托盘又可细分为三种类型。

图 2.10 平托盘

按承托货物的台面可分为单面形、单面使用型、双面使用型和翼型等四种。

按叉车叉入方式分为单向叉入型、双向叉入型、四向叉入型等三种。

根据不同的制造材料，可分为木制平托盘、钢制平托盘、塑料制平托盘、复合材料平托盘以及纸制平托盘等多种。木制托盘自重较小，制造方便，是当今最常用的托盘。而塑料托盘相对于钢制托盘本体重量轻，外形美观，易于清洁，可回收，耐腐蚀性强，所以在工业发达国家应用较为广泛。

2．柱式托盘

柱式托盘分为固定式和可卸式两种，其基本结构是托盘的 4 个角有钢制立柱，柱子上端可用横梁连接，形成框架型，如图 2.11 所示。柱式托盘的主要作用一是利用立柱支撑重量物，往高叠放，而不必担心压坏下面托盘上的货物；二是可防止托盘上放置的货物在运输、装卸过程中塌落。

图 2.11 柱式托盘

3．箱式托盘

箱式托盘是四面有侧板的托盘，有的箱体上有顶板，有的没有顶板，如图 2.12 所示。箱板有固定式、折叠式、可卸式三种。箱式托盘防护能力强，可防止塌垛和货损；可装载

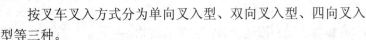

异型或不能稳定堆码的货物，应用范围广。

图 2.12　箱式托盘

4．轮式托盘

轮式托盘与柱式托盘和箱式托盘相比，多了下部的小型轮子，如图 2.13 所示。轮式托盘具有能短距离移动、自行搬运及滚上滚下式装卸等优势，用途广泛，适用性强。

图 2.13　轮式托盘

三、托盘的标准和规格

托盘是物流产业中最基本的集装单元和搬运器具，它随着货物在生产商、批发商、销售商和用户之间流通。托盘尺寸标准是物流产业最为基础、最为典型的关联性标准。托盘标准化是实现托盘联运的前提，也是实现物流机械化和设施标准化的基础。目前使用的托盘标准很多，以下介绍一些在国内和国际上广泛推行的托盘标准和规格。

(一) 国外托盘规格

各国为了保证物流的顺畅性，在不同时期分别制定了各自的托盘标准。美国的国家标准托盘是 1219 mm × 1016 mm，美国周边的国家如加拿大、墨西哥采用 1000 mm × 1000 mm 标准，澳大利亚托盘标准为 1165 mm × 1165 mm，欧洲国家大多采用 1200 mm × 800 mm 标准，但英国、德国及荷兰使用 1200 mm × 800 mm 和 1200 mm × 1000 mm 的两种托盘，北欧各国统一采用 1200 mm × 800 mm 的托盘。另外，日本、韩国、新加坡等国所制定的托盘标准为 1100 mm × 1100 mm。

1988 年，ISO(国际标准化组织)托盘委员会(ISO/TC51)为了防止托盘规格增加，引起世界物流系统的混乱，把 1961 年(ISO/R198)推荐采用的三种规格(1200 系列：1200 mm × 800 mm、

1200 mm × 1000 mm、1000 mm × 800 mm)、1963 年(ISO/R329)增加采用的两种规格(1200 系列：1200 mm × 1600 mm、1200 mm × 1800 mm)以及 1971 年增加的三种规格(1100 系列：1100 mm × 800 mm、1100 mm × 900 mm 和 1100 mm × 1100 mm)整合为四种规格(1200 mm × 800 mm、1200 mm × 1000 mm、1219 mm × 1016 mm 和 1140 mm × 1140 mm)。

(二) 国内托盘规格

为了推行中国标准化事业，我国专家在 1996 年首次对托盘尺寸标准进行了修订，等效采用了 ISO(国际标准化组织)1988 年推荐使用的四种规格。但经过近 10 年的实践后发现，尽管实践使用的托盘规格较多，但多数托盘还是集中在 1200 mm × 1000 mm 和 1100 mm × 1100 mm 两种规格上。而且 2003 年 ISO 在难以协调世界各国物流标准的情况下，在保持原有四种规格的基础上又增加了两种规格(1100 mm × 1100 mm 和 1067 × 1067 mm)，迫使我国不得不重新全盘考虑我国托盘标准的适应性。2006 年，我国物流专家再一次提出对我国托盘标准进行修订。在充分考虑我国国际贸易发展的现实情况，结合我国托盘使用现状，充分借鉴国际经验和广泛听取托盘专家意见基础上，最终选定了 1200 mm × 1000 mm 和 1100 mm × 1100 mm 两种规格作为我国托盘国家标准，并向企业优先推荐使用前者，以实现逐步过渡到一种托盘规格的理想目标。

任务三 叉 车

一、叉车的概念

叉车又称铲车、叉式装卸车，享有万能装卸机的美称，是装卸、搬运机械中最常用的具有装卸、搬运双重功能的机械。它以货叉作为主要的取货装置，依靠液压起升机构升降货物，由轮胎式行驶系统实现货物的水平搬运。叉车结构紧凑、机动灵活，其作业对象可以是集装箱，也可以是杂货，作业方式可以在堆场垂直堆码，又可以用于水平运输。叉车除了使用货叉以外，还可以更换各类装置以适应多种货物的装卸、搬运和作业。

二、叉车的种类

叉车的种类繁多，分类方法也很多，通常可按动力装置和基本构造进行分类。

1. 按动力装置分类

(1) 内燃式叉车。内燃式叉车以内燃机为动力提供作业所需能量，它又可分为以汽油、柴油和天然气为动力的叉车。此种叉车特点是机动性好，功率大，独立性强，应用范围广。

(2) 电动式叉车。电动式叉车由蓄电池供给能量，直流电动机驱动。此种叉车操作简单，动作灵活，无废气污染，噪声低，燃费低，适合室内作业。

2. 按基本构造分类

(1) 平衡重式叉车。平衡重式叉车车体前方装有升降货叉，车体尾部装有平衡重块，如图 2.14 所示。该类叉车由于适应性强，已成为叉车中应用最广的一种，占使用叉车总量的 80%左右。

(2) 插腿式叉车。该类叉车的两条腿向前伸出，支撑在很小的车轮上，支腿的高度很小，可同货叉一起插入货物底部，由货叉托起货物，如图 2.15 所示。插腿式叉车一般由电动机驱动，蓄电池供电。它的特点是起重量小、车速低、结构简单，适用于通道窄小的仓库内作业。

图 2.14　平衡重式叉车　　　　　　　图 2.15　插腿式叉车

(3) 前移式叉车。该类叉车有两条前伸的支腿，如图 2.16 所示。与插腿式叉车相比，前轮较大，支腿较高，叉取货物时，支腿不插入托盘下面，而是货叉和门架一起前移，插入托盘或货物底下，起升至货叉高出支腿时，货叉带着货物与门架一起后退，使货物重心位于前后车轮所决定的平面内后，再行搬运。此种叉车适用于车间、仓库内作业，作业稳定性很好。

(4) 侧面式叉车。该类型叉车的门架和货叉在车体的一侧，如图 2.17 所示。在出入库作业的过程中，车体进入通道，货叉面向货架或货垛，故该叉车适合于窄通道仓库内作业。此外，侧面式叉车还有利于装搬条形尺寸货物，因为长尺寸货物与车体平行，不受通道宽度的限制。

图 2.16　前移式叉车　　　　　　　图 2.17　侧面式叉车

三、叉车的属具

(一) 叉车属具的概念

叉车属具也称多种装置，是发挥叉车一机多用功能的最好工具。要求在以货叉为基型的叉车上较方便地更换多种工作属具,使叉车适应多种工况的需要。叉车属具是国际上先进物料搬运机械的重要标志,它可提高叉车工作效率及安全性能,使叉车成为具有叉、夹、升、旋转、侧移、推拉或倾翻等多用途、高效能的物料搬运工具。

(二) 叉车属具的分类

目前,叉车除了使用货叉作为最基本的工作属具之外,市场上还根据用户需求开发配装了多种可换属具,如侧移装置、环卫属具、夹抱器、旋转器、桶夹、串杆、吊钩、货斗等。根据属具的结构和用途不同,可以简单地将叉车属具分类如下:侧移叉、调距叉、前移叉、纸卷夹、软包夹、多用平(大面)夹、推拉器、旋转器等。常见的叉车属具如图 2.18 所示。

图 2.18　叉车属具

(三) 叉车属具的使用意义

专用的叉车属具能够大大提高叉车的使用效率,降低运营成本。专用的叉车属具可实现对货物的夹抱、旋转(顺/逆时针)、侧移、推拉、翻转(向前/向后)、分开/靠拢(调整货叉间距)、伸缩等功能,这是普通叉车货叉所无法完成的动作。专用叉车属具的使用意义可以概括为以下几点:

(1) 生产效率高,运行成本低。

(2) 操作安全可靠,降低了事故率。

(3) 货物损耗小。

四、叉车的选择

(一) 叉车的主要技术参数

叉车的技术参数是用来表明叉车的结构特征和工作性能的。叉车的主要技术参数也是选择叉车时需要考虑的重要指标,主要技术参数有:

额定起重量:货物重心至货叉前臂的距离不大于载荷中心距时,允许起升货物的最大重量,以 t(吨)表示。

载荷中心距:在货叉上放置标准的货物时,其重心到货叉垂直段前臂的水平距离,以 mm(毫米)表示。对于 1 t 叉车规定载荷中心距为 500 mm。

最大起升高度:在平坦坚实的地面上,叉车满载,货物升至最高位置时,货叉水平段的上表面离地面的垂直距离。

门架倾角：无载的叉车在平坦坚实的地面上，门架相对其垂直位置向前或向后的最大倾角。前倾角的作用是为了便于叉取和卸放货物；后倾角的作用是当叉车带货运行时，预防货物从货叉上滑落。一般叉车前倾角为 3°～6°，后倾角为 10°～12°。

最大起升速度：叉车满载时，货物起升的最大速度，以 m/min (米/分)表示。目前国内叉车的最大起升速度已提高到 20 m/min。

最高行驶速度：提高行驶速度对提高叉车的作业效率有很大影响。对于起重量为 1 t 的内燃叉车，其满载时最高行驶速度不低于 17 m/min。

最小转弯半径：当叉车在无载低速行驶、打满方向盘转弯时，车体最外侧和最内侧至转弯中心的最小距离分别称为最小外侧转弯半径和最小内侧转弯半径。最小外侧转弯半径愈小，则叉车转弯时需要的地面面积愈小，机动性愈好。

最小离地间隙：车轮以外，车体上固定的最低点至地面的距离，它表示叉车无碰撞地越过地面凸起障碍物的能力。最小离地间隙愈大，则叉车的通过性愈高。

轴距及轮距：叉车轴距是指叉车前后桥中心线的水平距离；轮距是指同一轴上左右轮中心的距离。增大轴距有利于叉车的纵向稳定性，但使车身长度增加，最小转弯半径增大。增大轮距有利于叉车的横向稳定性，但会使车身总宽和最小转弯半径增加。

直角通道最小宽度：供叉车往返行驶的呈直角相交的通道的最小宽度，以 mm 表示。一般直角通道最小宽度愈小，性能愈好。

堆垛通道最小宽度：叉车在正常作业时，通道的最小宽度。

(二) 叉车的选用

在选择叉车时，首先要根据实际需要考虑叉车的各种技术指标及能力，如负载能力、最大起升高度等。其次，作业区的日吞吐量、作业高度、搬运距离应与叉车的技术性能参数相符。

除了上述因素以外，在选择叉车时还应考虑其他诸如托盘、作业区场所等相关因素。

任务四   自动分拣设备

一、自动分拣设备的概念

分拣是指为进行输送、配送，将很多货物按不同品种、不同地点和不同单位分配到所设置的不同场地的一种物料搬运活动，也是将物品从集中到分散的处理过程。分拣工作可以通过人工方式进行，也可以用自动化设备进行。在过去，这项工作通常采用人工方式完成，现在随着现代科学技术的飞速发展，具有高技术含量的自动化处理模式逐渐成为现代分拣的主要实现方式。

(一) 自动分拣的概念

自动分拣是指从货物进入分拣系统到送到指定的分配位置为止，都是按照人们的指令靠自动分拣装置来完成的。这种装置由接受分拣指示情报的控制装置、计算机网络、把到达分拣位置的货物送到别处的搬运装置、在分拣位置把货物分送的分支装置、在分拣位置停放货物的储存装置等构成。

自动分拣系统广泛运用于邮政、食品工业、化学工业等众多行业，分拣处理能力极强。目前，大型分拣系统包括几十个到几百个分拣机，分拣能力达每小时万件以上。自动分拣系统主要包括进给台、信号盘、分拣机、信息识别、设备控制和计算机管理等几大部分，还要配备外围的各种运输和装卸机械，有的还与立体仓库连接起来，配合无人驾驶小车、拖链小车等组成复杂的系统。

(二) 自动分拣系统的主要组成部分及工作过程

一个自动分拣系统由一系列各种类型的输送机、各种附加设施和控制系统等组成，大致可分为合流、分拣识别、分拣分流和分运四个分段，如图 2.19 所示。

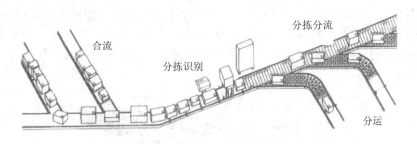

图 2.19　自动分拣系统构成

1. 合流

商品通过多条输送线进入分拣系统，经过合流逐步将各条输送线上输入的商品合并于一条汇集输送机上。将商品在输送机上的方位进行调整，以适应分拣识别和分拣的要求。汇集输送机具有自动停止和启动的功能。如果前端分拣识别装置偶然发生事故，或商品和商品连接在一起，或输送机上商品已经满载，汇集输送机就会自动停止，等恢复正常后再自行启动，所以它也起缓冲作用。为了达到高速分拣，要求分拣输送机高速运行。例如，一个每分钟可分拣 75 件商品的分拣系统，就要求输送机的速度达到 75 m/min。为此，商品在进入分拣识别装置之前，有一个使商品逐渐加速到分拣机输送机的速度，以及使前后两商品间保持一定的最小固定距离的要求。

2. 分拣识别

在该分段中，商品接受激光扫描器对其条形码标签的扫描，或者通过其他自动识别方式，如光学文字读取装置、声音识别输入装置等，将商品分拣信息输入计算机。商品之间保持一个固定值的间距，对分拣速度和精度是至关重要的。即使是高速分拣机，在各种商品之间也必须有一个固定值的间距。当前的微型计算机和程序控制器已能将该间距减小到只有几厘米。

3. 分拣分流

商品离开分拣识别装置后在分拣输送机上移动时，根据不同商品分拣信号所确定的移动时间，使商品行走到指定的分拣道口，由该处的分拣机构按照上述的移动时间自行启动，将商品排离主输送机进入分流滑道排出。这种分拣机构在国外经过了四五十年的应用研制，有多种形式可供选用。

4．分运

分拣出的商品离开主输送机，再经滑道到达分拣系统的终端。分运所经过的滑道一般是无动力的，靠商品的自重从主输送机上滑行下来。

分拣机的控制系统采用程序逻辑控制分拣机的全部功能，包括合流、分拣识别、分拣分流和分运等。目前较普遍的是使用 PC 或采用以若干个微处理机为基础的控制方式。

二、自动分拣机的种类

按照其分拣装置的结构来进行分类，自动分拣机主要有以下几种常见类型。

1．挡板型自动分拣机

挡板型自动分拣机是利用一个挡板(或挡杆)挡住在输送机上向前移动的商品，将商品引导到一侧的滑道排出，如图 2.20 所示。挡板的另一种形式是挡板一端作为支点，可作旋转。平时挡板处于主输送机一侧，可让商品继续前移，如挡板作横向移动或旋转时，则商品就排向滑道。

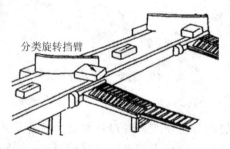

图 2.20　挡板型自动分拣机

就挡板本身而言，也有不同形式如直线型和曲线型，有的挡板工作面上装有辊筒或光滑的塑料材料，以减少摩擦阻力。

2．浮出型自动分拣机

浮出型自动分拣机是把商品从主输送机上托起，再将商品引导出主输送机的一种分拣机。从引离主输送机的方向看，一种是引出方向与主输送机呈直角；另一种是引出方向与输送机呈一定夹角(通常是 30°～45°)。一般前者比后者生产率低，且容易对商品产生较大的冲击力。

3．滑块型自动分拣机

滑块型自动分拣机的传送装置是一条板式输送机，其输送机的表面由金属条板或管子构成，如竹席状，而在每个条板或管子上有一枚由硬质材料制成的滑块，能沿条板横向滑动，而平时滑块停止在输送机的侧边，如图 2.21 所示。滑块的下部有销子与条板下导向杆连接，通过计算机控制，滑块能有序地自动向输送机的对面一侧滑动，因而商品就被引出主输送机。这类分拣机系统在计算机控制下，能自动识别、自动采集数据、操纵导向滑块，故被称为"智能型输送机"。这类分拣机振动小，不损伤货物，适于分拣各种形状、体积和大小的货物。其分拣能力最高达 12 000 件/小时，准确率达 99.9%，是目前国外一种最新型的高速分拣机。

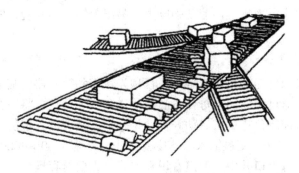

图 2.21 滑块型自动分拣机

4．倾斜型自动分拣机

(1) 条板倾斜式自动分拣机。

这种分拣机的商品装载在输送机的条板上，当商品行走到需要分拣的位置时，条板的一端自动升起，使条板倾斜将商品移离主输送机。商品占用的条板数随商品的长度而定，被占用的条板数如同一个单元，同时倾斜。因此，这种分拣机对商品的长度在一定范围内不加限制。

(2) 翻盘式自动分拣机。

这种分拣机是由一系列的盘子组成，盘子为铰接式结构，可向左或向右倾斜，如图 2.22 所示。商品装载在盘子上行走到一定位置时，盘子倾斜，将商品翻倒于旁边的滑道中。对于长形商品可以跨越两只盘子放置，倾倒时两只盘子同时倾斜。

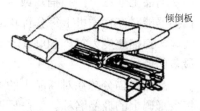

图 2.22 翻盘式自动分拣机

这种分拣机常采用环状连续输送，其占地面积较小。又由于是水平循环，使用时可以分成数段，每段设一个分拣信号输入装置，以便商品输入，而分拣排出的商品在同一滑道排出(指同一配送点)，这样就可提高分拣能力。

目前，自动分拣机有许多不同型式，为了取得最为有效的应用，在选择时一般需要考虑以下因素：商品包装的大小、商品的重量、分拣能力、包装形式、商品在输送机上的方位、商品的易碎性，操作环境、投入分拣商品每小时的批数等。

三、分拣信号的输入方法

在分拣机上输送的商品向哪个道口分拣，均通过分拣信息的输入发出指令，因此，一般均需输入分拣商品的相关信息，以便进行分拣。在自动分拣系统中，分拣信号的输入方法主要有以下几种。

1．人工键盘输入

由操作人员按各种商品的分拣编码，即商品从主输送机上向哪个分拣道口排出的道口编码，进行按键将分拣信号输入。键盘有十键式和全键式两种，常用的为十键式，配置有 0～9 十个数字。每个分拣编码为 2～3 位数。键盘输入方式操作简便，费用低，限制条件少，但操作员必须注意力集中，劳动强度大，易出差错，而且键入的速度一般只能达到 1000～1500 件/小时。

2. 声音识别输入

进行声音识别输入首先需将操作者的声音预先输入到控制器电脑中去，当货物经过设定装置时，操作人员通过话筒朗读每件商品的配送名称和地点，将声音输入变换为编码，由分拣机的微计算机控制分拣机构启动。声音识别输入装置的处理能力是每分钟约可输入 60 个词语。这种输入方法比键盘输入法速度要快些，可达 3000～4000 件/小时，操作人员较省力，双手空出来可手口并用。但声音识别方式事先要储存操作人员的声音，当操作人员偶尔因咳嗽声哑时，就会发生差错。据国外物流企业实际使用情况来看，声音输入方式并不十分理想。

3. 条形码和激光扫描输入

激光扫描输入是把含有分拣商品信息的条形码标签粘贴在每件商品上，商品通过放置在分拣机上的激光扫描器时条形码被阅读，如图 2.23 所示。因此，为了正确输入，要求条形码标签粘贴在商品包装的一定位置上，同时商品在输送机上时粘贴条形码标签的一面应面向扫描器。扫描器从商品上面或侧面扫描，或者同时从上面、侧面扫描。扫描器能对在输送机上每分钟移动 40 m 的商品进行扫描阅读，扫描速度为每秒 500～1500 次，但以扫描输入次数最多的信号为准。

图 2.23　激光扫描分拣

激光扫描分拣在对商品上的条形码标签扫描时，将商品分拣信号输入的同时，也一并将条形码上的商品名称、生产厂商、批号、配送商店等编码作为在库商品的信号输入主计算机，为仓库实行计算机业务管理提供数据，这是其他输入方法所不及的。

激光扫描条形码方式费用较高，商品需要物流条形码配合，但输入速度快，可与输送带同步，达 5000 件/小时以上，差错率极小，规模较大的物流中心都采用这种方式。

4. 光学文字读取装置(OCR)输入

光学文字读取装置能直接阅读文字，将信号输入计算机。但是这种输入方法的拒收率较高，影响信号输入的效率。目前这种方式在分拣邮件的邮政编码上应用较多，而在物流中心的分拣系统中应用较少。

5. 主计算机输入

主计算机输入方式依靠主计算机，采用"递减计划系统"的方法进行商品分拣。分拣前，预先将配送商品的全部明细表输入主计算机，然后将第一种商品的条形码或自动识别编码通过分拣信号输入装置输入，接着将该商品逐件连续投入分拣机，经确认后由计算机按照商品品种和应配送商店的次序发出分拣指令，直到该商品分拣完为止。这种以主计算机控制的分拣方法不需对每件商品作输入和粘贴商店标记。

✦✦✦✦　**模　块　小　结**　✦✦✦✦

本模块主要介绍了仓储的主要设施与设备，包括货架、托盘、叉车、自动分拣设备等。

货架是为了有效增加仓库利用率，用支架、隔板或托架组成的立体储存货物的设施。货架在物流及仓库中占有非常重要的地位，随着现代化工业的迅猛发展，物流量的大幅度增加，货架的使用在仓库中就显得尤为重要，它是仓库现代化和提高效率的重要工具。本模块介绍了几种常用的货架，说明了其结构、特点及用途。

托盘是用于集装、堆放、搬运和运输的放置作为单元负荷的货物和制品的水平平台装置。作为与集装箱类似的一种集装设备，托盘现已广泛应用于生产、运输、仓储和流通等领域，被认为是 20 世纪物流产业两大关键性创新之一。托盘按其结构不同可分为平托盘、柱式托盘、箱式托盘、轮式托盘等。

叉车在仓储作业过程中是比较常用的装卸设备。叉车的种类很多，根据动力装置的不同可分为内燃式叉车和电动式叉车；按基本构造可分为平衡重式叉车、侧面式叉车、插腿式叉车、前移式叉车等。在叉车的选择过程中，必须全面考虑叉车的各项技术参数，使其符合作业要求。

自动分拣是指在从货物进入分拣系统到将货物送到指定分配位置的过程中，都是按照人们的指令，依靠自动分拣装置来完成的。自动分拣系统由合流、分拣识别、分拣分流和分运四个分段构成。目前，市场上常见的自动分拣机有如下几种：挡板型自动分拣机、浮出型自动分拣机、滑块型自动分拣机、倾斜型自动分拣机等。

关键概念

货架；托盘；叉车；自动化分拣；叉车属具

✦✦✦✦　**练 习 与 思 考**　✦✦✦✦

一、单选题

1. 适用于大批量货品的储存，并且用于货品进出量较大的场合的货架是(　　)。
   A. 滑过式货架　　　　　　　　B. 驶入/驶出式货架
   C. 推回式货架　　　　　　　　D. 密集式货架
2. 在仓库设备中，专门用于存放物品的保管设备是(　　)。
   A. 仓库　　　　　　　　　　　B. 托盘
   C. 货架　　　　　　　　　　　D. 叉车
3. 适用于长条状或长卷状货物的货架是(　　)。
   A. 层架货架　　　　　　　　　B. 阁楼式货架
   C. 悬臂式货架　　　　　　　　D. 移动式货架
4. 储存密度最大的货架是(　　)。

    A. 层架货架   B. 阁楼式货架

    C. 悬臂式货架   D. 驶入/驶出式货架

5. 能实现货物先进先出的货架是( )。

    A. 重力式货架   B. 阁楼式货架

    C. 悬臂式货架   D. 移动式货架

6. 体重轻、耐腐蚀性强、易于清洁、适用于清洁要求较高的食品物流的托盘是( )。

    A. 木制托盘   B. 钢制托盘

    C. 塑料制托盘   D. 密集型托盘

7. 适应性强，且已成为叉车中应用最广的一种叉车是( )。

    A. 平衡重式叉车   B. 前移式叉车

    C. 叉腿式叉车   D. 侧面叉车

8. 以蓄电池为动力，不会污染环境，一般用于室内作业的叉车是( )。

    A. 平衡重式叉车   B. 前移式叉车

    C. 叉腿式叉车   D. 侧面叉车

9. 行驶稳定性好，但结构较复杂的叉车是( )。

    A. 平衡重式叉车   B. 前移式叉车

    C. 叉腿式叉车   D. 侧面叉车

10. 最新发展起来的正在逐渐应用于物流领域的商品识别技术是( )。

    A. 键盘输入   B. 声音识别输入

    C. 无线射频识别输入   D. 激光自动阅读条形码

二、多选题

1. 选择货架时应该考虑的因素有( )。

    A. 物品特性   B. 存取性   C. 货架安全

    D. 经济性   E. 高效性

2. 在仓储管理中，托盘的主要特点是( )。

    A. 装盘容易   B. 装载量较大   C. 返空容易

    D. 自重量小   E. 需要购置费用

3. 平托盘按承托货物的台面分为( )。

    A. 复合面型   B. 单面型   C. 单面使用型

    D. 双面使用型   E. 翼型

4. 叉车按照结构特点分类，可以分为( )。

    A. 平衡重式叉车   B. 前移式叉车

    C. 插腿式叉车   D. 侧面叉车

5. 结合我国托盘使用现状，在充分借鉴国际经验和广泛听取托盘专家意见的基础上，最终选定了( )两种规格作为我国托盘国家标准。

    A. 800 mm × 1000 mm   B. 800 mm × 1200 mm

    C. 1000 mm × 1200 mm   D. 1200 mm × 1200 mm

　　E．1100 mm × 1100 mm

三、判断题

1．叉车是一种用来装卸、搬运和堆码单位货物的车辆。（　　）

2．货架存放适用于小件、品种规格复杂且数量较少、易损害、不便堆高的货物。（　　）

3．自动分拣机使用范围较窄，只适合较小、单一的物件。（　　）

4．托盘货架存放适用于大批量、保管要求不高的物品。（　　）

5．托盘与集装箱相比，有自重量小、返空容易、装盘容易、组合量大、货物保护性好等特点。（　　）

四、简答题

1．货架的作用及功能主要体现在哪些方面？

2．托盘主要分为哪几种？其中平托盘又分为哪几类？

3．叉车有哪些常见的类型？每种叉车的主要特征是什么？

4．在自动分拣系统中，分拣信号输入方法大致有哪些？

✦✦✦✦✦　　**实 训 实 践**　　✦✦✦✦✦

1．参观当地的物流中心或仓储企业，了解常用的仓储设施设备的构造、性能、特点和用途，学习这些物流设备的一般使用方法。

2．上网查询收集物流中心仓储设备的相关资料，对常见的物流设备的性能、特点、用途等进行深入了解。

✦✦✦✦✦　　**案 例 分 析**　　✦✦✦✦✦

九州通达助春源大药房开启仓库自动化运营新模式

　　安徽春源大药房是一家以零售连锁为主的连锁大药房，目前总共拥有 60 余家连锁门店。随着新版《药品经营质量管理规范》(GSP)的颁布与实施，连锁药店在不断发展的同时也伴随着问题和阻碍。近年来，春源大药房在医药市场领域的占有率不断提高，整体业绩水平快速增长，连锁门店也在不断扩张，传统的仓库技术和运作模式已经阻碍了药店的发展。2016 年，为了加大医药物流发展的脚步，安徽春源大药房携手九州通达科技开发有限公司共同打造安庆地区规模最大的自动化仓库，实现了仓储智能化的新突破。

　　项目规划期间，九州通达结合客户经营情况及发展规划，依据仓库实际使用情况对新物流中心做出合理的规划布局，提供了最优质的解决方案。项目的关键亮点之一是：采用了国内先进的输送线复核分拣系统，拣货完成后将周转箱投递至输送线，输送线自动将周转箱输送分拨至内复核台进行条码复核打包封箱。亮点二为：九州通达项目团队于 2016 年 8 月开始实施项目，至 2016 年 10 月中旬顺利上线，整个项目周期仅耗时 3 个月的时间，项目用时短，顺利上线，系统运行平稳，得到了客户的高度认可，仅在试运行的两周内就完成了项目的整体验收。

物流中心内设有西药拣选区、中药饮片库、中成药库区、保健品库区、医疗器械库区、投箱自动分拣复核区以及冷藏箱、冷库等，同时配备全方位的温、湿度监控系统，满足新版 GSP 的要求，实施药品采购、仓储、分拣、包装、运输配送全过程的质量控制，确保药品安全。

拆零区采用精细化货位管理。拆零拣选采用由九州通达自主研发的智能小车拣选系统，一次可支持最多 4 个订单的作业，同比原来的纸单拣货模式，拣货人员减少了一半，但拣货效率提高到原来的三到四倍，拣货差错率几乎为零，库存准确率可以达到百分之百。

该物流中心的信息系统采用了九州通达自主设计、研发的 WMS4.0 仓储管理系统。完善的物流管理系统可以明确员工岗位工作职责，实现简单、方便、快捷的拣货作业方式，可以全程跟踪查询各个作业环节的订单作业状态。对于考核制度，系统也能够详细记录每个作业人员每天的作业条目数，方便客户进行考核统计。另外，还可以根据当天门店的请货计划，在调度下发任务之前针对请货计划进行波次补货，减少在作业过程中产生的被动补货，大大提升了仓库的作业效率。

物流中心上线后运行良好，可支持安徽春源实现 3～5 亿元的年销售额，药品存储量可达 3 万件，出库能力可达 10 000 条/天，日均可配送 30 余家门店的订单。人工仅需在智能拣选、输送线自动分拨、条码复核等环节投入，货品的运输、仓储、装卸、搬运等七个环节可一体化集成操作，效率至少提升 30% 以上，大大减少了拣货员的工作量。凭借仓内高效的运作，春源大药房将向消费者呈现更优质稳定的物流服务。

(案例选编自仓库社区：http://www.iepgf.cn/thread-226501-1-3.html)

结合案例回答问题：

九州通达助春源大药房开启仓库自动化运营新模式，如何实现了仓储智能化的新突破？

模块三　仓储规划与布局

学习目标

1. 了解仓库的概念、功能与分类
2. 了解自动化立体仓库的基本知识
3. 掌握仓库选址的影响因素
4. 理解仓库内部规划的基本知识
5. 掌握储存策略和影响储位分配的因素

案例导入

工装裤生产企业仓库布局案例

　　某企业是一家生产工装裤的工厂，规模不是很大，只生产少数几种产品，而产品的主要差别仅在于裤子的尺寸不同。该企业的仓库布局设计主要分为以下三个步骤。

　　首先，根据产品的特点进行分类分项。在设计仓库布局时，该企业按照工装裤的尺寸大小分别存放进行考虑。先按照工装裤的腰围大小，从最小尺寸到最大尺寸分为若干类，然后每一类再按照裤长尺寸由最小尺寸到最大尺寸分为若干项。

　　其次，根据分类分项进行存放。分类分项后，按顺序存放。为了减少订单分拣人员的分拣时间，除了按上述方法将工装裤按尺寸大小分类分项存放外，还可将那些客户最常选购的一般尺寸就近存放在存取较为方便的货位，而将特小和特大、客户不常选购的特殊尺码存放在较远和高层的货位。通过货物在仓库中的合理布局，从而提高了物流工作的效率，实现了物流的合理化。

　　最后，进行其他空间的安排。除了货物入库和出库所需要的库房储存空间外，进行仓库其他业务活动也需要有一定的场地，具体如下：车辆等候装货或卸货的停车场地和员工休息室；入库和出库货物的暂时存放场地；办公室所需场地；保管损坏货物、等待承运商检查确认的场地；进行重新包装、贴标签、标价等业务所需场地；设备的保管和维护区；危险品以及需要进行冷冻、冷藏等特殊保管的货物所需的专用储存区。

思考题

1. 该仓库布局方式有何特点？
2. 你认为仓库应如何进行货位布置。

任务一 仓库的概念与分类

一、仓库的概念

仓库是储存保管货物的建筑物和场所的总称。仓库的概念可以理解为用来存放货物，包括生产资料、工具或其他财产，以及对其数量和价值进行保管的场所和建筑物等设施，还包括用于防止减少或损伤货物而进行作业的土地或水面。从社会经济活动看，无论生产领域还是流通领域都离不开仓库。

二、仓库的功能

仓库最基本的功能是储存货物，并对储存的货物实施保管和控制。但随着人们对仓库概念的深入理解，仓库也担负着货物处理、流通加工、物流管理和信息服务等功能，其含义远远超出了单一的储存功能。

一般来讲，仓库具有以下功能。

1. 仓储和保管的功能

仓储和保管是仓库最基本的传统功能。仓库具有一定的空间，用于储存货物，根据货物的特性，仓库内还配有相应的设备，以保持储存货物的完好性。例如，储存精密仪器的仓库需要防潮、防尘、恒温等，应设置空调、恒温等控制设备。在仓库作业时，要防止搬运和堆放时碰坏、压坏货物，要求搬运机具和操作方法不断改进和完善，使仓库真正起到仓储和保管的作用。

2. 配送和加工的功能

现代仓库的功能已由保管型向流通型转变，即由原来的仓储、保管货物的中心向流通、销售的中心转变。现代仓库不仅具有仓储、保管货物的设施，还增加了分装、配套、捆装、流通加工和移动等设施。这样既扩大了仓库的经营范围，提高了货物的综合利用率，又方便了消费者，提高了服务质量。

3. 调节货物运输能力的功能

各种运输工具的运输能力差别较大。船舶的运输能力很大，海运船舶一般都在万吨以上；火车的运输能力较大，每节车厢能装载 30～60 吨，一列火车的运量多达几千吨；汽车的运输能力较小，一般都在 10 吨以下。它们之间运输能力的差异也是通过仓库调节和衔接的。

4. 信息传递功能

信息传递功能总是伴随着以上三个功能而发生的。在处理有关仓库管理的各项事务时，需要及时而准确的仓库信息，例如，仓库利用水平、进出货频率、仓库的地理位置、仓库的运输情况、顾客需求状况以及仓库人员的配置等，这对仓库管理能否取得成功至关重要。

目前，在仓库的信息传递方面，越来越多地依赖计算机和互联网络，通过使用电子数据交换(EDI)系统或条形码技术来提高仓库货物的信息传递的准确性，通过互联网及时地了解仓库的使用情况和货物的储存情况。

三、仓库的分类

仓库是物流系统的基础设施，按其功能、营运形态、保管形态、建筑结构和保管条件等可划分为不同的类型。

(一) 按仓库功能分类

现代物流管理力求进货与发货同期化，使仓库管理从静态管理转变为动态管理，仓库功能也随之改变，这些新型仓库有了以下新的称谓。

1. 集货中心

将零散物品集中成批量物品称为集货。集货中心可设在生产点数量很多、每个生产点产量有限的地区。只要某一地区某些物品的总产量达到一定水平，就可以设置这种具有集货作用的物流据点。

2. 分货中心

将大批量运到的物品分成批量较小的物品称为分货。分货中心是主要从事分货工作的物流据点。企业可以用大规模包装、集装货品的方式将物品运到分货中心，然后按企业生产或销售的需要进行分装，利用分货中心可以减少运输费用。

3. 转运中心

转运中心主要承担物品在不同运输方式之间的转运任务。转运中心可以进行两种运输方式的转运，也可进行多种运输方式的转运，在名称上有的称为卡车转运中心，有的称为火车转运中心，还有的称为综合转运中心。

4. 加工中心

加工中心的主要工作是进行流通加工。设置在供应地的加工中心主要进行以物流为主要目的的加工，设置在消费地的加工中心主要进行以实现销售、强化服务为主要目的的加工。

5. 储调中心

储调中心以储备为主要工作内容，其功能与传统仓库基本一致。

6. 配送中心

配送中心是从事配送业务的物流场所或组织，它基本符合下列要求：主要面向社会服务；物流功能健全、完善的信息网络；辐射范围大；少品种、大批量；存储、吞吐能力强；统一经营管理物流业务。

(二) 根据营运形态分类

1. 营业仓库

营业仓库是仓库业主专门为了经营储运业务而修建，根据相关法律法规取得营业资格的仓库。这类仓库面向社会服务，或者以一个部门的物流业务为主，并且兼营其他部门的物流业务，例如商业、外贸等系统的储运公司的仓库等。营业仓库由仓库所有人独立经营或者由分工的仓库管理部门独立核算经营。

2. 自备仓库

自备仓库是各生产或流通企业为了本企业物流业务的需要而修建的附属仓库。这类仓库只储存本企业的原材料、燃料、产品或货物，一般工厂企业、商店的仓库以及部队的后勤仓库多属于这一类。

3. 公用仓库

公用仓库属于公用服务的配套设施，为社会物流服务，例如铁路车站的货场仓库、港口的码头仓库、公路货场的货场仓库等。

(三) 根据保管形态分类

1. 普通仓库

普通仓库是指常温下的一般仓库，用于存放一般性货物，对于仓库没有特殊的要求，只要求具有一般通用的库房和堆场，用于存放普通货物，如一般的金属材料仓库、机电产品仓库等。这类仓库设施较为简单，但储藏的货物种类繁杂，作业过程和保管方法、要求均不同。

2. 恒温仓库

恒温仓库是指能够调节温度、湿度的仓库，用于储存对温、湿度等有特殊要求的货物，包括恒温库、恒湿库和冷藏库(一般在 10℃以下)等，例如储存粮食、水果、肉类等货物的仓库。这类仓库在建筑上要有隔热、防寒和密封等功能，并配备专门的设备，例如空调、制冷机等。

3. 特种仓库

特种仓库是用来储存危险品、高压气体的仓库，例如油罐仓库、化学危险品仓库等，以及专门用于储藏粮食的粮仓等。特种仓库的储藏物单一，保管方法一致，但需要特殊的保管条件。

4. 水上仓库

水上仓库是指漂浮在水面的储藏货物的趸船、囤船、浮驳或者其他水上建筑，或者在划定水面保管木材的特定水域，以及沉浸在水下保管货物的水域。近年来，由于国际运输油轮的超大型化，许多港口因水深限制，都不允许大型船舶直接进港卸油，往往采用在深水区设立大型水面油库作为仓库转驳运油。

5. 露天仓库

露天仓库是露天堆码、保管的室外仓库，如露天木材堆码场等。一般适用于存放体积比较大、价格比较低、露天下不易变质的货物。

6. 储藏仓库

储藏仓库是保管散粒谷物、粉体的仓库，以筒仓为代表。

7. 简易仓库

简易仓库是指没有正式建筑，如使用帐篷等简易结构建造的临时仓库，一般用于存放临时需要存放的货物。

(四) 按建筑结构和保管条件分类

1. 库房

库房是指有顶盖，四面有围墙，门窗严密，并有通风孔道，用以储存商品的建筑物。一般分为平房、楼房、自动高层货架仓库(自动化立体仓库)等。

2. 货棚

货棚指有棚顶盖，一面、两面或三面有围墙或矮墙，能防风雨的建筑物。一般分为固定货棚和活动货棚两种。

3. 货场

货场是指地面经过适当平整、处理，其上没有任何建筑的存货场地。货场用于在露天堆放货物，一般堆放大宗原材料或者不怕风吹雨淋日晒的货物。

四、自动化立体仓库

(一) 自动化立体仓库的定义

自动化立体仓库是指采用高层货架以货箱或托盘储存货品，用巷道堆垛起重机及其他机械进行作业，由电子计算机和相应的自动控制设备对仓库的作业和仓储管理进行自动控制和管理的现代化仓库。

(二) 自动化立体仓库的组成

自动化立体仓库主要由货物存储系统、货物存取和传送系统、信息管理系统三大系统构成，还有与之配套的其他辅助系统。

1. 货物存储系统

货物存储系统主要由各种货架组成。立体货架按高度可分为高层货架(12 m 以上)、中层货架(5 m～12 m)和低层货架(5 m 以下)。

按建筑形式可以将货架分为整体式和分离式两种。整体式是指货架除了储存货物以外，还可以作为建筑物的支撑结构，就像是建筑物的一个部分，仓库与货架形成一体化的结构。分离式是指储存货物的货架建在建筑物内部，与建筑物分离，这为以后仓库的改造带来方便，可以将货架拆除后使建筑物用于其他目的。

2. 货物存取和传送系统

货物存取和传送系统主要由有轨和无轨堆垛机、出入库输送机、装卸机械等组成。

堆垛机在立体仓库中主要以巷道式堆垛机为代表，属于搬运设备。主要在立体货架的巷道内来回穿梭，将位于巷道口的货物存入货格，或者从货格中取出货物运到巷道口。巷道式堆垛机一般由机身、运行机构、升降机构、货叉伸缩机构、电器控制设备组成。

出入库输送机可根据货物的特点采用传送带输送机、机动辊道、链传动输送机等，主要将货物输送到堆垛机上下料位置和货物出入库位置，装卸机械承担货物出入库装车和卸车的工作，一般由行车、吊车、叉车等装卸机械组成。

3. 信息管理系统

自动化立体仓库的信息管理系统包含系统维护、需求量管理、订货管理、存储管理、不合格品管理、库存管理等子系统。

(1) 系统维护子系统：对系统进行初始化，设置备种编码和处理方式，包括设置拼盘方式、出入库方式、批量方式和日期、数据库以及对货位编码进行初始化等。

(2) 需求量管理子系统：根据生产计划、销售状况、库存情况、货品清单、日期等信息确定物料需求数量和时间。

(3) 订货管理子系统：制作订单，录入合同，管理进货日程，统计合同并为管理者提供供货单位的信誉、供货能力和生产技术信息等基本档案资料。

(4) 存储管理子系统：提供存储管理中的各种功能，包括货位管理、入库管理、出库管理和盘库管理等。

(5) 不合格品管理子系统：管理零件到厂或货品到公司后的各种不合格品，根据从入库验收、生产和销售中返回的不合格品，生成追单和赔付单，将不合格品从库存中扣除。

(6) 库存管理子系统：负责完成库内货品统计、库存状况分析、ABC 分类管理等。

4. 其他辅助系统

其他辅助系统有供电系统、空调系统、消防警报系统、承重计量系统以及中央信息通信系统等。

(三) 自动化立体仓库的优越性

自动化立体仓库其优越性是多方面的，对于企业来说，可从以下几个方面得到体现。

1. 提高空间利用率

早期立体仓库的构想，其基本出发点就是提高空间利用率、充分节约有限且宝贵的土地。在有些西方发达国家，提高空间利用率的观点已有更广泛深刻的含义，节约土地已与节约能源、环境保护等更多的方面联系起来。有些国家甚至把空间利用率作为系统合理性和先进性考核的重要指标来对待。立体仓库的空间利用率与其规划紧密相连。高层货架存储节省了库存占地面积，提高了空间利用率。自动化立体仓库的存储能力是普通仓库的 5～10 倍。

2. 便于形成先进的物流系统，提高企业生产管理水平

传统仓库只是货物储存的场所，保存货物是其唯一的功能。自动化立体仓库采用先进的自动化物料搬运设备，不仅能使货物在仓库内按需要自动存取，而且可以与仓库以外的生产环节进行有机的连接，并通过计算机管理系统和自动化物料搬运设备使仓库成为企业生产物流中的一个重要环节。

3. 加快货物的存取节奏，减轻劳动强度，提高生产效率

建立以自动化立体仓库为中心的物流系统，其优越性还表现在自动化高架库的快速出入库能力，能快速妥善地将货物存入高架库中入库，也能快速及时并自动地将生产所需零部件和原材料送达生产线。这一特点是普通平库所不具有的。同时，自动化立体仓库的实

现是减轻工人劳动强度的最典型的例子。主要体现在：

(1) 采用自动巷道堆垛机取代人工存放货物和人工取货，既快捷又省力。工人不必进入仓库内工作，工作环境大为改善。

(2) 采用计算机管理系统对货物进行管理，大大增强了管理能力，使仓库管理科学化程度及准确性、可靠性有质的提高，出入库管理、盘库、报表等工作量变得简单快捷，工人的劳动强度大大降低。

(3) 立体库系统辅以库前辅助输送设备，使出入库变得简单方便。

(4) 自动化立体库系统所需要的操作人员和系统维护人员很少，既节省了人力物力和资金，又改善了工作环境，一举多得。

4．减少库存资金积压

经过对一些大型企业的调查了解得知，由于历史原因造成的管理手段落后，物资管理零散，使生产管理和生产环节的紧密联系难以到位，为了达到预期的生产能力和满足生产要求，就必须准备充足的原材料和零部件。这样库存积压就成为一个较大的问题。如何降低库存资金积压和充分满足生产需要，已成为大型企业不得不面对的一个大问题。高架库系统是解决这一问题的最有效的手段之一。

(1) 以自动化立体仓库为中心的工厂物流系统，解决了生产各环节的流通问题和供求矛盾。使原材料的供给和零部件的生产数量和生产所需的数量可以达到一个最佳值。

(2) 计算机网络系统的建立使原材料和零部件外购件的采购更及时和更能满足实际需求。

(3) 计算机管理系统的建立加强了宏观调控功能，使生产中各环节生产量更能满足实际需求。

(4) 成品库和半成品库的建立，可以解决市场供需暂时不一致的问题，充分发挥企业的生产潜力。

5．现代化企业的标志

现代化企业采用的是集约化大规模生产模式。这就要求生产过程中各环节紧密相连，成为一个有机整体。要求生产管理科学实用，做到决策科学化。为此、建立自动化高架仓库系统是最有力的措施之一。

如前所述，自动化物流系统在最大限度利用空间、最大限度地满足生产要求、减轻工人劳动强度、提高生产效率、加强生产和物资管理、减少库存积压资金等方面具有无可比拟的优势，这正是一个现代化企业所要求和追求的。

任务二　仓库的选址

一、仓库选址的含义

仓库选址是仓库规划的重要环节，也是物流网络规划的重要内容。仓库选址决定企业物流网络的构成，不仅影响企业的物流能力，还影响企业实际物流营运效率与成本，对企业来说是非常重要的物流战略规划内容。因此仓库选址对企业物流系统的构建有十分深远的意义。

　　仓库选址分两种情况，一种是小型单一设施的选址，主要根据已有的市场和生产规模来决定，较简单；另一种为综合设施的选址，即要为一个企业所属的多个工厂、分销服务中心选择合适的地址，使这些设施的数量、位置和规模达到最优，这是一个复杂的工作。

二、仓库选址的影响因素

(一) 地区选择应考虑的因素

　　场址地区选择主要应考虑宏观的因素，由于制造业与服务业对设施的要求不一样，因此要充分考虑不同设施的不同性质和特点。一般而言，地区选择主要考虑以下因素：销售目标市场及客户分布、资源市场及供应商分布、交通条件、土地条件、自然条件、人力资源条件、社会环境与政策条件等，以下针对这几种因素加以说明。

1. 销售目标市场及客户分布

　　选址时首先要考虑的就是目标市场即服务客户的分布。不论是制造业还是服务业，设施的地理位置一定要和客户接近，越近越好。因为如果产销两地接近，运输成本减小，会大大降低总成本。还要考虑地区对产品和服务的需求情况，消费水平要和产品及其服务相适应。例如零售商型配送仓库，其主要客户是超市和零售店，这些客户大部分分布在人口密集的地区或大城市，为了提高服务水平及降低配送成本，仓库多建在城市边缘接近客户分布的地区。

2. 资源市场及供应商分布

　　在工业设施选址中，不同的制造行业对资源有不同的要求。如纺织厂应建在棉花产区；发电、食品、酿酒企业都需要大量用水，必须建在水资源有保障的地区，因此工厂场址地区选择应该考虑主要原材料、燃料、动力、水资源等资源条件。

　　对供应型仓库而言，应该考虑的因素是供货资源分布，即供应商的分布情况。因为物流的商品全部是由供应商所供应的，如果仓库接近供应商，则其商品的安全库存可以控制在较低的水平。但是因为国内进货的输送成本一般是由供应商负担的，因此有时不重视此因素。

3. 交通条件

　　交通条件是影响物流成本及效率的重要因素之一。交通运输的不便将直接影响配送的进行，因此必须考虑对外交通的运输通路，以及未来交通与邻近地区的发展状况等因素。考核交通方便程度的条件有：高速公路、国道、铁路、快速道路、港口、交通限制规定等。一般仓库应尽量选择建在交通方便的高速公路、国道及快速道路附近，如果以铁路及轮船作为运输工具，则要考虑靠近火车编组站、港口等。

4. 土地条件

　　土地的使用必须符合相关法律规章及都市规划的规定，尽量选在物流园区、工业园区或经济开发区。用地的形状、长宽、面积与未来扩充的可能性，则与规划内容及实际建置有密切的关系。因此在选择仓库场址时，必须参考规划方案中仓库的设计内容，在无法完全配合的情形下，必要时得修改规划方案中的内容。

另外，还要考虑土地大小与地价，在考虑现有地价及未来增值状况下，配合未来可能扩充的需求程度，决定最合适的面积大小。还有土地征用、拆迁、平整等费用，不同的选址所花的费用也不相同，对我国来说应尽量选用不适合耕作的土地作为仓库的地址，而不去占用农业生产用地。

5. 自然条件

在物流用地的评估当中，自然条件也是必须考虑的，事先了解当地自然环境有助于降低建构的风险。例如考虑湿度、盐分、降雨量、台风、地层因素等条件时，有的地方靠近山，湿度比较高，而有的地方湿度比较低，有的地方靠近海边盐分比较高，这些都会影响商品的储存品质，尤其是首饰或电子产品等对湿度及盐分都非常敏感。另外降雨量、台风、地震及洪水等自然灾害对于仓库的影响也非常大，必须特别留意并且避免被侵害。

6. 人力资源条件

在仓储配送作业中，最主要的资源为人力资源。由于一般物流作业仍属于劳力密集的作业形态，在仓库内部必须要有足够的作业人力，因此在决定仓库位置时必须考虑工人的来源、技术水平、工作习惯、工资水平等因素。

7. 社会环境与政策条件

在国外建设仓库时应注意当地的政治环境是否稳定，是否邻近自由贸易区等。政策条件是物流选址评估的重点之一，尤其是物流用地取得比较困难的现在，如果有政府政策的支持，则更有助于物流的发展。政策条件包括企业优待措施(土地提供、减税)、城市规划(土地开发、道路建设规划)、地区产业政策等。最近许多交通枢纽城市如深圳、武汉等地都在规划现代物流园区，其中除了提供物流用地外，也有关于税赋方面的减免等优惠条件，有助于降低物流的运营成本。

8. 其他基础设施

除交通便利外，道路、邮电通信、动力、燃料管线等基础设施是否完善对建设仓库的投入影响很大。

(二) 仓库布局应考虑的因素

为了满足需求、控制成本、保证服务，在制定和选择仓库选址与布局的方案时，应该考虑以下几个方面的因素：

(1) 向其他区域有盈余空间的仓库转移。计算盈余的仓库面积是否匹配物品资源量，配送距离和配送成本是否合理。

(2) 就近租用社会化仓库。计算年租金费用、仓库面积、容积、所处地段、配送距离等是否合理。

(3) 新建仓库。如现有仓库不能满足未来一段时间的仓库资源需求，又无其他合适可用仓库，可考虑新建方案。新建仓库一般投入比较大，需要长期规划，考虑仓库选址、仓库建设面积、容积、类型、功能定位、成本投入等是否合理。

(4) 仓储业务外包。利用社会上专业的仓库资源，满足企业的仓储需求，控制业务扩张过程中的成本规模。

仓库布局的优化是建立在物流系统低成本、高效率、高效益的基础上的。从不同侧面有不同的考虑，如：经济性原则，近距离原则，系统优化原则，满足运营要求的原则，满足工艺、生产和管理要求的原则，柔性化原则等。

三、仓库选址的方法

仓库选址是很复杂的问题，涉及法律、法规、规划、土地使用权、物流业务种类、物流设施、筹资能力、交通环境、自然条件等因素。因此，针对仓库选址所涉及的一些关键因素，需要将定性分析和定量分析结合起来进行，或采用综合集成的方法进行选址工作，常采用以下一些方法：

(1) 解析技术：这是一种物流地理重心方法，它根据距离、重量或两者的结合，通过在坐标上显示，以物流节点位置为变量，用代数方法来求解物流节点的坐标。

(2) 线性规划：这是一种最优化技巧，是一种广泛使用的战略和战术物流计划与设计工具，它一般是在一些特定的约束条件下，从许多可用的选择中挑选出一个最佳的方案。

(3) 仿真技术：它通过对选址与设计中的实际条件进行模拟仿真(如电脑的三维显示技术)，来确定物流中心的选址与设计。目前仿真技术主要有两种，一是静态仿真，二是动态仿真。

任务三　仓库内部规划

仓库是仓管员工作的主要场所，同时也是商品存储的主要空间。通过对仓库内的空间进行合理地规划，不仅能够增加仓库的存储容量，而且还能保证仓储活动中各种作业协调、高效地进行。

一、储存场所布置

储存场所布置是将各种物资合理地布置到库房、物料棚或货场的某个具体位置。储存场所的合理布置对提高物资保管质量、充分利用仓储能力、加速物资收发、降低仓储费用等具有重要意义。

储存场所布置分为平面布置和空间布置。

(一) 平面布置及其常见形式

储存场所的平面布置是指在有效的平面上，对库房、物料棚、货场内的货垛、货架、通道、收发料区、垛间距、墙间距等进行合理的安排布置。主要注意正确处理相互之间位置的关系。

1. 平面布置的要求

(1) 符合仓储作业流程，有利于仓储业务的顺利进行。

(2) 减少搬运距离。

(3) 最大限度地利用仓库面积。

(4) 有利于充分利用仓库设施和机械设备。

(5) 有利于保证安全和职工的健康。

2．平面布置的常见形式

货垛、货架的排列形式决定了储存场所平面布置的形式，常见的平面布置形式有垂直布置和倾斜布置两种类型。

(1) 垂直布置：货垛(或货架)的长度方向与库墙和通道互相垂直。具体又分为横列式布置、纵列式布置和纵横式布置。

横列式布置的货垛(或货架)的长度方向与库房的长度方向互相垂直，如图 3.1 所示。

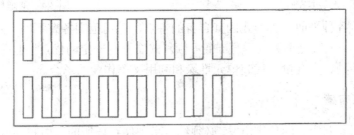

图 3.1　横列式布置

由图中可看出，横列式布置的主要优点是运输通道较长，作业通道较短，因此库存物资的收发和查验较方便，有利于实现机械化作业，通风采光良好。但是横列式布置运输通道占用的面积较多，从而影响了仓库的面积利用率。

纵列式布置是指货垛(或货架)的宽度的方向与库房的长度方向互相垂直，如图 3.2 所示。

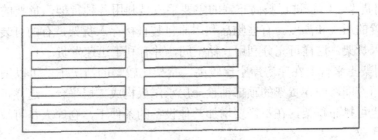

图 3.2　纵列式布置

纵列式布置的优缺点与横列式正好相反，其优点是运输通道较短，占用面积少，仓库面积利用率较高；缺点是作业通道长，存取物资不方便，对通风采光不利。

纵横式布置是指同一库房内横列式布置和纵列式布置兼而有之，它是横列式与纵列式两种形式的结合。

(2) 倾斜布置：货垛的长度或方向与运输通道呈一锐角，分为货垛倾斜和通道倾斜两种情况。货垛倾斜是指货垛的长度方向相对于运输通道和库墙呈一锐角，如图 3.3 所示。通道倾斜是指运输通道与库墙呈一锐角，而货垛垂直于库墙排列，如图 3.4 所示。倾斜布置的最大优点是便于利用叉车配合集装单元进行作业，它能减少叉车作业时的回转角度，提高装卸搬运效率。

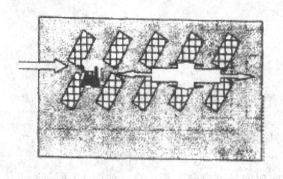
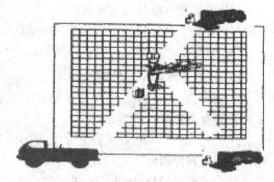

图 3.3　货垛倾斜　　　　　　　　　　　图 3.4　通道倾斜

综上所述，各种平面布置形式因其自身的特点，适用范围各有不同。总的来看，垂直式布置采用最广，尤其是横列式垂直布置。倾斜式布置有一定的优点，但有很大的局限性，仅适用于单一品种、大批量、集装单元堆垛和利用叉车作业的场合。

(二) 空间布置

从有效利用仓储空间的角度出发，必须综合考虑储存场所的平面和高度两方面的因素，才能使仓储空间得到充分利用。储存场所的空间布置，即库存物资在库房、物料棚和货场高度方向上的布置。通常有以下几种形式：

(1) 物资堆垛。物资堆垛是大批量物资的垂直布置形式，它是将物资的单位包装直接堆码在垛基上，层层堆码到一定高度。物资堆码可以利用原包装堆码或利用托盘和集装箱堆码。

(2) 利用货架。物资进行竖向布置的主要手段是利用各种货架，货架的类型和高度决定了竖向布置的形式和高度。有些物品利用原包装直接存入货架，有的可装入货箱或码到托盘上再存入货架，这样可充分利用仓储空间，并有利于迅速发货。

(3) 采用架上平台。在库房净空比较高、货架比较矮的情况下，可以采用架上平台的方式充分利用空间，即在货架的顶部铺设一层承压板构成二层平台，这样可在平台上直接堆放货物，也可排布货架，在不需要增加其他设备的条件下，仓库人员可较方便地到平台上进行收发作业。

二、储位规划

储位规划的一般原理是：依照货物特性进行储存，大批量使用大储区，小批量使用小储区；能安全有效率地使适合储于高位的物品使用高储区，笨重、体积大的物品储存在较坚固的货架及接近出货区；小、轻及容易处理的物品使用较远的储区；将相同或相似的货物尽可能接近储放；周转率低的物品尽量远离进货、出货区；周转率高的物品尽量置于出货区附近及较低的区域；服务设施应选在低层楼区等。

(一) 储存策略

储存作业要保证最大限度地利用空间，最有效地利用劳动力和设备，最安全和经济地运送货物,对货物进行良好的保护和管理。良好的储存策略可以减少出入库移动距离,缩短作业时间,充分利用储存空间。一般常见的储存方法有以下几种。

1．定位储放

在定位储放方法下,储存的每种货物都有固定储位,不同货物不能互用储位,因此每种货物的储位容量不得小于其可能的最大在库量。

选用定位储放主要遵从以下五方面原则:

(1) 储区安排需要考虑货物的尺寸及重量。

(2) 储存条件对货物储存非常重要,例如有些品项必须控制温度。

(3) 易燃、易爆等危险品必须限制储放于特定的区位,限制在一定高度。

(4) 注意产品的特性及管理的要求,如饼干和肥皂、化学原料和药品必须分开放。

(5) 保护重要物品。

定位储放使每项货物都有固定的储放位置,拣货人员容易熟悉货物储位。货物的储位可按周转率大小安排,以缩短出入库搬运距离。可针对各种货物的特性进行储位的安排调整,将不同货物特性间的相互影响减至最小。但是储位划分必须按各项货物的最大在库量设计,因此储区空间平时的使用效率较低。

总之,定位储放容易管理,使用的总搬运时间较少,但却占用较多的储存空间。此方法较适用于库房空间大和储放的商品量少而品种多的情况。

2．随机储放

在随机储放方法下,货物的储存位置是随机指定的,而且可经常改变。也就是说,任何货物可以被存放在任何可利用的位置。货物一般是由储存人员按习惯来储放的,且通常按货物入库的时间顺序,将最后入库的货物储放于靠近出入口的储位。

随机储放由于储位可共用,因此库容只需按所有库存货物最大在库量设计即可,储区空间的使用效率较高。随机储放的缺点在于:货物的出入库管理及盘点工作的困难程度较高;周转率高的货物可能被储放在离出入口较远的位置,增加了出入库的搬运距离;具有相互影响特性的货物可能相邻储放,造成对货物的伤害或发生危险。

一个良好的储位系统中,采用随机储放能使料架空间得到最有效的利用,因此储位数目得以减少。模拟研究显示:随机储放与定位储放相比较,可节省 35% 的移动储存时间,增加了 30% 的储存空间,但较不利于货物的拣取作业。因此随机储放较适用于厂房空间有限的仓库,适合需尽量利用储存空间的种类少的货物。

3．分类储放

分类储放是指所有的储存货物按照一定特性加以分类,每一类货物都有固定存放的位置,而同属一类的不同货物又按照一定的法则来指派储位。分类储放通常按照产品的相关性、流动性、尺寸、重量及特性来分类。

分类储放便于畅销品的存取,具有定位储放的各项优点。各分类的储存区域可根据货物特性再作设计,有助于货物的储存管理。但是储位必须按照各项货物最大在库量设计,因此储存区空间平均的使用效率低。

分类储放较定位储放具有弹性,但也有与定位储放同样的缺点,因而较适用于以下情况:货物相关性大,经常被同时订购;周转率差别大的货物;尺寸相差大的货物。

4. 分类随机储放

分类随机储放是指每类货物有固定存放的储区，但在各类的储区内，每个储位的指派是随机的。

分类随机储放具有分类储放的部分优点，又可节省储位数量，提高储区利用率。但是进行货物出入库管理及盘点工作的困难度较高。

分类随机储放兼有定位储放及随机储放的特色，需要的储存空间量介于两者之间。

5. 共同储放

在确定知道各货物的进出仓库时刻时，不同的货物可共用相同的储位，这种储放方式称为共同储放。共同储放在管理上虽然较复杂，但所占用的储存空间及搬运时间却更经济。

(二) 储位管理

1. 影响储位分配的因素

在选择储区位置时应考虑的因素有以下方面：

(1) 周转率。按照商品在仓库的周转率来排定储位。首先依周转率由大自小排列，再将此序列分为若干段，通常分为 3～5 段。同属于一段中的货物列为同一级，依照定位或分类储存法的原则，指定储存区域给每一级的货物。周转率低的货物储放于仓库较高区及远离进货、出货区，周转率高的货物储放于低储位及接近进货、出货区。

(2) 货物的相关性。相关性大的产品在订购时经常同时采购，所以应尽可能存放在相邻位置。

(3) 货物的同一性、类似性、互补性和相容性。同一货物应储放在同一保管位置，类似品则应相邻保管；互补性高的产品也应存放在邻近位置，以便缺货时可迅速以另一产品替代；相容性低的产品绝不可放置在一起，以免损害品质，如烟、香皂、茶不可放在一起。

(4) 货物入库的先后。先入库的物品应先出库，特别是产品生命周期短的商品，如感光纸及食品等。

(5) 货物的尺寸、重量及批量。在仓库布置时，需要考虑物品单位、大小及相同物品所形成的整批形状，以便能提供适当空间，满足某一特定需要。批量大的货物，储区相应要大；笨重、体积大的货物需储于坚固的货架，并接近发货区；轻量货物储于上层货架，小而轻并且易于处理的货物储于距发货区远的储区。

(6) 货物的特性。产品特性不仅涉及产品本身的危险及易腐等性质，同时也可能影响其他物品，因此在储位分配时必须要考虑。

2. 储位管理的原则

(1) 标识明确。货物的保管位置应该给予明确标识。此原则的主要目的是简化存取作业，减少错误。

(2) 储区定位有效。储区分配后，在具体储存作业时要严格根据预先分配好的储位进行，确保货物被有效地放置在规划好的储位上。

(3) 发生移动时要及时记录。在货物的储存过程中，由于出货、产品更新，或是受其他作业的影响，会发生位置或数量的变化，此时需要对变动情况及时、难确地记录，以使账目资料与实际情况能够完全吻合。

✦✦✦✦✦　模 块 小 结　✦✦✦✦✦

本模块首先介绍了仓库的概念、功能及其分类，自动化立体仓库的概念和组成。仓库是储存保管货物的建筑物和场所的总称，具有储存保管、调节货物运输能力、加工以及信息传递的功能。自动化立体仓库是指采用高层货架以货箱或托盘储存货品，用巷道堆垛起重机及其他机械进行作业，由电子计算机和相应的自动控制设备对仓库的作业和仓储管理进行自动控制和管理的现代化仓库。

其次介绍了仓库选址的含义、仓库选址应考虑的因素以及选址的方法。仓库选址地区选择主要考虑以下因素：目标市场情况、供应商分布、交通条件、土地条件、自然条件、政策条件等。

最后介绍了仓库内部规划。储存场所布置是将各种物资合理地布置到库房、物料棚或货场的某个具体位置，分为平面布置和空间布置。储存场所的合理布置和良好的储存策略可以减少出入库移动距离，缩短作业时间，充分利用储存空间。一般常见的储存方法有定位储放、随机储放、分类储放、分类随机储放和共同储放，储位选择也要考虑到若干因素。

关键概念

仓库；自动化立体仓库；仓库选址；平面布置；横列式；纵列式；纵横式；空间布置；储存策略；定位储放；随机储放；分类储放；分类随机储放；共同储放

✦✦✦✦✦　练 习 与 思 考　✦✦✦✦✦

一、单选题

1. 按保管货物的特性分类，所占比重最大的仓库是(　　)。
    A. 通用仓库　　　　　　　　　B. 特种仓库
    C. 冷藏仓库　　　　　　　　　D. 专用仓库

2. 按(　　)分类，可以把仓库划分为平房仓库、多层仓库和立体仓库等。
    A. 仓库功能　　　　　　　　　B. 仓库用途
    C. 保管形态　　　　　　　　　D. 结构和构造

3. 仓库重心选址法的原理是利用函数求出仓库至顾客间(　　)。
    A. 运输成本最小的地点　　　　B. 运输成本最大的地点
    C. 距离最近的地点　　　　　　D. 距离最远的地点

4. 下列属于仓储管理战略层面所研究的问题是(　　)。
    A. 仓库的选址与建设问题　　　B. 仓库机械作业的选择与配置问题
    C. 仓库的业务管理问题　　　　D. 仓库的库存管理问题
    E. 新技术、新方法在仓库中的运用问题

5. 下列地址可以建仓库的是(　　)。

A．油库   B．化工厂

C．闹市区   D．空旷地

6. 处于货物运输系统的中间环节，存放待转运的货物，一般设在铁路、公路的场站和水路运输港口码头的附近，这类仓库属于（   ）。

A．批发仓库   B．零售仓库

C．储备仓库   D．中转仓库

7. 每一类货物都有固定的存放储区，但在各类储区内每个储位的指派是随机的，这是分配储位的（   ）方法。

A．随机储放   B．分类储放

C．分类随机储放   D．共同储放

8. 仓库的主体是（   ）。

A．仓储作业区   B．仓库总平面

C．辅助作业区   D．行政生活区

9. 在仓库中，劳动力适用最多的地方是（   ）。

A．批量储存区   B．拣货作业区

C．安置货品区   D．储位管理区

10. 一般指高度超过 10 m，库内安装立体货架的仓库是（   ）。

A．平面库   B．楼库

C．冷冻仓库   D．立体库

二、多选题

1. 仓库平面布置一般划分为（   ）。

A．主要业务场所   B．辅助业务场所   C．生活区的办公室场所

D．生活场所   E．其他附属设施

2. 仓库按保管商品的特性可分为（   ）。

A．通用仓库   B．专用仓库   C．特种仓库

D．冷冻仓库   E．化学危险品仓库

3. 仓库选址需要考虑的经济环境有（   ）。

A．空气干燥   B．货流量的大小   C．货物的流向

D．城市的扩张与发展   E．地区产业政策

4. 仓库选址需要考虑的自然环境有（   ）。

A．地理因素   B．气候因素   C．企业优惠措施

D．城市规划政策   E．地区产业政策

5. 仓库作业区规划的主要任务包括（   ）。

A．减少运输和搬运的距离   B．有效地利用时间

C．降低储存成本   D．充分利用仓库面积

三、判断题

1. 货位管理就是指货品进入仓库之后，对货品如何处理、如何放置、放置在何处等进行合理有效的规划和管理。（   ）

2．定位储存是指每一储存货品都有固定货位，货品不能互用货位。因此，在规划时，每一项货品的货位容量不得小于其可能的最大在库量。（　　）

3．随机原则一般是由储存人员按习惯来确定储存位置，而且通常按货品所属供应商的不同储存于靠近出入口的货位。（　　）

4．定位储放的优点主要是由于货位可共用，因此只需按所有库存货品最大在库量设计即可，储区空间的使用效率较高。（　　）

5．分类储放策略是指将所有货品按照一定特性加以分类，每一类货品都有固定存放的位置，而同属一类的不同货品又按一定的原则来指派货位。（　　）

四、简答题

1．货位平面布置的形式及特点有哪些？

2．自动化立体仓库有哪些优点？

3．目前常见的货位储存方法有哪些？

❖❖❖❖❖　**实 训 实 践**　❖❖❖❖❖

1．调查本地一个超市(联华、沃尔玛、大润发等)，写一份关于这个超市卖场仓储布局的调研报告。

2．在小组调研的超市中选择任意两个区域，调研这两个区域内商品储存摆放的方式，仓储商品具体类型，使用的货架和仓储设备。

❖❖❖❖❖　**案 例 分 析**　❖❖❖❖❖

家乐福配送中心选址问题

根据经典的零售学理论，一个大卖场的选址需要经过几个方面的测算：

第一，商圈内的人口消费能力。需要对这些地区进行进一步的细化，计算该区域内各小区详尽的人口规模和特征，计算不同区域内人口的数量、密度、年龄分布、文化水平、职业分布、人均可支配收入等指标。家乐福的做法还会更细致一些，根据这些小区的远近程度和居民可支配的收入，再划定重要的销售区域和普通的销售区域。

第二，需要研究这片区域内的城市交通和周边商圈的竞争情况。设在上海的大卖场都非常聪明，例如，家乐福古北店周围的公交线路不多，家乐福就干脆自己租用公交车在一些固定的小区穿行，方便这些离得较远的小区居民上门一次性购齐一周的生活用品。

当然未来潜在的销售区域会受到很多竞争对手的挤压，所以家乐福也会将未来所有的竞争对手计算进去。

家乐福自己的一份资料指出，有60%的顾客在34岁以下，70%的顾客是女性，有28%的顾客步行，45%的顾客乘公共汽车而来。所以很明显，大卖场可以依据这些目标顾客的信息来微调自己的商品线。能体现家乐福用心的是，家乐福在上海的每家店都有小小的不同。在虹桥店，因为周围的高收入群体和外国侨民比较多，其中外国侨民占到了家乐福消费群体的 40%，所以虹桥店里的外国商品特别多。南方商场的家乐福因为周围的居住小区比较分散，在商场内开了一家电影院和一家麦当劳，增加自己对较远人群的吸引力度。青岛的家乐福做得更到位，因为有 15%的顾客是韩国人，所以干脆做了许多的韩文招牌。

(案例选编自山东英才学院 http://jpkc.ycxy.com/2010/44329.html)

结合案例回答问题：

1. 按仓库所起的作用分类，家乐福属于何种仓库？
2. 结合案例，谈谈仓库选址需要考虑哪些因素。

模块四　仓储经营管理

学习目标

1. 掌握保管仓储、消费仓储、混藏仓储、仓库租赁等仓储基本经营模式
2. 掌握运输中介、配送和配载等仓储多种经营模式
3. 掌握仓储合同的相关内容

案例导入

某五金公司与某贸易货栈仓储合同案例

某五金公司与某贸易货栈有着多年的业务往来，两个公司的经理也是"铁哥儿们"，私交很深。某年 5 月，五金公司经理王某找到贸易货栈经理张某称："我公司购回走私彩电500 台，有关部门正在追查，因此，想请张经理帮帮忙，将这批货暂时在贸易货栈存放一段时间，待避过风头之后，我公司立即想办法处理。"但货栈经理张某说："咱们都是经营单位，货栈目前效益也不是很好，并且寄存你这批货还要承担很大风险，因此，适当收点仓储费。另外，一旦有关部门得到信息，将该批货查封、扣押或者没收，我单位不承担任何责任。"五金公司王经理表态："费用按标准支付，签个仓储合同。"双方随即签订了一份仓储保管合同。合同约定，贸易货栈为五金公司储存彩电500 台，期限6 个月，每月仓储费为 1000 元。10 月，该批货在贸易货栈存放期间，被有关部门查获，并依法予以没收。后来双方当事人为仓储费问题发生争执，经多次磋商未果，贸易货栈诉至法院，要求五金公司依约支付仓储费并赔偿损失。

思考题

1. 五金公司与贸易货栈之间所签订的仓储保管合同是否有效？为什么？
2. 五金公司是否应支付仓储费？为什么？

任务一　仓储经营管理概述

一、仓储经营的意义

对于物流企业而言，仓储经营管理的全过程，是改变传统的经营理念，运用新技术，

充分利用仓储资源，开发新的服务方式的过程。仓储经营管理的好坏直接关系到物流企业的经济利益。

1. 保证企业再生产活动的顺利进行

企业原材料的生产、采购和使用在时间和空间上都存在矛盾，为了保证原材料按时、按量供应和现代化生产的持续进行，必然要求对原材料保有一定的储备。储备量过少，必然会影响生产的顺利进行；储备量过多，导致资金占用过大，增加资金使用成本，而且会增大市场风险，降低企业效益。从企业内部生产环节来看，由于专业化程度的不断提高，社会分工的细化，生产的各单位之间的产品交换在时间和空间上也存在同样的矛盾，为了保证各单位生产活动的顺利进行，也必须在各环节之间保有一定的储备，才能保证大规模现代化生产的持续进行；从企业的产品销售来看，生产和消费之间也存在同样的时间和空间矛盾。有些产品的消费具有季节性，生产却必须常年进行，有些产品的生产具有季节性，而消费却具有常年性，要解决这些时间矛盾，唯一的办法就是进行产品储存。同样，生产和消费之间的空间矛盾必然要求运输，运输的规模经济要求必须在运输的前后对产品进行集散，无论是"集"还是"散"都意味着储存。而这种衔接生产与生产、生产与消费的仓储是有成本的，因此对仓储活动的计划、组织、协调、指挥、控制与监督等管理活动的好坏直接影响到仓储活动的效率，是企业再生产活动高效、低成本、持续进行的必要条件。

2. 提高仓储能力、加快资金周转、节约费用、降低成本、提高经济效益

要搞好仓储经营活动，必须要充分利用仓储设施和资源，提高仓储服务能力，提升仓储经营的层次，提高仓储服务的附加值，提高仓储企业的收益。通过仓储经营管理减少物资资产在仓储过程中的沉淀，盘活资金，增加收益，减少物质耗损和劳动消耗，从而可以加速物资和资金的周转，节省费用支出，降低物流成本，开发"第三利润源泉"，提高社会、企业的经济效益。

3. 将仓储设施向社会开放，开展多样化经营，提高效益

在物流高速发展的今天，对仓储的技术要求越来越高。市场竞争的加剧，符合配送要求的地理位置的土地供给的减少，地价的大幅度上升，规模经济对仓储面积要求的增加等都使仓储经营设施的投资增大。因此，为满足社会对仓储的需求，尤其是大量中小企业对仓储的需求，也为了盘活仓储企业的资本，提高仓储设施的使用率，增加效益，必须将现有的仓储经营设施向社会开放，开展多样化经营，具体内容有：① 设施开放；② 商品种类开放；③ 地区开放，行业开放；④ 服务对象开放；⑤ 经营项目开放；⑥ 服务时间开放等。

4. 加强企业基础工作，提高管理水平

经营管理是仓库管理的最高层面。经营管理需要良好的生产管理、财务管理、人事管理等的支持，同时良好的经营管理又能促进各项管理水平的提高。仓储管理的基础工作包括建立仓储管理指标体系、制定仓容定额、折算商品储存吨数与计量等内容，是仓储管理工作的基石。为适应仓储管理功能的变化，物流企业要以提高仓储经济效益为目标，加强各项基础工作，健全仓储管理体系，为提高仓储经营管理水平创造良好条件。

二、仓储经营的目标

(一) 仓储经营的总体目标

仓储经营的目标是指按照仓储活动的各项要求和仓储管理上的需要，把与仓储经营有关的各部门、各环节合理组织起来，使各方面的工作协调、有效地进行，加速商品在仓库中的周转，合理地使用人、财、物，以最小的资源取得最大的经济效益。

(二) 仓储经营的具体目标

仓储经营的具体目标是实现仓储经营活动的"多储存、多经营、快进、快出、保管好、费用省"。

"多储存"是指在库容合理规划的基础上，最大限度地利用有效的储存面积和空间，提高单位面积的储存量和面积利用率。

"多经营"是指仓储采用多种经营方式提高企业的收益，如商品交易中介、运输中介、配送与配载等。

"快进"是指物资运抵港口、车站或仓库专用线时，要以最快的速度完成物资的接运、验收和入库作业活动。

"快出"是指物资出库时，要及时、迅速、高效地完成备料、复核、出库和交货清理作业活动。

"保管好"是指按照物资性质要求和储存条件，合理安排储存场所，采取科学的保管方法，使其在保管期内质量完好、数量准确。

"费用省"是指在物资输入、输出以及保管的整个过程中，都要努力节省人力、物力和财力消耗，以最低的仓储成本取得最好的经济效益。

在仓储经营组织过程中，应综合考虑各方面的因素，并注意以下几个方面：一是保证仓储作业过程的连续性，充分利用仓储资源；二是实现仓储作业过程的比例性，保持生产作业的均衡进行；三是所采取仓储经营方法的合理性，要满足社会需要；四是充分调动仓库人员的积极性，提高劳动效率；五是具有有利于人才脱颖而出的机制，提高管理水平；六是具有良好的风险防范机制，减少意外、无谓的损失，提高经济效益。

任务二　仓储经营方法

仓储最基本的功能是储存，为了提升储存资源使用效率，仓储经营组织可以根据实际需要选择不同的经营模式。

一、保管仓储经营

保管仓储是指仓库经营人接受存货人的仓储货品进行保管并收取仓储保管费，在保管期满时，将货品交还给存货人的一种仓储经营方式。

(一) 保管仓储的经营特点

保管仓储的目的在于保持保管物原状。寄存人交付保管物于保管人，其主要目的在于保管。也就是说，他主要是将自己的货品存入仓储企业，仓储企业必须对货品实施必要的保管而达到最终维持保管物原状的目的。寄存人与存货企业是一种提供劳务的关系，所以在仓储过程中，货品的所有权不转移到仓储过程中，仓储企业没有处分货品的权力。

保管仓储活动是有偿的。保管人为存货人提供仓储服务，存货人必须支付仓储费。仓储费是保管人提供仓储服务的价值表现形式，也是仓储企业盈利的来源。

仓储费是仓储企业收入的主要来源。仓储保管经营的整个仓储过程均由保管人进行操作，仓储经营人需要有一定的投入，仓储费是仓储企业收入的主要来源。

(二) 保管仓储的工作任务

保管仓储的工作任务主要是根据货品的性能和特点提供适合它的保管环境和保管条件，保证仓储货品在质量和数量上都没有损失，并利用现有的仓储设施，为顺利交货奠定基础。

1. 制定仓储规划

货品仓储规划是在现有各类仓储设施条件下，根据仓储任务，对多种货品的仓储进行整体规划，如保管场所的布置、选择，保管方式与物资的堆码苫垫等。

2. 提供适宜的保管环境

保管、保养的任务之一就是依据不同货品的储存要求采取相应的、行之有效的措施和方法，为货品提供适合它的保管环境和条件，并防止发生有害影响。例如，仓库湿度控制，货品防锈、防虫、防霉等。

3. 提供货品的信息

仓储管理的任务或功能之一是提供物资信息，各类物资库存量情况和质量情况都能在仓储管理中得到。物资保管在负责货品保管的同时，还有收集各种货品相关信息的任务，包括料账、料卡、各种单据报表、技术证件等的填写、使用、整理、分析、保存与运用等。

4. 展开市场调研和市场营销

进行广泛的市场宣传和市场开发，塑造企业的良好形象，使仓储服务被更多客户接受并认可。有效地开展市场调查和市场营销，合理地制定服务标准，提供优质服务。

(三) 保管仓储的经营方法

在保管仓储中，仓储经营人以获得仓储保管费收入最多为经营目标，仓储保管费来源于货品的数量、仓储时间和仓储费率的乘积。

在保管仓储经营中，仓储经营人需要尽可能地吸引仓储资源，获得大量的仓储委托，采取合适的价格决策，并在仓储保管中降低保管成本和支出，才能获得较高的利润。

(四) 保管仓储的管理

搞好保管仓储管理需要：加强仓储技术的科学研究，不断提高仓库机械化、自动化水平；组织好货品的收、发、保管保养工作；掌握库存动态，保持货品的合理储备；建立和健全仓储管理制度；加强市场调节和预测，与客户保持联系；培养一支业务水平高、技术水平高、管理水平高的仓储工作队伍。

二、消费仓储经营

消费仓储是指存货人不仅将一定数量品质的种类物交付仓储管理人储存保管，而且与保管人相互约定，将储存物的所有权也转移给保管人，在合同期届满时，保管人以相同种类、相同品质、相同数量的替代品返还的一种仓储方法。

(一) 消费仓储经营的特点

消费仓储是一种特殊的仓储形式，具有与保管仓储相同的基本性质。消费仓储保管的目的是对保管物的保管，主要是为寄存人的利益而设定，原物虽然可以消耗使用，但其价值得以保存。寄存人交付保管物于保管人，只求自己的保管物在需要时仍然保持其相同于原样的状态和性质。

消费仓储以种类物作为保管对象，仓储期间转移所有权于保管人。在消费仓储中，寄存人将保管物寄于保管人处，保管人以所有人的身份自由处置保管物，保管人在接收保管物转移之时便取得了保管物的所有权。这是消费仓储最为显著的特征。在保管物返还时，保管人只需以相同种类、相同品质、相同数量的货品代替原物返还即可。

保管人仅以种类、品质、数量相同的物品进行返还。在消费仓储中不仅转移保管物的所有权，而且必须允许保管人使用、收益、处置保管物。保管人通过经营仓储物获得经济利益，通过在高价时消费仓储物，低价时购回，或者通过仓储物市场价格的波动进行高卖、低买，获得差价受益。最终，当然需要买回仓储物归还存货人。

(二) 消费仓储经营的方法

消费仓储经营有两种主要模式：一种是仓储保管人直接使用仓储物进行生产、加工。如建筑仓储经营人直接将委托仓储的水泥用于建筑生产，在保管到期前从市场购回相同的水泥归还存货人。另一种是仓储经营人在仓储物的价格升高时将仓储物出售，在价格降低时购回。

消费仓储经营人的收益主要来自于对仓储物消费的收入，当该消费的收入大于返还仓储物时的购买价格时，仓储经营人便获得了经营利润。反之，消费收益小于返还仓储物时的购买价格时，就不会对仓储物进行消费，而依然原物返还。在消费仓储中，仓储费收入是次要收入，有时甚至采取无收费仓储。

可见，在消费仓储经营中，仓储经营人利用仓储物停滞在仓库期间的价值进行经营，追求的是利用仓储财产经营的收益。消费仓储的经营使得仓储财产的价值得以充分利用，提高了社会资源的利用率。消费仓储可以针对任何仓储物，但对于仓储经营人的经营水平有较高的要求。目前，消费仓储在期货仓储中有了较为广泛的开展。

三、混藏仓储经营

混藏仓储是指存货人将一定品质数量的种类物交付保管人储藏，而在储存保管期届满时，保管人只需以相同种类、相同品质、相同数量的替代物返还的一种仓储经营方法。

(一) 混藏仓储的经营特点

混藏仓储的对象是种类物。混藏仓储的目的并不是完全在于原物的保管，有时寄存人仅仅需要实现物的价值保管即可，保管人以相同种类、相同品质、相同数量的替代物返还，并不需要原物返还。因此，当寄存人基于物的价值保管目的而免去保管人对原物的返还义务时，保管人减轻了义务负担，也扩大了保管物的范围，种类物成为保管合同中的保管物。

混藏仓储的保管物并不随交付而转移所有权。混藏保管人只需为寄存人提供保管服务，而保管物的转移只是物的占有转移，与所有权的转移毫无关系，保管人无权处理存货的所有权。例如：农民将小麦托付给面粉厂保管，约定面粉厂可以混藏小麦，面粉厂将所有收存的小麦混合储存于面粉厂相同品种的小麦仓库，形成一种保管物为混合物的状况。小麦的所有权并未交给加工厂，各寄存人对该混合保管物按交付保管时的份额而各自享有所有权。在农民需要时，加工厂从小麦仓库取出存货的数量交还该农民。

混藏仓储是一种特殊的仓储方式。混藏仓储与消费仓储、保管仓储有着一定的联系，也有一定的区别。保管仓储的对象是特定物，而混藏仓储和消费仓储的对象是种类物。

混藏仓储在物流活动中发挥着重要的作用，在提倡物尽其用、发展高效物流的今天，赋予了混藏仓储更新的功能，配合以先进先出的运作方式，使得仓储货品的流通加快，有利于减少耗损和过期变质等风险。

(二) 混藏仓储的经营方法

混藏仓储实行货品混藏，可以节省仓储设备投入，充分利用仓储空间。混藏仓储主要适用于农村、建筑施工、粮食加工等行业，对象是品质无差别、可以准确计量的货品。

混藏仓储经营人的收入来自于仓储保管费，存量越多、存期越长收益越大。在存货品种比较少的情况下，混藏仓储是一种成本比较低的仓储方式。但随着存货品种增加，混藏仓储工作的复杂性会快速提高，成本也会随之增加。因此，在混藏仓储经营中尽可能开展少品种、大批量的混藏经营。

四、仓库租赁经营

仓库租赁经营是通过出租仓库、场地，出租仓库设备，由存货人自行保管货品的仓库经营方式。进行仓库租赁经营时，最主要的一项工作是签订仓库租赁合同，在法律条款的约束下进行租赁经营，取得经营收入。

（一）仓库租赁经营的特点

采取出租仓库的方式经营，出租人的经营依据是开展仓储保管的收益低于出租的收益，其核心是仓库经营人的保管成本无法降低，或者是仓库经营人不具有特殊货品的保管能力和服务水平。对于租用仓库者而言，因其具有特殊的保管能力、作业能力，或者为了内部化的需要而租用仓库，自行进行仓储保管。

仓库租赁经营中，租赁双方不是一般意义上的买主和卖主，而是两个关系人之间的约束，一个是出租人，另一个是租用人，两者之间关系的确定不是买卖合同，而是他们所签订的租赁合同，两者的权利和义务也不同于买卖关系。租用人的权利是对租用的仓库及仓库设备享有使用权(不是所有权)，并有保护设备，按约定支付租金的义务。出租人的权利是对出租的仓库及设备拥有所有权，并享有收回租金的权利。同时必须承认租用人对租用仓库及仓库设施与设备的按约定的使用权，并保证仓库及仓库设施设备的完好性。

（二）仓库租赁经营的方法

仓库租赁经营既可以整体性出租，也可以采用部分出租、货位出租等分散方式。整体性出租情况下，仓库管理工作责任基本上都转嫁给了仓库承租人；在分散出租形式下，仓库所有人需要承担更多的仓库管理工作，如环境管理、保安管理等。

五、流通加工经营

（一）流通加工经营的基础

流通加工是指产品从生产地到使用地的过程中，根据需要对其进行包袋、分割、计量、分拣、刷标志、贴标签、组装等简单作业的总称。

对产品进行流通加工需要物流过程暂时停顿，而仓储是物流过程中一个处于暂时停顿的环节，是连接产品生产与使用的纽带，因而两者可以进行有机结合，使流通加工在仓储过程中得到实现，亦即使仓库成为流通加工的场所。流通加工是仓储业的一项具有广阔前景的经营业务，很多仓储经营组织都在积极地进行流通加工服务。

（二）流通加工经营的作用

1．弥补生产加工的不足

有不少产品在生产领域的加工只能到一定程度，这是由于存在许多限制因素限制了生产领域不能完全实现最终的加工，以致需要流通加工来弥补。例如：木材如果在产地就完成成品所有制作工序，会造成运输的极大困难，所以原生产领域只能加工到原木、板方材的程度，进一步的下料、切裁、处理等加工则在流通领域完成。

2．预防产品使用价值的下降

有些产品要保证使用价值不下降，需要进行一定的流通加工。例如：水产品、蛋产品、肉产品等要求保鲜、保质的冷冻加工、防腐加工、保鲜加工等；丝、麻、棉织品的防虫、防霉加工等。这些流通加工无疑会使产品的使用价值得到妥善的保存，延长产品在生产与使用间的时间距离。

3. 提高原材料的利用率

利用流通领域的集中加工代替分散在各个使用部门的分别加工，可以实行合理规划、合理套裁、集中下料的办法，这样可以大大提高产品的利用率，有明显的经济效益。

4. 促进产品的市场销售

流通加工可以从不同方面起到促进销售的作用。例如：将过大包装或散装物(这是在运输过程中为提高物流效率所要求的)分装成适合一次销售的小包装的分装加工；将原以保护产品为主的运输包装改换成以促进销售为主的装潢性包装，以起到吸引消费者、指导消费的作用；将零配件组装成用具、车辆以便于直接销售；将蔬菜、肉类洗净切块以满足消费者要求等。这种流通加工不改变"物"的本体，只进行简单改装加工，还有许多是组装、分块等深加工。

5. 提高物流效率

一些产品由于本身的形态，在运输、装卸作业中效率较低，难以进行物流操作。例如：鲜鱼的装卸、储存操作困难；气体物运输、装卸困难等。对这类产品进行加工，可以使物流的各环节易于操作，如鲜鱼冷冻、气体液化等。这种流通加工往往改变"物"的物理状态，但并不改变其化学特性，最终仍能恢复产品原来的物理状态。

(三) 流通加工经营的方法

(1) 钢材流通加工。钢材流通加工可采用集中剪板、集中下料的方式，避免单独剪板下料不足，提高材料利用率。

(2) 木材流通加工。木材流通加工可依据木材种类在木材产区对原木进行流通加工，使之成为便于装载、易于运输的形状，以后还可以根据需要进一步对其加工。这样可以同时提高木材的运输效率与出材率。

(3) 平板玻璃流通加工。平板玻璃流通加工的主要方式是集中套裁，开片供应，可提高平板玻璃的利用率，简化玻璃生产厂家的规格，从而为批量生产提供保证，提高生产效率。

(4) 产品流通加工。产品流通加工的项目很多，如分选加工、冷冻加工、分装、水泥熟料的流通加工、精致加工等。

(5) 煤炭流通加工。煤炭流通加工有多种形式，如煤炭加工、除矸加工等。除矸加工可增加煤炭运输方面的收益，减少运输能力消费。煤炭加工可采用管道运输方式运输煤炭，减少煤炭消耗，提高煤炭使用率。

(6) 组装产品的流通加工。有些产品如果在生产的时候完全组装，不但成本高，而且运输及装卸效率都会下降，所以对于一些组装技术要求不高的产品(自行车、家具)适合由流通加工来完成。

(7) 生产延续的流通加工。有些产品因本身特殊性的要求，需要较宽阔的仓储场地或设施，而在生产场地建设这些设施又不经济，则可将部分生产环节转移到仓储环节去完成，如对时装的分类、检验等。

任务三　仓储多种经营

仓储多种经营是指仓储企业为了实现经营目标，采用多种经营方式的经营方式。如在开展仓储业务的同时，还开展运输中介、商品交易、配载与配送、仓储增值服务等。

一、仓储多种经营的优点

1. 能适应瞬息万变的物流市场

消费者的需求受市场环境多种不可控因素影响，不断变化的环境因素，导致市场需求也在变化。这时企业采用多种仓储经营方式，能在这种市场变化中更好地发展。

2. 能更好地减少风险

任何一个企业的经营活动都存在着风险，问题在于如何去减少风险、分散风险和增强抵抗风险的能力。实施仓储经营多样化，可使仓储的经营范围更广，分散经营资金，从而减少风险，确保企业的正常经营。

3. 是实现仓储企业的经营目标的需要

仓储企业采用多种经营方式，如商品交易、运输中介、仓储增值服务、配送与配载等，为实现经营目标提供可靠的保证。

二、仓储增值服务

(一) 开展仓储增值服务的必要性

为了能最经济地满足来自市场的需求，包括动态的仓储环境、增长的顾客需求以及对更佳的仓储表现的要求等，仓储业应该扩大自己的业务范围，提供更多的增值服务项目，以在激烈的市场竞争中获得更多的优势。

(二) 仓储增值服务项目

随着物流业的快速发展，仓储经营人应充分利用其联系面广、仓储手段先进等有利条件，向多功能的物流服务中心方向发展，开展加工、配送、包装、贴标签等多项增值服务，从而提高仓储在市场经济中的竞争能力，增加仓储利润来源。仓储可提供的增值服务项目有：

(1) 托盘化。托盘化指将产品转化成一个独立托盘的作业过程。托盘化既可以方便运输、搬运装卸，又可以方便储存。

(2) 包装。产品的包装环节由仓储企业或仓储部门来完成，并且把仓储的规划与相关的包装业务结合起来综合考虑，有利于整个物流效益的提高。

(3) 贴标签。在仓储过程中完成在产品或产品包装上贴标签的工序。

(4) 产品配套、组装。当某产品需要由一些组件或配件组装配套而成时，就有可能通过仓储企业或部门的配套组装增值服务来提高整个供应链过程的效率。在仓储过程中，这些配件不出仓库就直接由装配工人完成装配，提高了物流的效率，节约了供应链成本，不但使得仓储企业的竞争力增强、效率提高，同时也使得生产部门和企业的压力减轻。

(5) 涂油漆。将产品的涂油漆过程放到仓储环节来进行，同样可以达到缩短物流流程、节约物流成本、提高仓储企业效率的目的。

(6) 退货和调换服务。当客户的产品销售之后，产品出现质量问题或出现纠纷，需要实施退货或产品调换业务时，由仓储企业来帮助办理有关事项。

(7) 订货决策支持。由于仓储过程中掌握了每种产品的消耗过程和库存变化情况，据此可以对每种产品的需求情况做出统计分析，从而为客户提供订货及库存控制的决策支持，甚至帮助客户做出相关的决策。

(8) 仓储交易中介。仓储经营人利用存放在仓库的大量有形资产和与物资使用部门广泛的业务联系，可以开展现货交易。仓储经营人利用仓储物开展物资交易不仅有利于加速仓储物的周转和吸引仓储，同时还可以给仓储经营人增加利润、充分利用社会资源、加速资金运转、减少资金沉淀。

三、运输中介

(一) 运输中介的概念

运输中介即运输服务中间商，他们通常不拥有运输设备，但向其他厂商提供间接服务。他们的职能类似于营销渠道中的批发商。典型的中间商开始从各种托运人手中汇集一定数量的货源，然后购买运输。中间商的利润率是向托运人收取的费率和向承运人购买的运输服务成本的差额。

(二) 运输中介的种类

运输中介主要有货运代理人和经纪人。

1. 货运代理人

货运代理人以营利为目的提供运输中介服务。他们把来自于各种顾客手中的小批量装运整合成大批量装载，然后利用专业承运人进行运输。在目的地，货运代理人把大批量装载拆成原来的装运量，向收货人交付。货运代理人的主要优势在于大批量的装运可以获得较低的费率，而且在很多时候可以使小批量装运的速度快于个别托运人直接交付专业承运人托运的速度。

货运代理人的积极作用体现在：

(1) 通过对产品的整合，提高专业承运人的规模经济效益。

(2) 缩短专业承运人发出产品的时间，这样减少产品在专业承运人处的储存时间，提高作业效率。

(3) 缩短托运人的发货时间，货运代理人收集的大量产品可以让专业承运人快速发货而不必等待集货发运。许多时候，托运人的小批量产品暂时没有同样目的地而无法发货，只有积累到一定数量后才可发运。

(4) 货运代理人收集的大量产品可以集中一次发运到目的地，不用中途更新装运，减少了工作量，减少了产品二次装运的破损率。

(5) 货运代理人具有熟练的运输专业技能，充分掌握运输市场的信息，且与众多的实际求运人有着密切的关系和简单有效的业务流程。

2．经纪人

经纪人实际上是运输代办，为运输服务委托人进行市场搜寻和交易磋商，使委托人和交易对象发生运输交易。他们以收取服务费为目的。

四、配送与配载

(一) 配送

1．配送的特点

配送是在经济合理区域范围内，根据客户要求，对产品进行拣选、加工、包装、分割、组配等作业，并按时送达指定地点的物流活动。配送具有以下特点：

(1) 配送是从配送中心至客户的一种特殊送货方式。配送进行的是中转送货，而不是直接送货，而一般送货尤其从工厂至客户的送货往往是直达；配送是客户需要什么送什么，而不同于一般送货方式，有什么送什么，生产什么送什么。

(2) 配送是"配"与"送"的有机结合。"合理地配"是"送"的基础和前提，"送"是"合理地配"的结果。这是配送区别于传统送货的根本点。只有"有计划、有组织"的"配"才能实现现代物流管理中所谓的"低成本、快速度"的"送"，进而有效地满足顾客的需求。

(3) 配送是一种综合性服务。配送是各项物流业务有机结合的整体，为客户提供的是综合服务，是集送货、分货、配货等功能于一体的业务。它与输送、运输概念有着本质的区别。

仓储是配送的基础。没有产品的仓储，配送就会成为无米之炊，而且仓储还能为配送提供作业基地。利用仓储进行配送是仓储储存功能的立体延伸，如集货、配货和送货。

2．仓储配送的收益

仓储经营组织利用产品大量储藏在仓库内等待向消费者送货的条件，向存货人提供分批、分时的送货业务，并进行产品组合、分类等处理，具有极其便利的条件。从根本上说，影响仓储配送的原因只能是仓储经营组织进行配送的收益能否超过配送的成本。仓储配送的收益有：

(1) 配送中的直接收益。接受配送的委托人因配送业务支付的费用，通常该费用比较低廉。仓储经营人如果只获得该收入，往往无法维持配送业务。

(2) 配送组合、加工的收益。该收益是仓储开展配送的另一项劳务收益，能够充分利用仓储中的劳动力和场地、设备的已有投入，有助于有效利用仓储资源。

(3) 提高仓储的服务水平。高水平的服务可以获得较高的回报，分享服务的增值。

(4) 吸引更多的仓储。业务的扩张以及提供仓储产品的多样化，能满足更多客户的需要，使仓储客户市场不断扩展。

(二) 配载

仓储配载是大多数运输转换仓储具有的功能。配载是指向运输线路和运输工具安排货载的运输业务。交通运输工具的大型化和运输线路的细分是现代运输业的特征。大型化的运输工具需要大量的货载支持，需要经仓储集货。大量聚集在仓储中的产品需要高效的配载安排，保证运输工具的满载和待运输产品的及时出运。在配送中，对需要的产品进行分拣和配货之后，要进行车辆的配载。由于配送的每种产品数量都不大，而总数量较大，因此常常需要安排许多车辆才能满足对客户的配送。

配载问题也是配送活动的一个重要内容。合理的配载可充分利用运输工具，把所运送的产品以最合理的方式安排在运输车辆上，以最少的运力来满足配送的需要，并且充分利用车辆的容积和载重量，做到满载满装，以降低运输成本。

在进行车辆配载时，要坚持方便装卸搬运、充分利用运输工具、保证产品安全、满足客户需求的原则。为进行有效的配载，产品在仓库时按照运输的方向分门别类地仓储，当运输工具到达时快速出库装运。

简单的配载一般通过经验和手工计算来完成。在装载产品种类较多，车辆种类又较多情况下，可采用计算机进行管理。设计相应的运输组织软件，并将经常运送的产品数据和车辆的数据输入内存，以后每次只需输入需要运送的各种产品数量及运送地点，即可找到最佳的配载效果。

任务四　仓储经营合同

一、仓储合同的含义、特点和种类

(一) 仓储合同的含义

仓储合同也称为仓储保管合同，是指仓储保管人接受存货人交付的仓储物，并进行妥善保管，在仓储期满时将仓储物完好地交还，保管人收取保管费的协议。我国《合同法》第 381 条将仓储合同规定为："仓储合同是保管人储存存货人交付的仓储物，存货人支付仓储费的合同。"在仓储合同关系中，存入货物的一方是存货人，保管货物的一方是保管人，交付保管的货物为仓储物。

(二) 仓储合同的特点

仓储保管人必须是拥有仓储设备并具有从事仓储业务资格的人。有无仓储设备是仓储保管人是否具备营业资格的重要标志；仓储设备是保管人从事仓储经营业务必备的基本物质条件。从事仓储业务资格是指仓储保管人必须取得专门从事或者兼营仓储业务的营业许可。

仓储保管的对象是动产，不动产不能成为仓储合同的标的物。与一般保管合同的标的物必须是特定物或特定化了的种类物不同的是，作为仓储物的动产不限于特定物，也可以是种类物，若为特定物，则储存期满或依存货人的请求返还仓储物时须采取原物返还的方式；若为种类物，则只需返还该种类的相同品质、相同数量的替代物。

仓储合同为诺成合同。这一点显著区别于富有实践性的保管合同，即合同从成立时即生效，而不是等到仓储物交付才生效。

存货人的货品交付或返还请求权以仓单为凭证，仓单具有仓储物所有权凭证的作用。作为法定的提取或存入仓储物的书面凭证，仓单是每一仓储合同中必备的，因此仓单是仓储合同中最为重要的法律文件之一。

(三) 仓储合同的种类

1. 一般保管仓储合同

一般保管仓储合同是指仓库经营人提供完善的存储条件，接受存货人的存储物并进行保管，保管期满时，将原先收保的仓储物原样交还给存货人而订立的存储保管合同。该仓储合同的仓储物是确定物，保管人应原样返还。合同特别重视对仓储物的特定化，且保管人承担归还原物的严格责任。

2. 混藏式仓储合同

混藏式仓储合同是指存货人将一定品质、数量的种类物交付给保管人，保管人将不同存货人的同样仓储物混合保管，存储期满时，保管人只需以相同种类、品质、数量的商品返还给存货人，并不需要原物归还的仓储方式而订立的仓储保管合同。这种仓储方式常见于粮食、油品、矿石或保鲜期较短的商品的储藏。混藏式仓储合同的标的物为确定种类物，保管人严格按照约定数量、质量承担责任，且没有合理耗损的权利。混藏式仓储合同具有保管仓储物价值的功能。

3. 消费式仓储合同

消费式仓储合同是指存货人在存放商品时，同时将商品的保管权交给保管人，保管期满时，保管人只需将相同种类、品质、数量的替代物归还给存货人而订立的仓储保管合同。存放期间的商品所有权由保管人掌握，保管人可以对商品行使所有权。消费保管的经营人一般具有商品消费能力，如小麦仓储有面粉加工厂、油库仓储有对外加油站、经营期货交易的保管人等。消费式仓储合同的不同之处是涉及仓储物所有权转移到保管人，自然地保管人需要承担所有人的权利和义务。

4. 仓储租赁合同

仓储租赁合同是指仓库所有人将所拥有的仓库以出租的方式开展仓储经营，由存货人自行保管商品的仓储经营方式而订立的合同。仓储人只提供基本的仓储条件，进行一般的仓储管理，如环境管理、安全管理等，并不直接对所存放的商品进行管理。仓储租赁合同严格意义上来说不是仓储合同，只是财产租赁合同，但是由于出租方承担部分仓储保管的责任，因此具有仓储合同的一些特性。

二、仓储合同的形式

根据《合同法》的规定，合同可以采用书面形式、口头形式或其他形式。其中书面形式是指合同书、信件和数据电文(包括电报、电传、传真、电子数据交换和电子邮件)。订立仓储合同的要约、承诺也可以是书面的、口头的或其他的形式。由于仓储的存货量较大，存期较长，期间可能进行配送、流通加工等作业，有时还涉及仓单持有人，因此，仓储合同使用完整的书面合同较为合适。完整的书面合同有利于合同的保存、履行和发生争议时的处理。

仓储合同的其他形式包括通过行为订立合同、签发格式合同等。在未订立合同之前，存货人将货品交给仓储保管人，保管人接收货品，则表明事实上合同已成立。在周转极为频繁的公共仓储中，保管人可以采用预先设计好条件的格式合同。在格式合同中，存货人只有签署或者不签署合同的权利，而没有商定格式合同条款的权利。

三、仓储合同的当事人

仓储合同的双方当事人分别为存货人和保管人。

存货人是指将仓储物交付仓储的一方。存货人必须是具有将仓储物交付仓储的处分权的人，可以是仓储物所有人，也可以是只有仓储权利的占有人(如承运人)，或者是受让仓储物但未实际占有仓储物的拟所有人，或者是有权处分人(如法院、行政机关)，可以是法人、非法人单位、事业单位、个体经营户、国家机关、公民等。

保管人为仓储货物的保管一方。根据合同法的规定，保管人必须有仓储设备并具备专门从事仓储保管业务的资格。也就是说，保管人必须拥有仓储保管设备和设施，具有仓库、场地、装卸搬运设施、消防设备等基本条件。从事特殊保管的，还要有特殊保管的条件要求。设施和设备无论是保管人自有的，还是租赁的，保管人必须具有有效的经营使用权。同时，保管人从事仓储经营必须具有经营资格，进行工商登记，获得工商营业执照。保管人可以是独立的企业法人、企业的分支机构、个体工商户、合伙经营者、其他组织等，可以是专门从事仓储业务的仓储经营者，也可以是贸易货栈、车站、码头的兼营机构，从事配送经营的配送机构等。

四、仓储合同当事人的权利和义务

(一) 存货人的权利

存货人的权利包括查验、取样权，保管物的领取权，获取仓储物孳息的权利。

1. 查验、取样权

在仓储保管期间存货人有对仓储物进行查验、取样的权利，能提取合理数量的样品进行查验。进行查验当然会影响保管人的工作，取样还会造成仓储物的减量，但存货人合理进行的查验和取样，保管人不得拒绝。

2. 保管物的领取权

当事人对保管期没有约定或约定不明确的，保管人可以随时要求寄存人领取保管物；约定明确的，保管人无特别事由，不得要求寄存人提前领取保管物，但存货人可以随时领取保管物。

3. 获取仓储物孳息的权利

保管期满或者寄存人提前领取保管物的，保管人应当将原物及其孳息归还寄存人。

(二) 存货人的义务

存货人的义务包括告知义务、妥善处理和交存货品的义务、支付仓储费和偿付必要费用的义务、及时提货的义务。

1．告知

存货人的告知义务包括两个方面：对仓储物的完整明确的告知和瑕疵告知。所谓完整告知，是指在订立合同时存货人要完整细致地告知保管人仓储物的准确名称、数量、包装方式、性质、作业保管要求等涉及验收、作业、仓储保管、交付的资料，特别是危险货品，存货人还要提供详细的说明资料。

所谓瑕疵，包括仓储物及其包装的不良状态、潜在缺陷、不稳定状态等已存在的缺陷或将会发生损害的缺陷。在订立合同时，必须预先告知保管人。保管人了解仓储物所具有的瑕疵就可以采取针对性的操作和管理，以免发生损害和危害。因存货人未告知仓储物的性质、状态造成的保管人验收错误、作业损害、保管损坏由存货人承担赔偿责任。

2．妥善处理和交存货品

存货人应对仓储物进行妥善处理，根据性质进行分类、分储，根据合同约定妥善包装，使仓储物适合仓储作业和保管。存货人应在合同约定的时间向保管人交存仓储物，并提供验收单证。交存仓储物不是仓储合同生效的条件，而是存货人履行合同的义务。若存货人未按照约定交存仓储物，则构成违约。

3．支付仓储费和偿付必要费用

存货人应根据合同约定按时、足额地支付仓储费，否则构成违约。如果存货人提前提取仓储物，保管人不减收仓储费。如果存货人逾期提取，应加收仓储费。由于未支付仓储费，保管人有对仓储物行使留置权的权利，即有权拒绝将仓储物交还存货人或应付款人，并可通过拍卖留置的仓储物等方式获得款项。

仓储物在仓储期间发生的应由存货人承担责任的费用支出或垫支费，如保险费、货品自然特性的损害处理费用、有关货损处理、运输搬运费、转仓费等，存货人应及时支付。

4．及时提货

存货人应按照合同的约定，按时将仓储物提离。保管人根据合同的约定安排仓库的使用计划，如果存货人未将仓储物提离，会使得保管人已签订的下一个仓储合同无法履行。

(三) 保管人的权利与义务

1．保管人的权利

保管人的权利包括收取仓储费的权利、提存权、验收货品的权利。

(1) 收取仓储费的权利。仓储费是保管人订立合同的目的，是对仓储物进行保管所获得的报酬，是保管人的合同权利。保管人有权按照合同约定收取仓储费或在存货人提货时收取仓储费。

(2) 提存权。储存期满时，存货人或者仓单持有人不提取货品的，保管人可以催告其在合理期限内提取，逾期不提取的，保管人可以提存仓储物。所谓提存，是指债权人无正当理由拒绝接受履行或下落不明，或数人就同一债权主张权利，债权人一时无法确定，致使债务人难于履行债务，经公证机关证明或法院的裁决，债务人可将履行的标的物提交有关部门保存。一经提存即认为债务人已经履行了其义务，债权债务关系即行终止。债权人享有向提存物的保管机关要求提取标的物的请求权，但须承担提存期间标的物损毁灭失的风险，并支付因提存所需要的保管或拍卖等费用，且提取请求权自提存之日起5年内不行使而消灭。

(3) 验收货品的权利。验收货品不仅是保管人的义务，也是保管人的一项权利。保管人有权对货品进行验收，在验收中发现货品溢短时，对溢出部分可以拒收，对于短少的有权向存货人主张违约责任。对于货品存在的不良状况，有权要求存货人更换、修理或拒绝接受，否则需如实编制纪录，以明确责任。

2. 保管人的义务

保管人的义务包括提供合适的仓储条件、验收货品、签发仓单、合理化仓储、返还仓储物及其孳息、危险告知。

(1) 提供合适的仓储条件。仓储人从事仓储保管的先决条件就是具有合适的仓储保管条件，有从事货品保管的设施和设备，包括适合的场地、容器、仓库、货架、作业搬运设备、计量设备、保管设备、安全保卫设施等。同时还应配备一定的保管人员、货品养护人员，制定有效的管理制度和操作规程等。同时保管人所具有的仓储保管条件还要适合所要进行保管的仓储物的相对仓储保管要求，如保存粮食的粮仓、保存冷藏货品的冷库等。保管人若不具有仓储保管条件，则构成根本违约。

(2) 验收货品。保管人应该在接受仓储物时对货品进行理货、计数、查验，在合同约定的期限内检验货品质量，并签发验货单证。验收货品按照合同约定的标准和方法，或者按照习惯的、合理的方法进行。保管人未验收货品推定为存货人所交存的货品完好，保管人也要返还完好无损的货品。

(3) 签发仓单。保管人在接受货品后，根据合同的约定或者存货人的要求，及时向存货人签发仓单。保管人应根据合同条款确定仓单的责任事项，避免将来向仓单持有人承担超出仓储合同所约定的责任。在存期满时，根据仓单的记载向仓单持有人交付货品，并承担仓单所明确的责任。

(4) 合理化仓储。保管人应在合同约定的仓储地点存放仓储物，并充分使用先进的技术、科学的方法、严格的制度，高质量地做好仓储管理。使用适合于仓储物保管的仓储设施和设备，如容器、货架、货仓等，从谨慎操作、妥善处理、科学保管和合理维护等各方面做到合理化仓储。保管人对于仓储物的保管承担严格责任，因其保管不善所造成的仓储物在仓储期间发生损害、灭失，除非保管人能证明损害是由于货品性质、包装不当、超期以及其他免责原因造成的，否则保管人要承担赔偿责任。

(5) 返还仓储物及其孳息。保管人应在约定的时间和地点向存货人或仓单持有人交还约定的仓储物。仓储合同没有明确存期和交还地点的，存货人或仓单持有人可以随时要求提取，保管人应在合理的时间内交还仓储物。作为一般仓储合同，保管人在交还仓储物时，应将原物及其孳息、残余物一同交还。

(6) 危险告知。当仓储物出现危险时，保管人应及时通知存货人或仓单持有人，并有义务采取紧急措施处置，防止危害扩大。在货品验收时发现不良情况、发生不可抗力损害、仓储物的变质、仓储事故造成损坏以及其他涉及仓储物所有权的情况，保管人都应该告知存货人或仓单持有人。

五、仓储合同的标的和标的物

仓储合同的标的是仓储保管行为，是仓储合同关系中存货人与保管人的民事权利义务共同指向的对象，包括仓储空间、仓储时间和保管要求，仓储人要为此支付仓储费。

仓储合同的标的物是仓储物。作为仓储合同标的物的货品，一般没有太大限制，无论是生产资料还是生活资料，无论是特定物质还是种类物，抑或可分物与不可分物，都可以成为仓储合同的标的物。

仓储合同的标的物只能是动产，而不能为不动产。一些易燃、易爆、易腐烂、有毒的危险品等，以及一些易渗漏、超限的特殊货品，只需存货人与保管人在订立仓储合同时约定一些必要的特别仓储事项即可成为标的物。而货币、知识产权、数据、文化等无形资产和精神产品，不能作为标的物。

六、仓储合同订立的主要条款

仓储合同的内容是检验合同的合法性、有效性的重要依据。一般来说，仓储合同包括以下方面的条款。

(一) 存货人、保管人的名称和地址

合同当事人是履行合同的主体，需要承担合同责任，需要采用完整的企业注册名称和登记地址，或者主办单位地址。主体为个人的必须明示个人的姓名和户籍地或常住地(临时户籍地)。有必要时可在合同中增加通知人，但通知人不是合同当事人，仅仅履行通知当事人的义务。

(二) 保管物的品名或品类、数量、质量、包装

在仓储合同中，要明确地标明仓储物的品名或品类。货品的数量应使用标准的计量单位，而且计量单位应准确到最小的计量单位，例如以包、扎、捆、把等为单位计算的，就必须明确每包、扎、捆、把有多重或多少根、块。

仓储物的质量应当使用国家或有关部门规定的质量标准，也可以使用经过批准的企业标准，还可以使用行业标准，上述质量标准均可以由存货人与保管人在仓储合同中约定，而在没有质量标准时，双方当事人可自行约定质量标准。如果双方在仓储合同中没有约定质量标准，则依《合同法》第 61 条，可以协议补充，不能达成补充协议的，按照合同有关条款或者交易习惯确定。

仓储物的包装，一般应由存货人负责，有国家或专业标准的，按照国家或者专业标准的规定执行，没有国家或专业包装标准的，应当根据仓储物便于保管的原则而由存货人与保管人商定。

(三) 仓储物验收的内容、标准、方法、时间

保管人验收仓储物的项目有：仓储物的品种、规格、数量、外包装状况，以及无需开箱、拆捆而直观可见可辨的质量情况。包装内货品的品名、规格、数量，以外包装或货品

上的标记为准；外包装或货品上无标记的，以供货方提供的验收资料为准。

货品验收期限，是指自货品和验收资料全部送达保管人之日起，至验收报告送出之日止。货品验收期限的日期均以运输或邮政部门的戳记或送达的签收日期为准。超过验收期限所造成的实际损失，由保管人负责。如果保管人未能按照合同约定或者法律法规规定的项目、方法和期限验收仓储物或验收仓储物不准确，应当负责因此造成的损失。存货人未能提供验收资料或提供资料不齐全、不及时，所造成的验收差错及贻误索赔期由存货人负责。

(四) 仓储条件和要求

合同双方当事人应根据货品性质、要求的不同，在合同中明确规定保管条件。保管人如因仓库条件所限，不能达到存货人要求，则不能接受。对某些比较特殊的货品，如易燃、易爆、易渗漏、有毒等危险货品，保管人保管时，应当有专门的仓库、设备，并配备有专业技术知识的人负责管理。必要时，存货人应向保管人提供货品储存、保管、运输等方面的技术资料，防止发生货品毁损、仓库毁损和人身伤亡事故。存货人在交存特殊货品时，应当明确告知保管人货品有关保管条件、保管要求。否则，保管人可以拒绝接收存货人所交付的危险货品。

(五) 货品进出库手续、时间、地点、运输方式

仓储合同的当事人双方应当重视货品入库环节，防止将来发生纠纷。因此在合同中，要明确入库应办理的手续、理货方法、入库的时间和地点以及货品运输、装卸搬运的方式等内容。

出库时间由仓储合同的当事人双方在合同中约定，当事人对储存期间没有约定或者约定不明确的，存货人可以随时提取仓储物，保管人也可以随时要求存货人提取仓储物，但是应当给予必要的准备时间。另外提货时应办理的手续、验收的内容、标准、方式、地点、运输方式等也要明确。

(六) 仓储物的损耗标准及损耗的处理

仓储物的损耗标准是指货品在储存过程中，由于自然原因(如干燥、风化、散失、挥发、黏结等)和货品本身的性质等原因，不可避免地要发生一定数量的减少、破损。因此，合同当事人双方有必要事先商定一定的货品自然减量标准和破损率等。在确定仓储物的损害标准时，要注意易腐货品的损耗标准应该高于一般货品的损耗标准。除了对货品按照保管条件和要求保管外，损耗标准应当根据储存时间的长短来确定。损耗的处理是指仓储物实际发生的损耗超过标准或没有超过标准规定时，应当如何处理的问题。例如，仓储物出库时与入库时实际验收数量不一致，在损耗标准范围之内的视为货品完全交付。如果损耗数量超过约定的损耗标准，应核实后做出验收记录，由保管人负责处理。

(七) 计费项目、计算标准、结算方式、银行、账号、时间

计费项目包括：保管费、转仓费、出入库装卸搬运费，车皮、站台、专用线占有、包装整理、货品养护等费用。此条款中除明确上述费用由哪一方承担外，还应明确各种费用的计算标准、支付方式、支付时间、地点、开户银行、账号等。

(八) 责任划分和违约处理

仓储合同中可以从货品入库、货品验收、货品保管、货品包装、货品出库等方面明确双方当事人的责任，同时应规定违反合同时应承担的违约责任。应承担的违约责任有：支付违约金、损害赔偿以及采取其他补救措施。

(九) 合同的有效期限

合同的有效期限即货品的保管期限。合同有效期限的长短，也与货品本身的有效储存期有关。所谓有效储存期，是指某些货品由于本身的特性，不能长时间存放，例如药品、胶卷、化学试剂等，一般都注明了有效使用期限。根据有效使用期限确定的储存保管期限，称为有效储存期。

对于仓库保管人员来说，保管这种货品不仅要注意仓库温、湿度的变化，还应注意其储存期限。特别是对一些接近失效期的货品，应及时通知存货人按时出库，出库前还要注意留给货品调运、供应和使用的时间，以使其在失效之前能够进入市场，投入使用。根据有关规定，储存的货品，在临近失效期时，保管人未通知存货人及时处理，因超过有效储存期限所造成的货品损失，保管人负有赔偿责任。保管人通知后，如果存货人不及时处理，以致超过有效储存期限而造成货品损坏、变质的，保管人不负赔偿责任。

(十) 变更和解除合同

仓储合同的当事人如果需要变更或解除合同，必须事先通知另一方，双方协商一致即可变更或解除合同。变更或解除合同的建议和答复，必须在法律规定或者合同约定的期限内提出。如果发生了法律或合同中规定的可以单方变更或解除合同的情形，那么，拥有权利的一方可以变更或解除合同。

上述十项内容是通常的仓储合同所应具备的主要条款。但是，合同毕竟是当事人双方的合意，签订合同是当事人自己的法律行为，因此，基于双方的利益考虑，当事人之间还可以就更多、更为广泛的事项达成一致，充实仓储合同的具体内容，如争议的解决方式、合同的履行地点、是否允许转保管储存等等。只要是一方要求必须规定的条款，而又与另一方的意思表示达成一致，都应当是仓储合同的重要条款。

七、仓储合同的订立

(一) 仓储合同的订立步骤

只要存货人与保管人之间依法就仓储合同的有关内容经过要约与承诺的方式达成一致的意思表示，仓储合同即告成立。

1. 要约

所谓要约，就是一方当事人向另一方发出的以订立合同为目的而提出的合同条件。要约是特定的合同当事人行为的意思表示，它以具体的、足以使合同成立的主要条件为内容，向要约人希望与之缔结合同的相对人发出，且表明一经对方承诺即受约束。

在仓储合同中，一般来说，要约的内容至少应当包括以下内容：标的物数量、质量、仓储费用。即使没有具体的数量、质量和仓储费用表述，也应当通过具体的方式来确定这些内容。

2．承诺

承诺是受要约人完全同意要约内容的意思表示。承诺必须是在要约的有效期限内做出，并与要约的内容完全一致。除受要约人之外的任何第三人所做的承诺不是法律上的承诺，而仅仅是一项要约，就像迟到的承诺只是要约一样。受要约人对要约内容的任何扩充、限制或者其他变更，都只能构成一项新要约，而非有效的承诺。

在仓储合同订立过程中，保管人一经承诺，仓储合同即告成立，且同时生效。也就是说仓储合同是诺成合同，合同的成立与生效同时发生，该效力之发生基于一个有效的承诺。

(二) 仓储合同的订立原则

仓储合同的订立，是存货人与保管人之间依意思表示而实施的能够引起权利与义务关系发生的民事法律行为。订立仓储合同应当遵循以下基本原则。

1．平等原则

平等原则是指作为仓储合同的当事人双方，在法律地位上一律平等。无论谁为存货人，也不论保管人是谁，双方均享有独立的法律人格，独立地表达自己的意思，双方是在平等基础上的利益互换。

2．公平及等价有偿原则

等价有偿原则要求仓储合同的双方当事人依价值规律来进行利益选择，禁止无偿划拨、调拨仓储物，也禁止强迫保管人或存货人接受不平等利益交换。合同双方都要承担相应的合同义务，享受相应的合同利益。

3．自愿与协商一致的原则

自愿意味着让存货人与保管人完全地依照自己的知识、判断去追求自己最大的利益。协商一致是在自愿基础上寻求意思表示一致，寻求利益的结合点。存货人与保管人协商一致的约定具有与法律同等的约束力。仓储合同的订立只有在协商一致的基础上，才能最充分地体现出双方的利益，保证双方对合同的真正履行。

八、仓储合同的生效与无效

仓储合同为诺成性合同，在合同成立时就生效。具体表现为：双方签署合同书；合同确认书送达对方；受要约人的承诺送达对方；公共保管人签发格式合同或仓单；存货人将仓储物交付保管人，保管人接收。

无论仓储物是否交付存储，仓储合同自成立时生效。在仓储合同生效后，发生的存货人未交付仓储物、保管人不能接受仓储物等情况都属于仓储合同的未履行，由责任人承担违约责任。

无效合同是指已订立的合同由于违反了法律规定，而被认定无效。合同无效由人民法院或者仲裁机构、工商行政机关认定，可以认定为合同整体无效或者部分无效，可以采取撤销或者变更的方式处理。合同无效可以在合同订立之后、履行之前、履行之中或者履行之后认定。

产生无效合同的形式：一方以欺诈、胁迫手段订立合同，损害国家或对方利益的仓储合同；恶意串通，损害国家、集体或者第三人利益的仓储合同；以合法形式掩盖非法目的的仓储合同；损害社会公共利益的仓储合同；违反法律、行政法规强制性规定的仓储合同；无效代理的合同。对于因重大误解订立的合同，当事人一方有权请求人民法院或者仲裁机构给予变更或者撤销。

无论无效合同在什么时候被认定，都是自始无效，也就是说因无效合同所产生的民事关系无效。依法采取返还财产、折价赔偿等方式使因无效合同所产生的利益关系无效，并通过违法一方退回所得财产，或没收未违法一方所得，或者没收双方违法所得，对造成合同无效的违法方给予处罚。

九、仓储合同的变更与解除

在合同生效后，当事人应按照约定全面履行自己的义务，任何一方不得擅自变更和解除合同，这是《合同法》所确定的合同履行原则。仓储经营具有极大的变动性和复杂性，会因为主客观情况而变化，为了避免当事人双方的利益受到更大的损害，变更或者解除已生效的不利合同是更有利的选择。

(一) 仓储合同的变更

仓储合同的变更是指对已生效的仓储合同的内容进行修改或者补充，不改变原合同的关系和本质事项。

仓储合同当事人一方因为利益需要，向另一方提出变更合同的要求，并要求另一方在限期内答复，另一方可在限期内答复同意变更。如另一方在限期内未作答复，合同也发生变更，双方按照变更后的条件履行，对变更前已履行的部分没有追溯力，但因为不完全履行而发生的利益损害，作为受害一方可向对方请求赔偿，或者提出变更合同的条件。

(二) 仓储合同的解除

仓储合同的解除则是将未履行的合同或合同还未履行部分不再履行，使希望发生的权利义务关系消亡，合同履行终止。

1. 仓储合同解除的方式

(1) 存货人与保管人协议解除合同。协议解除合同和协议订立合同一样，是双方意见一致的结果，具有至高的效力。解除合同协议可以在合同生效后、履行完毕之前由双方协商达成；也可以在订立合同时订立解除合同的条款，当约定的解除合同的条件出现时，一方通知另一方解除合同。

(2) 出现法律规定的仓储合同解除条件而解除合同。《合同法》规定：因不可抗力致使合同的目的不能实现，任何一方可通知对方解除合同；一方当事人将发生预期违约，另一方可行使合同解除权；仓储合同的一方当事人迟延履行合同义务，经催告后在合理期限内仍未履行，另一方可以解除合同；仓储合同一方当事人迟延履行义务或者有其他违约行为，致使合同目的不能实现，另一方可解除合同。一方依法选择解除合同的，只要书面向对方发出解除合同的通知，当通知到达对方时，合同解除。有权解除合同的一方也可以要求人民法院或仲裁机构确定解除合同。

2. 仓储合同解除后的后果

合同解除后，因为仓储合同所产生的存货人和保管人的权利义务关系消灭，所以对于未履行的合同条款终止履行。合同解除并不影响合同的清算条款的效力，双方仍需要按照清算条款的约定承担责任和赔偿损失，需承担违约责任的一方仍要依据合同约定承担违约责任、采取补救措施和赔偿损失。如违约的存货人需要对仓库空置给予补偿，造成合同解除的保管人要承担运输费、转仓费、仓储费差额等损失赔偿。

十、仓储合同的违约责任与免责

(一) 仓储合同当事人违约责任的承担方式

违约是指存货人或者保管人不能履行合同约定的义务或者履行合同义务不符合合同约定的不作为或作为。为了限制违约行为，以及为了避免一方的违约造成另一方的损失，由违约方承担违约责任不仅是合同法律制度的规范，也是当事人协议合同的必要事项。通过法定的和合同约定的违约责任的承担，增加违约成本，弥补被违约方的损失，减少违约的发生，有利于维护市场的稳定和秩序。

违约责任往往以弥补对方的损失为原则，违约责任的承担方式有支付违约金、赔偿损失、继续履行、采取补救措施、定金惩罚等。

1. 支付违约金

违约金是指合同约定当一方违反合同约定时需向另一方支付的金额。就违约金本身来说是一种对违约的惩罚。违约金产生的前提是合同约定和违约行为的发生，包括发生预期违约，而无论是否发生损失。根据我国《合同法》的规定，当事人可以约定一方违约时应当根据违约情况向对方支付一定数额的违约金，也可以约定因违约产生的损失为赔偿额的计算方法；同时，规定当违约金过高或者过低时，可以要求法院或仲裁机构予以调整。因而违约金又是一种赔偿处理的方法，具有赔偿性。合同违约金的约定可以按照违约的现象进行约定，如未履行合同的违约金、不完全履行的违约金、迟延违约金等，也可以确定一种违约金的计算方法，当发生违约时通过计算确定具体违约金。

违约金以约定支付的方式进行。对于合同履行中因责任造成对方损失的赔偿，也可以采取违约金支付的方式，这样有利于简化索赔过程。

2. 赔偿损失

当事人一方由于违反仓储合同的约定，不履行合同义务或者履行合同义务不符合约定使合同对方发生损失的，应该承担对方损失的赔偿责任。赔偿损失的条件为违约和使对方产生损失。这种损失包括违约所造成的直接损失和违约方在订立合同时所能预见的履行合同后对方可以获得的利益。

违约的赔偿责任既是法定的责任也是约定的责任，是因为约定的合同的义务未得到履行、出现了损失，导致赔偿的法律责任。

赔偿损失可以采用支付赔偿金的方式也可以采取其他方式进行，如实物补偿等。

3．继续履行

继续履行是指发生违约行为后，被违约方要求对方或请求法院强制对方继续履行合同义务，也有权要求其承担支付违约金和赔偿损失等责任，其条件为合同还可以继续履行和违约方还具有履行合同的能力。但继续履行合同不违背合同的性质和法律关系，也就是还是原来的合同标的、仓储标的物、仓储地点和仓储条件等。若法律上或者事实上不能履行、继续履行费用过高、被违约方未在合理期限内提出继续履行，则违约方可免除继续履行。

4．采取补救措施

发生违约后，被违约方有权要求违约方采取合理的补救措施，弥补违约的损失，并避免进一步的损失。如对损坏的仓储物进行修理，将仓储物转移到良好的仓库存放，修复仓储设备，或者支付保养费、运杂费。

5．定金惩罚

定金是《中华人民共和国担保法》规范的一种担保方式。在订立合同时，当事人可以约定采用定金的方式来担保合同的履行。在履约前，由一方向另一方先行支付定金，当合同履行完毕时，收取定金一方退还定金或者抵作价款。当合同未履行时，支付定金一方违约的，定金不退还；收取定金一方违约的，双倍退还定金。

定金不得超过合同总额的 20%，同时，有定金和违约金约定的，当事人只能选择其中一种履行。

(二) 仓储合同当事人的免责

免责又称为免除民事责任，指不履行合同或法律规定的义务，致使他人财产受到损失，由于有不可归责于违约方的事由，违约方可以不承担民事责任。免责原因有法律规定的免责事项和合同约定的免责事项。但是造成对方人身伤害，因故意或者重大过失造成对方财产损失的，不能免责。

1．不可抗力

不可抗力是指当事人不能预见、不能避免并且不能克服的客观情况的发生，包括自然灾害和某些社会现象。如火山爆发、地震、台风、冰雹、洪涝等自然灾害，战争、罢工、国家行为等社会现象。

不可抗力的免责必须是实际发生的不可抗力，且直接由于不可抗力造成损失和不可抗力致使当事人不能履行合同，或者不能完全履行合同的损失赔偿责任和违约责任。

不可抗力免责的范围仅限在不可抗力的直接影响，当事人未采取有效措施防范、救急所造成的损失扩大部分不能免责。对于延迟履行合同中所遇到的不可抗力不能免责。在发生不可抗力事件后所订立的合同不得引用不可抗力免责。

2．仓储物自然特性

因仓储物的性质或者超过有效储存期造成仓储物变质、损坏的，保管人不承担赔偿责任。

3．存货人的过失

由于存货人的原因造成仓储物的损害，如包装不符合约定、未提供准确的验收资料、隐瞒和夹带、存货人的错误指示和说明等，保管人不承担赔偿责任。

4. 合同约定的免责

基于当事人的利益，双方在合同中约定免责事项，对负责事项造成的损失，不承担互相赔偿责任。如约定货物入库时不验收重量，则保管人不承担重量短少的赔偿责任；约定不检验货物内容质量的，保管人不承担非作业保管不当的内容变质损坏责任。

✦✦✦✦✦ 模 块 小 结 ✦✦✦✦✦

保管仓储、消费仓储、混藏仓储、仓库租赁等仓储经营模式虽各有特点，但都是基于充分发挥储存资源使用效益的目的，属于仓储的基本经营模式。为了充分利用仓储资源和更好地满足市场需要，现代仓库利用自己货品转运中心的特殊地位，开展新的经营模式，如流通加工、中介运输、配送、配载以及增值服务等。仓储合同是保管人储存存货人交付的仓储物，存货人支付仓储费的合同。仓储合同的当事人包括存货人和保管人，它们的权利和义务来自于合同的约定和法律的规定。仓储合同订立需要遵循一定的原则和程序。

关键概念

保管仓储经营；混藏仓储经营；消费仓储经营；仓库租赁经营；流通加工经营；仓储增值服务；运输中介；配送与配载；仓储合同

✦✦✦✦✦ 练 习 与 思 考 ✦✦✦✦✦

一、单选题

1. 存货人将种类物交付仓储经营者储存保管，在仓储期间，仓储经营者享有该种类物的所有权的仓储经营方法是(　)。

    A. 保管仓储经营   B. 混藏仓储经营

    C. 消费仓储经营   D. 仓库租赁经营

2. 经纪人实际上是运输(B)，以收取服务费为目的。

    A. 承运人   B. 代办人   C. 组织者   D. 货主

3. 合同仓储与自营仓储或传统的公共仓储相比的主要优势是(A)。

    A. 降低成本   B. 降低风险

    C. 增大投资收益   D. 增大仓储量

4. 在车站、码头、机场、供货单位等提供点办理提货手续后，直接将物品从提货点分拨转运给用户的货物数量称为(D)。

    A. 吞吐量   B. 入库量

    C. 出库量   D. 直拨量

5. 在反映仓库生产成果的指标中，(A)更能体现仓库空间的利用程度和流动资金的周转速度。

  A. 存货周转率   B 吞吐量

  C. 库存量   D. 库存品种

6. 下列关于仓储合同的说法中，不正确的是(C)。

  A. 仓储合同的标的物是动产，不动产不能成为仓储合同的标的物

  B. 订立仓储合同必须坚持自愿与协商一致的原则

  C. 根据我国合同法，仓储合同的形式只能是书面形式

  D. 仓储合同是不要式合同，当事人可以协议采用任何合同格式

7. 使用合同仓储的顾客，通常不采用(C)的方法租用仓储空间。

  A. 固定租用   B. 灵活租用

  C. 共同租用   D. 转租

8. 合同仓储有许多优点：如能提供定制服务、有较高的服务水平、能降低成本、能提供高效的配送服务等。但也有一些缺点，其最大的缺点在于(A)。

  A. 客户丧失了物流控制权   B. 与客户需求不符

  C. 合同仓储成本超出自营仓储成本   D. 缺少足够的仓储量

9. 下列不能作为仓储物的是(C)。

  A. 手机   B. 家具   C. 知识产权   D. 课本

10. 关于仓单的性质下列说法不正确的是(D)。

  A. 仓单是提货凭证   B. 仓单是有价证券

  C. 仓单是所有权的法律文书   D. 仓单是仓储合同

二、多选题

1. 仓储增值服务的项目主要有(　　)。

  A. 简单的流通加工   B. 产品的配套、组装   C. 包装

  D. 贴标签   E. 上油漆

2. 订立仓储合同的原则包括(　　)。

  A. 平等的原则   B. 等价有偿的原则

  C. 自愿与协商一致的原则   D. 不损害社会公共利益原则

3. 免责的几种情形有(　　)。

  A. 不可抗力   B. 仓储物自然特征

  C. 存货人的过失   D. 合同约定的免责

4. 合同仓储业务中，当保管人验收时发现入库货物与约定不符时，应及时与货主就(　　)进行沟通。

  A. 货物与约定不符之处   B. 变更合同

  C. 追究违约责任   D. 处理的建议

5. 合同仓储通过(　　)诸方面降低储存成本。

  A. 专业服务   B. 保管质量

  C. 物品规模存量   D. 降低运输支出

三、判断题

1. 混藏仓储适用于建筑施工、粮食加工等行业，对象是品质无差别、无法准确计量的商品。（　　）

2. 当事人未约定仓储费的，保管人不能根据提供的劳务向存货人要求支付报酬。（　　）

3. 消费仓储的储存物的所有权在出库后发生转移。（　　）

4. 一方以欺诈、胁迫手段订立合同，损害国家利益的仓储合同是无效合同。（　　）

5. 仓储合同的标的物就是存货人交存的仓储物。（　　）

四、简答题

1. 仓储基本经营模式有哪些？它们各有哪些特点？

2. 仓储合同有哪些特征？

3. 仓储合同的当事人双方分别有哪些权利和义务？

4. 仓储合同一般包括哪些条款？

＊＊＊＊＊　　**实 训 实 践**　　＊＊＊＊＊

调研一家典型的仓储企业，搜集一份仓储合同与仓单的范本，了解合同条款的具体内容。

＊＊＊＊＊　　**案 例 分 析**　　＊＊＊＊＊

仓 储 合 同

2010 年 12 月，某公司购进了大约 4000 包棉花，每包 100 公斤，需要委托仓储公司代为储存保管。该公司后来与本市某仓储公司达成了协议。合同中约定，该公司将棉花 4000 包交由仓储公司代为存储保管，保管期为 4 个月，即从 2010 年 12 月 25 日至 2011 年 4 月 24 日。合同规定了保管方应注意防潮、防火等。仓储公司于 2010 年 12 月 24 日将棉花入库时，发现库房有几块玻璃早已破碎，便由保管员王某通知维修部及时安装，但维修部因各种原因未去安装。

春节期间，一小孩玩火炮，将一颗火炮扔进了堆放棉花的仓库，引起一场大火，致使棉花全部被烧毁。该公司得知后，立即要求仓储公司赔偿一切损失。仓储公司以小孩玩火炮引起火灾属不可抗力为由拒绝赔偿。

该公司多次索赔未果，便向人民法院起诉。

(案例选编自育龙网http://zg.china-b.com/sfks/msfd/20090819/271159_1.html)

结合案例回答问题：

仓储公司对棉花的被烧毁负有赔偿责任吗？

模块五 仓储作业管理

 **学习目标**

1. 了解仓储作业管理内容及流程
2. 熟练掌握入库、在库、出库作业流程
3. 掌握货物验收的操作程序和方法
4. 掌握货物堆码的原则和堆码方法
5. 了解货物盘点的方法

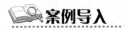 **案例导入**

某公司仓库商品保管业务流程

仓库是该公司供应体系的一个重要组成部分,是公司各种物资周转储备的重要环节,同时担负着货品管理的多项业务职能。仓管员的主要任务是:保管好库存物品,做到数量准确、质量完好、确保安全、收发迅速、面向销售、服务周到。为规范仓库工作,确保工作有序进行,提高工作效率,特制定以下工作流程。

一、货品入库

(1) 货品入库,仓管员要亲自核对货号、尺码明细及数量与供应商发货单是否一致。核对无误后,把入库日期、货号、数量、尺码明细以及成分、执行标准认真填写到货品入库本上,然后把货品入库本交给 ERP(企业资源计划)管理员。

(2) ERP 管理员接到货品入库本,根据货品入库本上的明细首先录制、打印采购入库单,然后安排商标牌的打印。

(3) 仓管员把打印好的商标牌对应货号、尺码明细准确无误地穿挂到货品上,拿一件货品出展厅,记录在展厅盘存表上。然后按货号、尺码整齐地摆放到货架上。

二、货品出库

(1) 货品出库,仓管员把货号、数量及明细报给 ERP 管理员,ERP 管理员应迅速、准确地录制转仓单。

(2) 仓管员接到转仓单,应认真核对实物与转仓单有无出入。核对无误后发货出库。加盟商补货需得到财务部同意方可出库、发货。

(3) 仓管员把货品送到各直营店后,双方进行核对,核对无误后双方签字。仓管员把票据带回公司,交 ERP 管理员进行下账。

三、货品调换

(1) 货品调换，接到调货信息，ERP管理员应迅速、准确地录制转仓单。

(2) 仓管员接到转仓单，应立刻去出货店提取货品，双方认真核对转仓单与实物有无出入。核对无误后仓管员带货离店。

(3) 仓管员把货品送到收货店后，双方认真核对转仓单与实物有无出入，核对无误后收货人签字。仓管员把票据带回公司，交ERP管理员进行下账。

四、货品返库

(1) 货品返库，仓管员把货号、数量及明细报给ERP管理员，ERP管理员应准确地录制转仓单。

(2) 仓管员接到转仓单，应立刻去返货店提取货品，双方应认真核对实物与转仓单有无出入。核对无误后接货入库(人为损坏的需请示经理后再返库)。

(3) 仓管员把货品带回仓库，分类摆放整齐(如有问题要单独放置以待解决)。仓管员把票据带回公司，交ERP管理员进行下账。

五、日常工作流程

(1) 每天上午仓管员根据各店配货清单，对应货号、尺码明细、数量快速准确地配货，认真核对无误后，发货出仓。货品送到各店后，取回各店前日销售清单，迅速返回公司，不许在外逗留。

(2) 仓管员要及时到物流公司接收采购订货，货物入库要认真核对货号、尺码及数量有无差错。核对无误后认真在入库本上填写货号及其他明细。ERP管理员接到入库清单安排打印商标牌，商标牌穿挂完毕，拿一件出展厅，其余货品分类整齐地摆放到货架上。

(3) 仓管员要随时应对各直营店(加盟店)的配货、调货以及公司活动的调换货品要求。快速、准确配货，认真核对实物与单据有无出入。核对无误，快速出货(发货)。加盟商补货需得到财务部同意方可出库、发货。

(4) 仓库货品的储存管理。仓管员每天要例行对仓库货品进行整理，保持货品干净、摆放整齐、条理清楚。保持备用品及仓库其他固定资产布局合理，以便于使用和管理。

(5) 每周一由ERP管理员负责通知各加盟店传上周销售报表，进行下账。月底通知各加盟店传库存表。对各加盟店的库存及销售进行监控，与其协商及合理建议加盟商及时、合理调整库存。

(6) 每周三ERP管理员负责统计各店货品的断码及库存情况，最迟周三晚上汇总出结果。周四仓管员配合ERP管理员对各店进行一次全面的货品调换，合理调整各店库存，减少因断码被动调货的次数。

(7) 所有非正常出库货品，仓管员必须让当事人在仓库日志上打欠条并签名，防止在账货品下落不明。

(8) 每晚值班人员负责打扫仓库及办公室卫生，负责各店当日销售情况的统计，以便次日配货。下班时必须关窗锁门、关闭电源。

🐻 **思考题**

1. 结合此案例分析仓储业务的流程。
2. 分析商品调换时的工作流程。

任务一　入　库　作　业

商品入库管理，是指接到商品入库通知单后，经过接运提货、装卸搬运、检查验收、办理入库手续等一系列作业环节构成的工作过程。入库作业流程如图 5.1 所示。

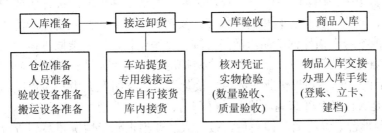

图 5.1　入库作业流程图

一、入库前的准备工作

仓库要迅速、准确地接收每批入库商品，必须事先做好充分准备。商品入库前的具体准备工作一般有以下几个方面。

1. 加强日常业务联系

仓储经营者应按计划定期同货主、生产厂家以及运输部门进行联系，了解将要入库货物的品种、类别、数量和到库时间，以便做好入库前的准备工作。

2. 安排仓位

根据入库货物的性能、数量、类别，按分区保管的要求，核算所需的货位面积大小，确定货物在仓库存放的位置，并留出必要的验收场地。

3. 合理组织人力

根据货物入库的数量和时间，安排好验收人员和流程，确定各个工作环节所需的人员和设备。

4. 准备验收器具

准备点验入库货物的数量、质量、包装以及堆码所需的点数、称重、测试等器具。

5. 准备苫垫及作业用具

根据入库货物的性质、数量和储备条件，核算并准备所需的苫垫材料和作业用具。

二、接运卸货作业

商品接运的主要任务是向托运者或承运者办清业务交接手续，及时将货物安全接运回库。商品接运人员要熟悉各交通运输部门及有关供货单位的制度和要求，根据不同的接运方式，处理接运中的各种问题。入库商品的接运主要有以下几种方式。

1. 专用线接运

专用线接运是铁路部门将转运的商品直接运送到仓库内部专用线的一种接运方式。仓库接到车站通知后，就确定卸车货位，力求缩短场内搬运距离，准备好卸车所需的人力和机具。车皮到达后，要引导对位。在卸车过程中应注意以下几点：

(1) 卸车前进行检查。检查的主要内容包括：核对车号；检查货封是否脱落、破损或印纹不清、不符；校验商品名称、箱件数与商品运单上填写的名称、箱件数是否相符等。

(2) 卸车过程中正确操作。要按车号、品名、规格分别堆放；按外包装的指示标志正确勾挂、升起、轻放，防止包装和商品损坏；妥善处理苫盖，防止受潮和污损；对品名不符、包装破损或本身有损坏的商品，应另外堆放，写明标志，并会同承运部门进行检查，编制记录；正确使用装卸机具、工具和安全防护用具，确保人员和商品安全等。

(3) 卸车后的清理。卸货作业完成后，接货人员还要组织人力对卸货现场进行清理，检查车内商品是否已经全部卸完，然后关好车门、车窗，并通知车站取车。

(4) 填写到货台账。将商品卸完后，接货人员要根据到货情况填写到货台账。到货台账应该包括到货名称、规格、数量、到货日期、货物发站、发货单位、送货车皮号、货物有无异状等信息。

(5) 办理内部交接。接货工作完成后，接货人员还要办好内部交接手续。此时，接货人员应将到货台账及其他有关资料与收到的商品一并交给仓管员，并让仓管员为商品办理入库手续。

2. 车站、码头提货

凭提货单到车站、码头提货时，应根据运单和有关资料认真核对商品的名称、规格、数量、收货单位等。货到库后，接运人员应及时将运单连同提取回的商品向保管人员当面清点，然后由双方办理交接手续。在提货过程中应注意以下几点：

(1) 安排接运工具。去车站码头接货时，接货人员应先与承运单位取得联系，以了解货物的特性、单件重量、外形尺寸等情况，并据此安排好接运工具。

(2) 前往承运单位。准备好接运工具后，接货人员应带领接运人员前往承运单位准备接货。

(3) 出示领货凭证。接货人员到达车站后，应向车站出示预先收到的由发货人寄来的"领货凭证"。如果没收到"领货凭证"，也可凭单位证明或在货票存查联上加盖单位提货专用章将货提回。

到码头提货的手续与车站稍有不同，接货人员要事先在收到的"提货单"上签名，并加盖单位公章或附上单位提货证明，然后到港口货运处取得"货物运单"，并到指定的库房提取货物。

(4) 检查商品状况。在提货时，接货人员首先应根据运单和有关资料认真核对商品的名称、规格、数量、收货单位等，然后再对商品外观进行检查，注意包装是否完好，有无水渍、油渍及受潮、污损、锈蚀、短件、破损等状况。

如果发现疑点或与运单记载不符的情况，接运人员应当与承运部门当场检查确认，并让其开具文字证明。

(5) 装卸并运回商品。对于检查无误的商品，接货人员应该安排卸货人员对其进行卸货，并将商品安全地运到企业仓库。在装卸和搬运商品的过程中，接货人员应叮嘱并监督装卸人员注意商品的安全，防止出现损坏、丢失等情况。

（6）办理内部交接。商品运到仓库后，接货人员要将商品逐一点清，交给接货的仓管人员，并办理相应的交接手续。

3. 到供货单位提货

仓库接受货主委托直接到供货单位提货时，应根据提货通知，了解所提货物的性能、规格、数量，准备好提货所需的机械、工具、人员，配备保管员在供方当场检验质量、清点数量，并做好验收记录，接货与验收合并一次完成。

（1）做好接货准备。接货人员在接到提货通知后，应根据所提商品的性质、规格、数量，准备好提货及验收所需的设备、工具和人员。

（2）前往供货单位。做好接货准备后，接货人员应将检验人员及设备、工具一同带往供货单位。在前往供货单位前，可以先电话联系对方，让其做好产品出库的准备。

（3）现场检查。到供货单位后，接货人员应当对商品进行验收，点清数量、查看外观质量并做好验收记录。

（4）办理收货手续。验收合格后，接货人员应当与供货单位办理好货物的交接手续，填写收货单。

（5）装卸并运回。小心装卸并将商品运回仓库。

（6）进行质量复检。对于需要进行进一步质量检验的商品，应通知质量检验部门对其进行质量检验并提交检验报告。

（7）办理入库手续。对验收合格的商品，应办理入库手续，并放入仓库妥善保管。

4. 供货单位送货到库

存货单位或供货单位将商品直接运送到仓库储存时，应由保管员或验收人员直接与送货人员办理交接手续，当面验收并做好记录。若有差错，应填写记录，由送货人员签字证明，据此向有关单位索赔。

5. 承运单位送货到库

交通运输等承运部门受供货单位或货主委托送货到仓库，接货要求与供货单位送货到库的要求基本相同。所不同的是发现错、缺、损等问题后，除了要送货人当场出具书面证明、签章确认外，还要及时向供货单位和承运单位发出查询函电并做好有关记录。

三、仓库入库检验

商品入库验收是仓储工作的起点，是划分仓库与货主或运输部门责任的界线，并为保管养护打下基础。商品入库的验收工作主要包括数量验收、质量验收和包装验收三个方面。在数量和质量验收方面，应分别按商品的性质及到货情况来确定验收的标准和方法。

（一）商品验收的基本要求

（1）及时。到库商品必须在规定的期限内完成入库验收工作。这是因为商品虽然到库，但未经过验收的商品没有入账，不算入库，不能供应给用料单位。只有及时验收，尽快提交检验报告才能保证商品尽快入库入账，满足用料单位需求，加快商品和资金的周转。同时商品的托收承付和索赔都有一定的期限，如果验收时发现商品不合规定要求，要提出退货、换货或赔偿等要求，均应在规定的期限内提出，否则，供方或责任方不再承担责任。

(2) 准确。以商品入库凭证为依据，准确查验入库货物的实际数量和质量状况，并通过书面材料准确地反映出来。做到货、账、卡相符，提高账货相符率，降低收货差错率，提高企业的经济效益。

(3) 严格。仓库的各方都要严肃认真地对待商品验收工作。验收工作的好坏直接关系到国家和企业的利益，也关系到以后各项仓储业务的顺利开展。因此，仓库领导应高度重视验收工作，直接参与验收的人员要以高度负责的精神来对待这项工作，明确每批商品验收的要求和方法，并严格按照仓库验收入库的业务操作流程办事。

(4) 经济。商品在验收时，多数情况下，不但需要检验设备和验收人员，而且需要装卸搬运机具和设备以及相应工种工人配合。这就要求各项工作密切协作，合理组织调配人员、设备，以节省作业费用。此外，在验收工作中，应尽可能保护原包装，减少或避免破坏性试验，这也是提高作业经济性的有效手段。

(二) 商品验收准备

验收准备是货物入库验收的第一道程序。仓库接到到货通知后，应根据商品的性质和批量提前做好验收的准备工作，包括以下五方面内容：

(1) 人员准备。安排好负责质量验收的技术人员和用料单位的专业技术人员以及配合数量验收的装卸搬运人员。

(2) 资料准备。收集、整理并熟悉待验商品的验收凭证、资料和有关验收要求，如技术标准、订货合同等。

(3) 器具准备。准备好验收用的计量器具、卡量工具和检测仪器仪表等，并检验好准确性。

(4) 货位准备。落实入库货物的存放货位，选择合理的堆码垛型和保管方法，准备所需的苫垫堆码物料。

(5) 设备准备。大批量商品的数量验收必须有装卸搬运机械的配合，应做好设备的申请调用。

此外，对特殊商品的验收，如毒害品、腐蚀品、放射品等，还须配备相应的防护用品，采取必要的应急防范措施，以防万一。对进口货物或存货单位要求对货物进行内在质量检测时，要预先联系商检部门或检验部门到库进行检验或质量检测。

(三) 核对凭证

商品运抵仓库后，仓管员首先核对商品的各种凭证，以确认商品是否送错，并为接下来的验收工作提供依据。核对凭证按下列三个方面的内容进行：

(1) 审核验收依据。包括企业采购部门或货主提供的入库通知单、订货合同、协议书等。

(2) 核对供货单位提供的验收凭证。包括质量保证书、装箱单、码单、说明书和保修卡及合格证等。

(3) 核对承运单位提供的运输单证。包括提货通知单和货物残损情况的货运记录、普通记录和公路运输交接单，保管员与提运员、接运员或送货员的交接记录等。

在整理、核实、查对以上凭证时，如果发现证件不齐或不符等情况，要与货主、供货单位、承运单位和有关业务部门及时联系解决。

(四) 确定验收比例

由于受仓库条件和人力的限制，对某些大批量的货物在短时间内难以全部验收，或全部打开包装会影响商品的储存和销售，或流水线生产的产品，质量有代表性无须全部验收等情况，可采用抽验方法。抽验比例应首先考虑以合同规定为准，合同没有规定时，确定抽验比例一般应考虑以下因素：

(1) 商品的价值。商品价值高的，抽验比例大，反之则小，有些价值特别大的商品应全验。

(2) 商品的性质。商品性质不稳定的或质量易变化的，验收比例大，反之则小。

(3) 气候条件。在雨季或黄梅季节，怕潮商品抽验比例大，在冬季怕冻商品抽验比例大，反之则小。

(4) 运输方式和运输工具。对采用容易影响商品质量的运输方式和运输工具运输的商品，抽验比例大，反之则小。

(5) 厂商信誉。厂商信誉好，抽验比例小，反之则大。

(6) 生产技术。生产技术水平高或流水线生产的商品，产品质量较稳定，抽验比例小，反之则大。

(7) 储存时间。入库前储存时间长的商品，抽验比例大，反之则小。

在按比例抽验时，若发现商品变质、短缺、残损等情况，应考虑适当扩大验收比例直至全验，彻底查清商品的情况。

(五) 实物验收

实物验收包括外观质量、数量、包装验收。当商品入库交接后，应将商品置于待检区域，仓库管理员及时进行外观质量、数量、包装验收，并进行质量送检。

1. 外观质量验收

外观质量验收的方法主要采用看、听、摸和嗅等感官检验方法。要准确进行外观质量检验，就要求仓管员拥有丰富的识货能力和判断经验。

外观质量验收的内容包括：外包装完好情况、外观质量缺陷、外观质量受损情况和受潮、霉变、锈蚀情况等。

2. 数量与重量验收

货物数量验收是在初步验收的基础上进一步验收货物数量的工作，主要指对商品的数量及重量进行验收，具体验收的项目包括毛重、净重、容积、面积、件数、体积、长度等。

(1) 数量验收。对于计件货物，仓管员要对货物的数量进行清点。清点时，可以采用逐件点数法、集中堆码点数法、抽检法及重量换算法等方法，具体内容如表 5.1 所示。

表 5.1 验收数量的方法

方法名称	具体内容	适用商品
逐件点数法	采用人工或简易计算器逐一计数，最后累计得出总数	散装的或非定量包装的商品
集中堆码点数法	按照每行、每层件数一致的原则，将商品堆成固定的垛行，然后通过计算垛数得出商品总数	花色品种单一、包装大小一致、数量大或体积较小的商品
抽检法	按照一定比例对商品进行开箱点数	批量大、采用非定量包装的商品
重量换算法	通过过磅，称得商品的总重量和单件的重量，然后换算该商品的数量	包装标准且重量一致的商品

(2) 重量验收。仓管员在确定商品重量是否合格时，应根据验收的磅差率与允许磅差率来判断。若验收的磅差率未超出允许磅差率范围，说明该批商品合格；若验收的磅差率超出允许的磅差率范围，说明该批商品不合格。

表 5.2 给出了常见金属的允许磅差率范围，仓管员在实际工作中可以参考。

表 5.2 常见金属的允许磅差率范围

品种	有色金属	钢铁制品	钢材	生铁、废铁	贵金属
允许磅差率	1‰	2‰	3‰	5‰	0‰

商品的重量一般有毛重、皮重、净重之分。毛重是指商品包括包装重量在内的实际重量；皮重是指商品包装的重量；净重是指商品本身的重量，即毛重减去皮重的余额。仓库管理中通常说的商品重量是指商品的净重。

对于那些没有包装或包装重量在商品重量中所占比重较小的商品，可以将商品直接过磅以测量其实际重量。

3. 包装验收

货物包装验收通常是在初步检查验收时进行的，主要是查看包装有无水湿、油污、破损等，其次是查看包装是否符合有关标识要求，包括选用的材料、规格、制作工艺、标志、打包方式等。另外对包装材料的干湿度也要检验，包装的干湿程度表明包装材料中含水量的多少，这对货物的内在质量会产生一定的影响。对包装物干湿度的检查，可利用测湿仪进行测定。当需要开箱拆包检验时，一般应有两人以上在场同时操作，以明确责任。

(六) 商品验收过程中发现问题的处理

在商品验收过程中，可能会发现一些问题，验收人员应根据不同情况，在有效期内进行处理。处理问题要做到及时、准确，并要认真填写商品验收记录。在问题未解决之前，有问题的商品应分开存放，妥善保管，尽量保持原包原捆，不得发放出库。

(1) 证件未到或不齐全时，应及时向供货单位或存货单位索取，到库商品作为待检验商品堆放在待检区，妥善保管，待证件到齐后再进行验收。证件未到之前，不能验收，不能入库，更不能发料。

(2) 凡质量不符合规定的，验收人员应如实慎重填写商品验收记录，并及时通知存货单位，由存货单位向供货单位交涉处理。

(3) 数量、型号、规格不符合规定，主要有以下几种原因：供货单位少发、错发；承运部门错装、错运、错送或者在运输过程中造成货损货差；提货人员在车站、码头等错提、少提、多提、串提或在途中造成货物丢失、被盗等。遇到这种情况时，提货人员应积极查询，追回少提部分，退回多提部分，换回错提、串提部分，无法追回的部分由仓库处理，并负责赔偿。

(4) 入库通知单或其他证件已到，但在规定的时间内商品未到库时，应及时向存货单位反映，以便存货单位向供货单位或承运部门查询。

(5) 价格不符时，供方多收部分应予拒付，少收部分经检查核对后，应主动联系及时更正。如果总额计算错误，应通知供货单位及时更正。

(6) 对仓库收到的无存货单位的无主商品，仓库收货后应及时查找该批货物的产权部门，主动与发货人联系了解货物的来龙去脉，并作为待处理商品，不得动用，依其现状做好记录，待查清后再作处理。

(7) 发现货物出现残损、潮湿、短件等情况时，必须取得承运部门的货运记录和普通记录。验收人员应将残损、潮湿、短件等详细情况记入商品验收记录，并和承运部门的记录一并交回存货单位处理。如属供货单位或承运部门的责任，由存货单位与供货单位或承运部门交涉处理；如系仓库责任(在提、接、运过程中发生的)，则由仓库与存货单位协商处理或赔偿。

四、货物入库交接和登记

入库货物经过上述工序，在检查完毕后，就可以与接货人员办理货物交接手续。交接手续通常是由仓库保管员在送货回单上签名盖章表示货物收讫。如果上述程序中发现差错、破损等情形，必须在送货单上详细注明或由接货人员出具差错、异状记录，详细写明差错数量、破损情况等，以便与运输部门分清责任，作为查询处理的依据。

经验收确认后的货物，应及时填写验收记录表，并将有关入库信息及时准确地录入仓库管理信息系统，更新库存货物的有关数据。货物信息处理的目的在于为后续作业提供管理和控制的依据。因此，入库信息的处理必须及时、准确、全面。货物的入库信息通常包括以下内容：货物名称、规格、型号；包装单位、包装尺寸、包装容器及单位重量等；货物的原始条码、内部编码、进货入库单据号码、货物的储位指派；货物入库数量、入库时间、生产日期、质量状况、货物单价等；供货商信息，包括供应商名称、编号、合同号等。

入库信息处理完毕，按照打印出的入库单据根据入库程序办理入库的具体业务。与此同时，将货物入库单据的其余各联迅速反馈到业务部门，作为正式的库存凭证。到此为止，入库业务告一段落，进入到储存保管阶段。

任务二　出库作业

货物出库作业是货物储存业务的最后一个环节，是仓库根据使用单位或业务部门开出的货物出库凭证(提货单、领料单、调拨单)，按其所列的货物名称、规格、数量和时间、地点等项目，组织货物出库、登账、配货、复核、点交清理、送货等一系列工作的总称。

一、货物出库的凭证和原则

(一) 货物出库凭证

货物出库必须依据货主开出的货物出库凭证进行。不论在任何情况下，仓库都不得擅自动用、变相动用或者外借货主的库存货物。

(二) 货物出库的原则

1. 先进先出，推陈储新的原则

所谓先进先出就是根据货物入库的时间先后，先入库的货物先出库，以保持库存货物质量完好的状态。尤其对于易变质、易破损、易腐败的货物，机能易退化、老化的货物，应加快周转，对变质失效的货物不准出库。

2. 出库凭证和手续必须符合要求

出库凭证的格式不尽相同，但不论采用何种形式必须真实、有效。出库凭证不符合要求，仓库不得擅自发货。特殊情况发货必须符合仓库有关规定。

3. 要严格遵守仓库有关出库的各项规章制度

(1) 货物出库必须遵守各项制度，按章办事。发出的货物必须与提货单、领料单或调拨单上所列的名称、规格、型号、单价、数量相符合。

(2) 未验收的货物以及有问题的货物不得发放出库。

(3) 货物入库检验与出库检验的方法应保持一致，以免造成人为的库存盈亏。

(4) 超过提货单有效期尚未办理提货手续的，不得发货。

4. 提高服务质量，满足用户需要

货物出库要求做到及时、准确、保质、保量地将货物发放给收货单位，防止差错事故发生；工作尽量一次完成，提高作业效率；为用户提货创造各种方便条件，协助用户解决实际问题。

为实现上述基本要求，货物出库时要做到"三不"、"三核"、"五检查"。"三不"，就是未接单据不翻账，未经审查不备货，未经复核不出库。"三核"，即在发货时，要核实凭证、核对账卡、核对实物。"五检查"，即对单据和实物要进行品名检查、规格检查、包装检查、件数检查、质量检查。

二、货物出库的方式

1. 提货方式

提货是由要货单位凭出库凭证，自备运输工具到仓储企业取货的一种方式。仓库管理人员根据领料凭证转开货物发放单，并按单配货，经复核人员逐项核对后，将物品当面点交给提货人员，在库内办理交接手续。它具有提单到库、随到随发、自提自运的特点。提

货是物品发放的重要方式。

2. 送货方式

送货是由仓储企业根据用户订单需求，组织运力将用户所需的货物送到客户所需地点的一种出库方式。

仓库管理部门在送货时必须以使用定额为依据，完善交接手续，分清责任。送货组织可采用专人定路线的方式。采用这种方式，可以用集装箱的办法巡回送货，也可采取由仓管员每日定时送货的办法。仓管员直接送货可以减少交接手续，直接由用料单位签收即可。

在送货过程中以及在向用料单位交接物品过程中，如果发现物品包装损坏、物品受损或物品数量短少等现象，应由物控人员追查处理。

仓库管理人员必须了解运送物品的性质、体积、重量、需要的紧迫性等，以便选择运送工具，组织装卸力量，安排装车的先后顺序，尽量节约运力。装车后，应检查捆绑、加固、苫盖等是否稳妥。卸车后，必须收回苫盖和加固材料。送货具有预先付货、按车排货、发货等车的特点。

实行送货具有多方面的好处：仓库可预先安排作业，缩短发货时间；收货人可避免因人力、车辆等不便而发生的取货困难；在运输上，可合理使用运输工具，减少运输费用。

3. 代办托运

代办托运是指仓库接受客户的委托，为客户办理货物托运时，依据货主开具的出库凭证上所列货物的品种、规格、质量、数量、价格等，办理出库手续，通过运输部门如公路、铁路、水路、航空等，把货物发运到用户指定地点的一种出库方式。这种方式较为常见，也是仓库推行优质服务的措施之一。代办托运适用于大宗、长距离的货物运输。

4. 过户方式

过户是一种就地划拨的出库形式，物品虽未出库，但是所有权已从原存货户头转移到新存货户头。仓库必须根据原存货人开出的正式过户凭证办理过户手续。日常操作时，往往是仓单持有人的转让，这种转让要经过合法手续。仓管部门在处理这种业务时，应根据货主单位的出库凭证和购进单位开具的入库凭证，分别进行转账处理。

仓库也根据原存货人开具的正式过户凭证办理过户手续。过户凭证可以代替新存货人的入库凭证，仓库据此向其开出储存凭证，并另建新的货物明细保管账。对原存货人来说，过户凭证相当于其出库凭证，仓库据此进行货物出库账务处理。

5. 取样方式

取样是货主出于对物品质量检验、样品陈列等需要，到仓库提取货样而产生部分物品的出库。在办理取样业务时，要根据货主填制的正式样品提货单转开货物出库单，在核实货物的名称、规格、牌号、等级和数量等项后备货，经复核，将货物交付提货人，并做好账务登记和仓单记载。

6. 转仓

货主单位为了业务方便或改变货物储存条件，需要将某批库存货物从甲库转移到乙库，这就是转仓的出库方式。仓库也必须根据货主单位开出的正式转仓票办理转仓手续。

三、货物出库的程序

由于各种类型的仓库具体储存的货物种类不同，经营方式不同，货物出库的程序也不尽相同，但就其出库的操作内容来讲，主要包括出库凭证审核、出库信息处理、拣货、分货、出货检查、包装及贴标签等。

1．出库凭证审核

仓储业务部门接到货物出库凭证时，首先要对出库凭证进行仔细的审核，审核的主要内容包括：

(1) 审核出库凭证的合法性和真实性。

(2) 核对货物的品名、型号、规格、单价、数量等有无错误。

(3) 核对收货单位、到站、银行账号等是否齐全和准确。

如发现出库凭证有问题，需经原开证单位进行更正并加盖公章后，才能安排发货业务。但在特殊情况下(如救灾、抢险等)，可经领导批准先发货，事后及时补办手续。

2．出库信息处理

出库凭证审核无误后，将出库凭证信息进行处理。采用人工处理方式时，记账员将出库凭证上的信息按照规定的手续登记入账，同时在出库凭证上批注出库货物的货位编号，并及时核对发货后的结存数量。当采用计算机进行库存管理时，将出库凭证的信息录入计算机后，由出库业务系统自动进行信息处理，并打印生成相应的拣货信息(拣货单等凭证)，作为拣货作业的依据。

3．拣货

拣货作业是依据客户的订货要求或仓储配送中心的送货计划，尽可能迅速、准确地将货物从其储位或其他区域拣取出来的作业过程。按照拣货过程自动化程度的不同，拣货分为人工拣货、机械拣货、半自动拣货和自动拣货四种方式。

4．分货

分货也称为配货，拣货作业完成后，根据订单或配送路线等不同的组合方式对货品进行分类。需要流通加工的货物，先按流通加工方式分类，再按送货要求分类，这种作业称为分货作业。分货作业可分为人工分货和自动分货两种方式。

人工分货方式是指分货作业过程全部由人工完成。分货作业人员根据订单或其他方式传递过来的信息进行分货作业。分货完成后，由人工将各客户订购的货物放入已标示好的各区域或容器中，等待出货。

自动分货是利用自动分类机来完成分货工作的一种方式。自动分货系统一般应用于自动化仓库，适用于多品种、业务量大且业务稳定的情况。

5．出货检查

为保证出库货物不出差错，配货后应立即进行出库检查。出库检查是防止发货差错的关键。采用人工拣货和分货作业方式时，每经一个作业环节，必须仔细检查，既要复核单货是否相符，又要复核货位结存数量来验证出库量是否正确。发货前由专职或兼职复核员按出库凭证对出库货物的品名、规格、单位、数量等仔细地进行复验，检查无误后，由复核员在出库凭证上签字，方可包装或交付装运。在包装、装运过程中要再次进行复核。

6．包装

出库货物有的可以直接装运出库，有的还需要经过包装待运环节。特别是发往外地的货物，为了适应安全运输的要求，往往需要进行重新组装或加固包装等作业。凡是由仓库分装、改装或拼装的货物，装箱人员要填制装箱单，标明箱内所装货物的名称、型号、规格、数量以及装箱日期等，并由装箱人员签字或盖章后放入箱内供收货单位查对。为了保证出库货物安全运达目的地，包装应符合下列要求：

(1) 根据货物的外形特点，选用适宜的包装材料，其重量和尺寸应便于装卸搬运。

(2) 要符合货物运输要求，包装应牢固，内衬应稳固。怕潮货物包装时应增加一层防潮材料，易碎货物包装时应内垫软质衬垫物。包装的外部要做明显标志，标明对装卸搬运的要求等。

(3) 严禁互相影响或性质互相抵触的货物混合包装。

(4) 要充分利用包装容积。

(5) 要节约包装材料，尽量使用原包装物和旧包装物。

(6) 包装完毕后，要在外包装上标明收货单位、到站、发货号、本批货物的总包装件数、发货单位等，要字迹清晰，书写准确。

7．货物交接

出库货物无论是要货单位自提，还是交付运输部门发运，发货人员必须向收货人或运输人员按单逐件交接清楚，划清责任。在得到接货人员的认可后，在出库凭证上加盖"货物付讫"印戳，同时给接货人员填发出门证，门卫按出门证核验无误后方可放行。

8．清理档案

货物交接以后应及时进行发货后的处理工作。人工处理过程由发货业务员在出库凭证上填写实发数、发货日期等内容，并签名，然后将出库凭证其中的一联及有关证件资料及时送交货主单位，以便货主办理货款结算事宜。根据留存的一联出库凭证登记实物储存明细账。做到随发随记，日清月结，账面余额与实际库存和卡片相符。出库凭证应该当日清理，定期装订成册，妥善保存，已备查用。采用微机管理系统时，应及时将出库信息输入管理系统，以便系统自动更新数据。

四、货物出库过程中问题的处理

在货品出库过程中，也会出现一些不正常的现象，若发现有异常问题，应及时进行处理，消除隐患和影响。

1．出库凭证问题的处理

(1) 出库凭证如有假冒、复制、涂改等情况，应及时与保卫部门联系，妥善处理。

(2) 未验收入库的物品，或者期货未进库的出库凭证，应暂缓发货，仓管员不得代发代验。

（3）出库凭证有疑点或者情况不清楚时，应及时与制票员联系，及时查明或更正。

（4）出库凭证超过提货期限，用户前来提货时，必须先办理手续，按规定缴足逾期仓储保管费，方可发货。

（5）提货时，若提货人发现货品名称或规格有差错，仓管员不得自行调换货品，提货人必须到业务办理部门重新开具提货凭证后方可发货。

（6）顾客遗失提货凭证时，必须由用户单位出具证明，到仓储部门制票员处登记并挂失，原制票员签字作为旁证，然后再到仓库出库业务员处报案挂失。如报案时货已提走，仓储部门不负任何责任，但有义务协助破案；如果货品未被提走，经业务员查实后，凭上述证明做好挂失登记，将原凭证作废，缓期发货。而后发货员应时刻警惕，防止有人持作废凭证要求发货，一旦发现类似情况时，应立即与保卫部门联系处理。

2．提货数与实存数不符

出现提货数量与货物实存数不符的情况，一般是实存数小于提货数。当遇到提货数量大于实际货物库存数量时，仓管员首先应向业务办理部门核查，然后按有关规定办理出库手续。

（1）当入库登账有误时，仓库管理部门要调整账目，先按库存账面数开具货物出库单销账，然后再按实际库存数重新入库登账，并在入库单上签明情况。

（2）仓库保管员串发、错发而引起实存数小于提货数时，仓库业务部门要负责解决库存数与提货数的差额。

（3）货主单位漏记账而多开出库数时，应由货主单位核实后出具新的提货单，重新组织提货和发货。

（4）仓储过程中的损耗造成实存数小于提货数时，合理范围内的损耗，应由货主单位承担；而超过合理范围之外的损耗，应由仓储经营人或保管人按合同约定进行赔偿。

3．漏记和错记账

漏记账是指在货物出库作业中，由于没有及时核销货物明细账造成账面数量大于或小于实存数的情况。错记账是指在货物出库后核销明细账时没有按实际发货出库的货物名称、数量等登记，从而造成账实不符的情况。无论是漏记账还是错记账，都会造成账面数量与实存数不符，首先应根据原出库凭证查明原因，调整货物明细账，使账面数与实际库存数保持一致。如果由于漏记和错记账给货主单位、运输单位造成了损失，应予赔偿。

4．出库后问题的处理

（1）串发和错发货是指发货人员由于工作疏忽或对货物种类规格不熟悉，把不同货主单位的货物串发出库，或把同一货主的货物按错误规格或错误数量发出库的情况。发货出库后，用户反映规格混串、数量不对等问题时，如确属发货差错，应及时纠正并致歉。如果货物尚未离库，应立即追回错发货物，重新组织货物出库。如果货物已经提出仓库，保管人员应如实向仓库主管部门和货主单位通报串发、错发的品名、规格、数量、提货单位等情况，并与货主单位和运输单位协商解决。一般在无直接经济损失的情况下由货主单位重新核对实际发货数冲单(票)解决。如果造成直接经济损失，应按赔偿损失单据冲转调整保管账，保持账实相符。

(2) 凡属易碎货物，发货后用户要求调换时，应以礼相待，婉言谢绝。如果用户要求帮助解决易碎配件，仓储业务部门要积极协助联系解决。

(3) 凡属客户原因将型号规格开错时，经制票员同意方可退货。发货业务员应按入库验收程序重新验收入库，如果发现包装损坏或产品损坏，入库业务员不予办理退货。待修复后，再按入库质量要求重新办理入库手续。

(4) 凡属产品内在质量问题，用户要求退货和换货时，应由质检部门出具质量检查证明、实验记录等书面文件，经货品主管部门同意后，方可退货或换货。

(5) 退货或换货的货品必须达到验收入库的标准，否则不准入库。

(6) 货物出库后，若发货员发现账实不符，应及时查明原因。确认发货有错时，要及时与提货人取得联系，进行核查，双方协商解决有关事宜，以免造成损失。

任务三　装卸搬运作业管理

装卸搬运是物流系统的一个主要子系统，由物料装卸和装卸搬运两个主要部分组成，在物流系统中起着承上启下的作用。

一、装卸搬运的定义

装卸是指物品在指定地点以人力或机械装入运输设备或从运输设备卸下；搬运是指在同一场所内对物品进行水平移动为主的物流作业。

装卸搬运是指在同一地域范围内进行的，以改变物品的存放状态和空间位置为主要内容和目的的活动。所谓装卸主要指的是货物在空间上所发生的以垂直方向为主的位移，主要是改变货物与地面之间的距离；而搬运则是指货物在小范围内发生的短距离的水平位移。装卸搬运与运输、储存不同，运输是解决物料空间距离的，储存是解决时间距离的。装卸搬运没有改变物料的时间或空间价值，因此往往不会引起人们的重视。可是一旦忽略了装卸搬运，轻则在生产和流通领域出现混乱，重则造成生产活动停顿。

二、装卸搬运作业的分类

1．按作业场所分类

(1) 铁路装卸：在铁路车站进行的装卸搬运活动。除装、卸火车车厢货物以外，还包括汽车车厢货物的装卸、堆码、拆取、分拣、配货、中转等作业。

(2) 港口装卸：在仓库、堆场、物流中心等处进行的装卸搬运活动。

另外，空运机场、企业内部以及闲人不能进入的场所均属此类。

2．按操作特点分类

(1) 堆码拆取作业：在车厢、船舱、仓库内进行的码垛和拆垛作业。

(2) 分拣配货作业：按品类、到站、去向、货主等不同的特征进行分拣货物作业。

(3) 挪动移位作业：单纯地改变货物的支承状态的作业(如将货物卸到站台上等)和显著(距离稍远)改变空间位置的作业。

以上作业又可分为手工操作、半自动操作和全自动操作。

3．按作业方式分类

(1) 吊装吊卸法(垂直装卸法)：以使用各种起重机械来改变货物的垂直方向的位置为主要特征的方法。这种方法历史最悠久、应用最广。

(2) 滚装滚卸法(水平装卸法)：以改变货物的水平方向的位置为主要特征的方法，如各种轮式、履带式车辆通过站台、渡板开上开下装、卸货物，用叉车、平移机来装、卸集装箱、托盘等。

4．按作业对象分类

(1) 单件作业法：人力作业阶段的主导方法。目前对长、大、笨重的货物，或集装会增加危险的货物等，仍采取这种传统的单件作业法。

(2) 集装作业法：先将货物集零为整，再进行装卸搬运的方法，有集装箱作业法、托盘作业法、货捆作业法、滑板作业法、网装作业法以及挂车作业法等。

(3) 散装作业法：指对煤炭、矿石、粮食、化肥等块、粒、粉状物资采用重力法、倾翻法、机械法、气力输送等方法进行装卸。

另外，按装卸设备作业原理分，有间歇作业法(如起重机等)和连续作业法(如连续输送机等)。按作业手段和组织水平可分为人工作业法、机械作业法和综合机械化作业法。

三、装卸搬运的原则

装卸搬运作业合理化应遵循的基本原则如下。

1．有效作业原则

有效作业原则要求所进行的装卸搬运作业是必不可少的，尽量减少和避免不必要的装卸搬运，只做有用功，不做无用功。

要提高搬运纯度，只搬运必要的物资，如有些货物除去杂质之后搬运比较合理；避免过度的包装，减少无效负荷；提高装载效率，充分发挥搬运机械的能力和装载空间；中空的物件可以填装其他小物品再进行搬运；减少搬运次数，次数多不仅浪费了人力、物力，还会增加损坏物品的可能性。

2．集中作业原则

集中作业原则包括搬运场地的集中和作业对象的集中两种。前者是指在有条件的情况下，应把作业量较小的、分散的作业场地适当集中，以利于装卸搬运设备的配置及使用，以便提高机械化作业水平，合理组织作业流程，提高作业效率；后者是指把分散零星的货物汇集成较大的集装单元，以提高作业效率。

3．简化流程原则

简化装卸搬运流程包括两个方面：一是尽量实现作业流程在时间和空间上的连续性和均衡性；二是尽量提高货物放置的活性。日本物流专家元藤健民教授把货物放置的活性分为 0、1、2、3、4 五个等级，并将该数值称为货物的活性指数，如图 5.2 所示。

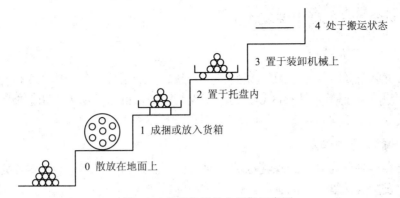

图 5.2　货物放置状态活性示意图

4．技术优先原则

技术优先包含两个方面。第一，充分利用重力的作用。应减少物体的上下运动，避免反复从地面搬起重物。要避免人力抬运或搬运物品，设法利用重力移动物品，如使物品在倾斜的辊道运输机上，在重力作用下移动。第二，合理利用机械设备。为了提高生产率、安全性、服务性和作业的舒适性等，应将人力操作尽可能转由机械来实现。

5．安全作业原则

装卸搬运作业过程中的不安全因素较多。安全作业是装卸搬运作业应遵循的基本原则，组织者必须确保作业过程的安全(包括人身安全、设备安全)，尽量减少事故的发生。

6．系统优化原则

装卸搬运作业组织的出发点是实现装卸搬运的合理化，而其合理化的目标是系统的整体优化。所以，组织者要充分发挥系统中各要素的功能，从作业质量、效率、安全性和经济性等方面对装卸搬运系统进行综合评价。

任务四　商品在库作业管理

物品经过验收入库后，便进入物品的在库作业管理阶段。它是仓储作业管理的核心环节，也是物品出库作业的基础。物品的在库作业管理主要指对在库物品进行合理的保存和经济的管理。其具体内容包括：货位合理安排；货位编号；正确堆码和苫盖；物品的盘点等。通过物品的在库科学管理，保持和增加物品的使用价值和价值，保证后续作业畅通。

一、货物的分类分区

货物的分类分区是根据其类别、性能和特点，结合仓库的建筑结构情况、容量、装卸设备等条件，确定各储存区域存放货物的种类、数量，然后分类分区编成目录并绘制平面图。

(一) 货物分类分区的定义及作用

1. 货物分类分区的定义

货物分类分区就是在"四一致"(货物性能一致、养护措施一致、作业手段一致、消防方法一致)的前提下,把货物储存区划分为若干保管区域,根据货物大类和性能等划分为若干类别,以便分类集中保管,如钢材区、建材区、化工区等。

2. 货物分类分区的作用

把货物储存区划分为若干个保管区域,同一种类的货物集中存放于相对固定的货区保管,有利于收发货与保管业务的进行。

(1) 可以缩短商品收、发作业时间。

(2) 可以合理地使用仓容。

(3) 可以使保管员掌握商品进、出库活动规律,熟悉商品性能,提高保管技术水平。

(4) 可以合理配置和使用机械设备,提高机械化操作程度。

(二) 货物分类分区的方法

仓储商品实行分类分区,要以安全、优质、多储、低耗为原则综合起来考虑,仓储的分类分区目前有五种方式。

1. 按商品种类和性质划分储存区域

按商品种类和性质划分是仓库普遍采用的分类分区方法。此方法有两种方式,一种是按照业务部门经营商品的种类,来进行仓库储存商品的分类分区。例如某企业经营有冰箱、洗衣机、空调、彩电等产品。考虑到它们的商品保管条件是一致的,再结合各部门经营产品所需的仓容、周转期、收发所需的设备条件,就可以对该仓库进行分区。例如:该仓库共4层,每层面积2000 m²,一层是收发区及临时存放区;二层存放冰箱、洗衣机;三层存放空调;四层存放彩电。另一种是按照商品的自然属性来划分,如将怕热、怕潮、怕光、怕通风等多种不同性质的商品集中起来,安排在合适的储存场所。

2. 按照商品发往地区来分类分区

按商品发往地区来划分的方法主要适用于中转流通型仓库或转运仓库。具体做法是:先按照交通工具划分公路、铁路、航空、水路等,然后按照到达站、港的路线划分。这种分类分区方法虽然不区分商品种类,但应注意,对于危险品、相互影响以及运价不同的商品应分别堆放。例如,某企业是经营干线快运的物流公司,旗下在福州有一间仓库作为中转货物之用。它的仓库分区就是按照客户发往地区及所经过的路线来设置的。

3. 按商品危险性质分类分区

按商品危险性质划分的方法主要适用于化学危险品仓库。根据危险品本身具有的易燃、易爆、有毒等性质以及不同的灭火方法等情况来分类分区储存保管。

4. 按照不同客户储存的商品来分类分区

按照不同客户储存的商品划分的方法比较适用于仓库客户数量较少,而且储存商品比较单一的情况。

5. 按照方便作业和安全作业来分类分区

从商品周转率角度考虑，将周转率高的商品放置在离通道较近的区域，方便进出库作业；将周转率低的商品放置在离通道较远的区域。从商品安全性的角度考虑，将安全保卫级别高的商品(如贵重物品)放置在封闭的安全性能高的区域。

此外，仓库分类分区还要及时摸清商品出库规律，及时调整货区和货位；做好日常空仓统计和商品进出中货位平衡工作，腾出空仓，备足仓位。通常在仓库中划分区域时，要预留一定面积作为机动货区，其大小一般为库房堆货面积的5%～10%。

二、货位的选择

货位是指仓库中实际可用于堆放商品的区域。货位的选择是在货物分类分区的基础上进行的，所以货位的选择应遵循确保货物安全、方便吞吐发运、力求节约仓容的原则。

(一) 确保货物安全的原则

为确保货物质量及安全，在货位的选择时，应注意以下几个方面的问题：
(1) 怕潮、易霉、易锈的货物，应选择干燥或密封的货位。
(2) 怕光、怕热、易熔的货物，应选择低温的货位。
(3) 怕冻的商品，应选择温度不低于0℃的货位。
(4) 易燃、易爆、有毒、腐蚀性、放射性的危险品，应存放在郊区仓库分类专储。
(5) 性能相互抵触或有挥发性、串味的货物，不能同区存储。
(6) 消防灭火方法不同的货物，要分开存储。
(7) 同一货区存放的商品中，外包装含水量过高的商品会影响邻垛商品的安全。
(8) 同一货区存储的商品中，要考虑有无虫害感染的可能。

(二) 方便吞吐发运的原则

货位的选择应符合方便吞吐的原则，要方便商品的进出库，尽可能缩短收发货作业时间。除此之外，还应该兼顾以下几个方面。

1. 收发货方式

采取送货制的货物，由于分唛理货、按车排货、发货的作业需要，其储存货位应靠近理货、装车的场地；采取提货制的货物，其储存货位应靠近仓库出口，便于外来提货的车辆进出。

2. 操作方法和装卸设备

各种货物具有不同的包装形态、包装质地和体积重量，因而需要采用不同的操作方法和设备。所以，货位的选择必须考虑货区的装卸设备条件与仓储货物的操作方法。

3. 货物吞吐快慢

仓储货物的流转快慢不一，有着不同的活动规律。对于快进快出的货物，要选择方便车辆进出库的货位；滞销久储的货物，货位不宜靠近库门；整进零出的货物，要考虑零星提货的条件；零进整出的货物，要考虑集中发运的能力。

(三) 尽量节约仓容的原则

货位的选择还要符合节约的原则，以最小的仓容储存最大限量的货物。在货位负荷量和高度基本固定的情况下，应从储存货物不同的体积、重量出发，使货位与货物的重量、体积紧密结合起来。对于轻泡货物，应安排在负荷量小且空间高的货位。对于实重货物，应安排在负荷量大且空间低的货位。

三、货位编号

货位编号是商品保管业务不可缺少的管理措施之一。它在商品分类分区储存的基础上，将库房、料棚、货场、货架、货垛按地点、通道等按照位置顺序统一编列号码，并做出明显标志。

(一) 仓库编号

(1) 货场编号。货场编号有两种方法：一是以进入仓库正门的方向，按左面单号右面双号的顺序排列，如图 5.3 所示；二是进入仓库正门的方向按货场远近，自左而右的顺序排列，如图 5.4 所示。

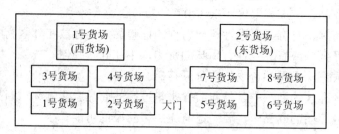

图 5.3　左单右双的编号方法

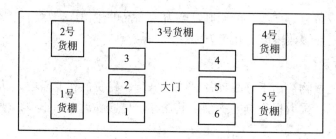

图 5.4　自左而右的编号方法

(2) 货棚、库房编号。货棚、库房的编号方法与货场编号方法基本相同。

(二) 货位编号

(1) 库房内货位编号。根据库内业务情况，按照库内主干支干道分布，划分为若干货位，按顺序以各种简明符号与数字来编制货区、货位的号码，并标于明显处。

(2) 货架上货位编号。在收发零星物品及进行拼装作业的仓库中，往往一个仓库有许多货架，每个货架有许多货格，作为存货的货位。可先按各仓库内的货架进行编号，再对每个货架的货位按层、位进行编号。常采用的是"四号定位"，即第一位表示库序号；第二位表示货架号；第三位表示货架层号；第四位表示货位号。

(3) 货场货位编号。货场货位编号常见的有两种方法：一种是在整个货场内先按各排编上编号，然后按各排货位顺序编上货位号；另一种是不分排号，直接按货位顺序编号。对于集装箱堆场，应对每个箱位进行编号，并画出箱门和四角位置标记。

四、货物堆码

《国家标准物流术语 GB/T18354—2001》对堆码的定义是："将物品整齐、规则地摆放成货垛的作业。"它根据物品的性质、形状、重量等因素，结合仓库储存条件，将物品堆码成一定的货垛。合理的堆码不仅便于库存物品的管理，还能确保其安全性，不发生变质、变形等异常情况。

(一) 物品堆码的要求

在物品堆码前要结合仓储条件做好准备工作，在分析物品的数量、包装、清洁程度、属性的基础上，遵循合理、牢固、定量、整齐、节约、方便等方面的基本要求，进行物品堆码。

(1) 合理。搬运活性合理、分垛合理、垛型合理、重量合理、间距合理、顺序合理。

(2) 牢固。适当选择垛底面积、堆垛高度和垫衬材料，提高货垛的稳定性，保证堆码的牢固、安全、不偏不歪、不倚不靠(不倚靠墙、柱)和物品不受损害。

(3) 定量。为便于检查和盘点，能使保管人员过目成数，在物品堆码时，垛、行、层包等数量力求整数，每垛应有固定数量，通常采用"五五堆码"。对某些过磅称重物品不能成整数时，必须明确地标出重量，分层堆码或成捆堆码，定量存放。

(4) 整齐。堆垛排列整齐有序，同类物品垛形统一，形成良好的库容。货垛横成行、纵成列，物品包装上的标志一律朝外，便于查看和拣货。

(5) 节约。坚持一次堆码，减少重复作业；爱护苫垫物，节约备品用料，降低消耗；堆码科学，节省货位，提高仓容利用率。

(6) 方便。便于装卸搬运，便于收发保管，便于日常维护保养，便于检查点数，便于安全消防。

(二) 物品堆码的方式

通常的物品堆垛方法有四种，即散堆法、货架堆码法、托盘化码垛法和货垛堆码法。

(1) 散堆法。散堆是指将无包装的散货在仓库或露天货场上堆成货堆的存放方式。这种堆码方式简单，便于采用机械设备装卸、堆码，节省包装费用和运费。这种方式特别适用于大宗散货。

(2) 货架堆码法。货架堆码法是使用通用和专用的货架进行物品堆码的方式。这种堆码方式能够提高仓容利用率，减少差错，加快存取，适合于存放小件货物、怕压或不宜堆高的物品。

(3) 托盘化码垛法。托盘化是将散装或散件商品用托盘、货箱或捆扎等方法，组合成若干个较大的集装单元。这样就可使原来不能用机械作业的商品适合机械作业，对加快堆垛、装卸、运输速度，提高仓容利用率等具有重要意义。常用的托盘码垛方式有重叠式、纵横交错式、旋转交错式和正反交错式四种。

(4) 货垛堆码法。货垛堆码法是指直接利用物品或其包装外形进行堆码。这种堆码方式能够增加货垛高度，提高仓库利用率；能够根据物品的形状、特性的需要和货位的实际情况，把货垛堆码成各种样式，以利于保护物品质量。垛堆方式应用最为广泛，样式也最为繁多。其常用的方式主要有重叠式堆码、纵横交错式堆码、仰俯相间式堆码、通风式堆码、栽桩式堆码、压缝式堆码等几种。

五、货物的苫垫

苫、垫是对商品苫盖和垫垛的简称。"苫"是指在堆垛上加上遮盖物，避免直接受到日晒和雨淋。"垫"是指在货垛底下加衬垫物，以防潮、防水浸，并保持通风。苫、垫是商品保管保养中的一项重要工作，也是仓库做好商品管理的一个重要环节。

1. 苫盖

通常使用的苫盖材料有塑料布、席子、油毡纸、铁皮、苫布等，也可以利用一些商品的旧包装材料改制成苫盖材料。

苫盖的方法主要有以下几种：

(1) 垛形苫盖法。根据货垛的形状进行适当的苫盖，适用于屋脊形货垛、方形货垛及大件包装商品的苫盖，常使用塑料布、苫布、席子等。

(2) 鱼鳞苫盖法。用席子、苫布等苫盖材料，自下而上、层层压苫围盖的一种苫盖方法，因从外形看酷似鱼鳞，故称鱼鳞苫盖法，适用于怕雨淋、日晒的商品。若商品还需要通风透气的储存条件，可将席子、苫布等苫盖材料的下端反卷起来，使空气流通。

(3) 隔离苫盖法。用竹竿、钢管、旧苇席等，在货垛四周及垛顶隔开一定空间打起框架进行苫盖，既能防雨，又能隔热。

(4) 活动棚架苫盖法。根据常用的垛形制成棚架，棚架下还装有滑轮可以推动。活动棚架需要时可以拼搭，并放置在货架上用作苫盖，不需要时则可以拆除，节省空间。

2. 垫垛

垫垛，是指根据不同商品的保管要求，按垛形尺寸和负荷轻重，在垛底放上适当的衬垫物。货场和库房的衬垫材料有所不同。一般货场多用水泥墩、石墩、石条、枕木等垫垛，而库房一般用垫板、枕木以及防潮纸等。常用的有移动式和固定式两种垫垛。目前正在逐步推行固定式的垛基，可以重复使用，节省劳动力，提高作业效率。

对于露天货场，垫垛的高度可保持在 40 cm 上下；库房和货棚内的垫垛高度要根据地坪和商品防潮要求而定，如水泥地面一般只需垫板、枕木或水泥条，高度 20 cm 以上即可，楼层干燥地面可以不垫，只铺一层防潮纸。而对化工材料、动植物制品以及易受潮霉变的商品，应尽可能加高垫层，使垛底通风良好。

六、在库货物盘点

商品在库房中因不断地搬动和进出库，容易产生库存账面数量与实际数量不符的现象。有些物品因存放时间过久、储存措施不当而变质、丢失等造成损失。为了有效地掌握货品在库数量，需对在库货品的数量进行清点，即盘点作业。商品盘点是保证储存货物达到账、货、卡完全相符的重要措施之一。仓库的盘点能够确保货品在库数量的真实性及各种货品的完整性。

(一) 盘点作业的目的和内容

1. 盘点作业的目的

(1) 确认货物现存数量。多记、误记和漏记会使库存资料记录不实；损坏、丢失、验收和发货清点有误，会造成库存量不实；盘点方法不当，产生误盘、重盘和漏盘时，也会使库存不实。为此，必须确认现存数量。

(2) 确认企业损益。企业的损益与总库存金额有着极其密切的关系，而库存金额与库存量及单价成正比，为准确计算出企业实际损益，必须进行盘点。

(3) 提高企业管理水平。通过盘点，可以发现呆品和废品及呆、废品处理情况，还可得知存货周转率以及保养、保管、维修情况，从而采取相应的改善措施。

2. 盘点作业的内容

盘点作业的主要内容包括数量盘点、重量盘点、账实核对、账卡核对、账账核对。

(二) 仓库盘点的方法

1. 账面盘点

账面盘点就是将每种商品分别设立存货账卡，将每天出、入库商品的数量及单价记录在电子计算机或账簿的存货账卡上，连续计算汇总出账面上的库存结余数量及库存金额。

2. 现货盘点

现货盘点也称为实地盘点。就是实际到储存场所清点商品数量，再依商品单价计算出实际库存金额。现货盘点法按时间频率的不同又可分为期末盘点及循环盘点。所谓期末盘点是指在会计计算期期末统一清点所有商品的方法；循环盘点是指在每天、每周清点一部分商品，一个循环周期将每种商品至少清点一次的方法。

由于期末盘点是将所有商品一次点完，因此工作量大、要求严格。通常采取分区、分组的方式进行，其目的是明确责任，防止重复盘点和漏盘。分区就是将整个储存区域划分成一个个的责任区，不同的区由专门的小组负责盘点。因此，一个小组通常至少需要 3 人：一人负责清点数量并填写盘点单；另一人复查数量并登记复查结果；第三人负责核对前两次盘点数量是否一致，对不一致的结果进行检查。待所有盘点结束后，再与电子计算机或账面反映的数量核对。

循环盘点通常是对价值高或重要的商品进行盘点的一种方法。因为这些商品属于重要物品，对库存条件的要求比较高，一旦出现差错，不但会严重影响仓库的经济效益，而且有损企业的形象。因此，在仓储管理过程中，要对物品按其重要程度进行科学的分类，对重要的物品进行重点管理，加强盘点，防止出现差错。由于循环盘点只对少量商品盘点，所以通常只需保管人员自行对库存资料进行盘点即可，发现问题及时处理。

目前，国内多数配送中心都使用电子计算机来处理库存账务，当账面库存数与实际库存数发生差异时，很难断定是记账有误还是实际盘点出现错误，所以，可以采取账面盘点与现货盘点相结合的方法进行盘点。

(三) 仓库盘点的程序

一般情况下，盘点作业可按如图 5.5 所示的程序进行。

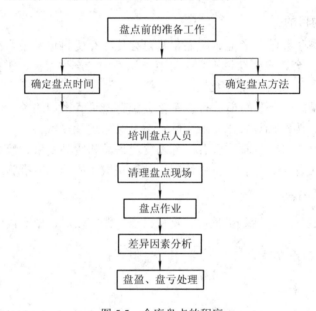

图 5.5　仓库盘点的程序

1. 盘点前的准备工作

盘点前的准备工作是否充分，关系到盘点作业能否顺利进行。准备工作主要包括盘点人员的确定和盘点工具的准备。

2. 确定盘点时间

(1) 盘点频率的确定。从理论上讲，在条件允许的情况下，盘点的次数越多越好，但每一次盘点都要耗费大量的人力、物力和财力，因此，应根据实际情况确定盘点的时间。货物周转频率比较低的企业，可以半年或一年进行一次货物盘点。货物周转量大的企业和库存品种比较多的企业，可以根据物品的性质、价值大小、流动速度、重要程度来分别确定不同的盘点时间，可以每天、每周、每月、每季、每年盘点一次。例如可按 ABC 分类法将货物分为 A、B、C 不同的等级，分别制定相应的盘点周期。重要的 A 类物品每天或每周盘点一次，一般的 B 类物品每两周或三周盘点一次，重要性最低的 C 类物品可以每个月甚至更长时间盘点一次。

(2) 盘点时间的确定。一般情况下，盘点的时间可以选择在财务决算前夕，通过盘点决算损益，以查清财务状况。还可以选择在销售淡季进行盘点，因淡季储货较少，业务不太频繁，盘点较为容易，人力调动也较为方便。

3. 确定盘点方法

不同的储存场所对盘点的要求不尽相同，盘点方法也会有所差异，为尽可能快速、准确地完成盘点作业，必须根据实际需要确定盘点方法。

4. 培训盘点人员

为使盘点工作顺利进行，每当定期盘点时，必须抽调人手增援。对于从各部门抽调来的人手，必须加以组织分配，并进行短期的培训，使每一位人员在盘点工作中能够彻底了解并完成其应承担的任务。

5. 清理盘点现场

盘点工作开始时，首先要对储存场所及库存商品进行一次清理。清理工作主要包括以下几方面的工作内容：

(1) 对尚未办理入库手续的商品，应标明不在盘点之列。

(2) 对已办理出库手续的商品，要提前通知有关部门，运到相应的配送区域。

(3) 账卡、单据、资料均应整理后统一结清。

(4) 整理商品堆垛、货架等，使其整齐有序，以便于清点计数。

(5) 检查计量器具，使其误差符合规定要求。

(6) 确定在造运输商品是否属于盘点范围。

6. 盘点作业

盘点人员对仓库商品按照盘点方法、程序和盘点区域进行实物点数。初盘人对实物盘点后，将初盘的结果填入盘点单，并签字；复盘人对实物进行核对盘点后，将实际盘点数目填入盘点单，签字后结束点数作业。将盘点所得的库存货物的实际数量与库存账目进行核对。

7. 差异因素分析

若发现账物不符，而且差异超过容许的误差，要查明差异产生的原因。差异产生的原因是多方面的，具体包括以下几个方面：

(1) 账物处理系统的管理制度和流程不完善，导致货物数据不准确。

(2) 盘点时发生漏盘、重盘、错盘等现象，导致数据不准确。

(3) 盘点前数据资料未结清，致使账面数据不准确。

(4) 出入库作业时产生误差。

(5) 盘点人员在盘点过程中的过失，如货物损坏、丢失等。

(6) 其他。

8. 盘盈、盘亏处理

盘点工作完成以后，所发生的差错、呆滞、变质、盈亏、损耗等结果，应予以迅速处理，并防止以后再发生。处理方法如下：

(1) 依据管理绩效，对分管人员进行奖惩。

(2) 对废次品、不良品减价的部分，应视为盘亏。

(3) 存货周转率低、占用金额过大的库存物品应设法降低库存量。

(4) 若呆滞品比率过大，应设法研究，致力于降低呆滞品库存量。可采取打折出售、与其他公司进行以物易物方式的相互交换、修改再利用、调拨给其他单位利用等措施进行处理。

(5) 商品除了盘点时产生数量的盈亏外，有些商品在价格上会产生增减，这些差异经主管审核后，必须利用商品盘点盈亏及价格增减更正表修改。

(四) 盘点结果的评估

进行盘点的目的主要是希望能借助盘点来检查货品出入库及保管状况，从而发现库存管理中存在的问题和漏洞。具体需注意以下几个方面：

(1) 在盘点中，实际存量与账面存量的差异是多少？

(2) 这些差异发生在哪些方面？

(3) 平均每一差异量对公司损益造成多大的影响？

(4) 每次循环盘点中有几次确实存在误差？

(5) 平均每品项货品发生误差的次数又是多少？

对于以上问题，可以用下面 6 项指标来反映：

(1) 盘点数量差错 = 实际库存数 – 账面库存数

(2) 盘点数量误差率 = 盘点误差数量/实际库存数

(3) 盘点品项差错率 = 盘点误差品项数/盘点实际品项数

若盘点数量误差率高，但盘点品项误差率低，表示虽然发生误差的货品品项减少，但每一发生误差品项的数量却有提升趋势。此时应检讨负责这些品项货品的人员有无尽责，以及这些货品的放置区域是否得当，有无必要加强管理。相反，若盘点数量误差率低，但盘点品项误差率高，表示虽然整个盘点误差量有下降趋势，但发生误差的货品种类却增多。误差品项太多将使后续的更新修正工作更为麻烦，且亦可能影响出货速度，因此应对此现象加强管制。

(4) 平均每件盘差品金额 = 盘差误差金额/盘点实际品项数

若此指标高，表示高价位货品的误差发生率较大，是公司未实施物品重点管理的结果，对仓库的运营将造成不利影响。改善方式是切实实行货品的 ABC 分类管理。

(5) 盘差次数比率 = 盘点误差次数/盘点执行次数

当此比率逐渐降低，表示不论是货品出入库的精确度还是平时存货管理的方式都有很大的进步。

(6) 平均每品项盘差次数率 = 盘差次数/盘差品项数

若此比率高，表示盘点发生误差的情况大多数集中在相同的品种，对这些品种必须提高警惕，深入寻找导致平均每品项盘差次数率高的原因。

● ●

✦✦✦✦✦　模 块 小 结　✦✦✦✦✦

本模块首先介绍了入库作业，主要包括：入库前的具体准备工作、接运卸货、核对凭证、货物验收、办理交接手续、入库信息处理及办理货物入库手续等。主要分析了入库的准备工作、货位的确定和货物的验收管理。

其次介绍了出库作业，主要包括：物品出库的要求与形式以及出库操作的一般程序，对货物出库过程产生的问题进行了分析，提出了及时处理的措施。装卸搬运是指在同一地域范围内进行的，以改变物品的存放状态和空间位置为主要内容和目的的活动，装卸搬运作业要求遵循有效作业原则、集中作业原则、简化流程原则、技术优先原则、安全作业原则、系统优化原则。

最后介绍了在库作业管理，为了有效利用仓容，提高仓库的存货能力和货物的周转速度，必须对仓库使用做出合理规划，实行分类分区保管，并对货位进行编号。货物堆码是根据货物的特性、形状、规格、重量及包装质量等情况，同时综合考虑地面的负荷及储存的要求，将货物分别堆叠成各种码垛。货物盘点是保证储存货物达到账、货、卡完全相符的重要措施之一。

关键概念

商品验收；商品出库；装卸搬运作业；商品分类分区；货位编号；四号定位；商品堆码；商品苫垫；期末盘点法；循环盘点法

✦✦✦✦✦　练 习 与 思 考　✦✦✦✦✦

一、单选题

1. 仓储业务流程主要由入库、(　　)和出库三个阶段所组成。
   A. 验收　　　　　　B. 保管　　　　　　C. 搬运　　　　　　D. 储存
2. 商品入库后，首先生成(　　)，每份该单可包含多种货物。
   A. 保管单　　　　　　　　　　　B. 验收单
   C. 入库单　　　　　　　　　　　D. 出库单
3. 商品到达仓库后，仓库人员应对商品进行检验，不属于检验内容的项目是(　　)。
   A. 数量检验　　　　　　　　　　B. 质量检验
   C. 包装检验　　　　　　　　　　D. 仓位检验
4. 商品入库是指接到商品(　　)后，经过接运提货、装卸搬运、检查验收、办理入库手续等一系列作业环节构成的工作过程。
   A. 采购发票　　　　　　　　　　B. 入库通知单
   C. 提货单　　　　　　　　　　　D. 验收单
5. 下列除了(　　)外，都是选择搬运装卸设备时考虑的因素。
   A. 物料的特征　　　　　　　　　B. 仓库大小
   C. 设备的可靠性　　　　　　　　D. 经济性
6. 以下商品出库作业流程正确的是(　　)。
   A. 核单备料—复核—包装—点交—登账—现场和档案清理
   B. 核单备料—包装—复核—点交—登账—现场和档案清理

C. 核单备料—包装—点交—复核—登账—现场和档案清理

D. 核单备料—包装—点交—登账—复核—现场和档案清理

7. 商品出库时应坚持一定的原则，下列不属于商品出库时应遵循的原则的是(　　)。

    A. "先进先出"原则　　　　　　　　B. "易霉易坏先出"原则

    C. "接近失效期先出"原则　　　　　D. "接近出入口先出"原则

8. 商品出库过程中发生问题，下列处理方法错误的是(　　)。

    A. 提货时，用户发现货物规格开错，保管员不得自行调换规格发货，必须通过制票员重新开票方可发货。

    B. 发现出库凭证有疑点，或者情况不清楚，应及时和仓库保卫部门以及出具出库单的部门联系，妥善处理。

    C. 商品进库未验收，也未制作入库凭证，而货主又要提货，可先发货后补制作入库凭证、出库凭证。

    D. 客户遗失仓单，应及时与仓库负责人联系，如挂失时货物已被提走，保管人不负责任，但要协助货主找回货物。

9. 为了便于收发作业和检查盘点，应对料位(储位)进行标号。我国仓库多采用"四号定位"法。该方法定位顺序为(　　)。

    A. 库号—架号—层号—位号　　　　B. 库号—架号—位号—层号

    C. 库号—层号—架号—位号　　　　D. 库号—位号—层号—架号

10. 商品盘点的目的是(　　)。

    A. 检查账簿　　　　　　　　　　　B. 检查商品的质量

    C. 检查商品储存的条件　　　　　　D. 核查商品账实是否相符

二、多选题

1. 货物入库的主要单据、凭证包括(　　)。

    A. 存货人或供货单位提供的质量证明书或合格证

    B. 存货人提供的入库通知单、仓储合同

    C. 存货人或供货单位提供的装箱单、磅码单、发货明细表

    D. 如果在接运时已有质量残损或差错，应具有承运人填写的商务记录或普通记录，以及提运员、接运员或送货员的交接记录等。

2. 库存商品盘点的作用表现为(　　)。

    A. 确定现有量　　　　　　　　　　B. 确认企业损益

    C. 确定需求量　　　　　　　　　　D. 核实管理成效

3. 商品出库作业一般包括以下作业内容(　　)。

    A. 核单备料　　　　　　　　　　　B. 复核

    C. 包装、点交　　　　　　　　　　D. 登账、现场清理

4. 入库作业常见的问题有(　　)。

    A. 数量不符　　　　B. 质量不符　　　　C. 单货不符

    D. 单证不符　　　　E. 装车错误

5. 出库作业常见的问题包括(　　)。

A．出库单据问题　　　　B．出库数量差异　　　　C．装车错误

D．包装破漏　　　　E．账物处理

6．搬运作业的特点有(　　)。

A．作业量大　　　　　　　B．对象复杂

C．作业不均衡　　　　　　D．对安全性要求高

7．为了提高物流质量和效率，对搬运作业的要求有(　　)。

A．力求装卸设备、设施、工艺等标准化

B．提高货物集装化水平

C．尽可能降低散装化水平

D．提高搬运的连续性

E．做好搬运现场的组织工作

8．入库前的准备工作包括(　　)。

A．验收准备　　　　B．储位准备　　　　C．人员准备

D．设备准备　　　　E．场所准备

9．苫盖的方法有(　　)。

A．篷布苫盖法　　　　　　B．鱼鳞苫盖法

C．活动棚架苫盖法　　　　D．垛形苫盖法

10．堆码的要求为(　　)

A．合理　　　　　　　　　B．牢固

C．整齐　　　　　　　　　D．方便

三、判断题

1．物品装卸搬运是指在区域范围内以改变物品存放状态和空间位置为主要内容和目的的活动。(　　)

2．盘点的目的主要就是希望能经由盘点来检查货品的出入库及保管状况。(　　)

3．为明确责任，在出库货物清点交接清楚后，提货人员一定要在出库凭证上签字。(　　)

4．在货物装卸搬运的过程中，装卸搬运的次数越少越好，搬运距离越近越好。(　　)

5．性能互不影响、互不抵触的物品，在同一库房内划定在同一货区里分散储存。(　　)

6．堆垛法存货主要适用于有包装的货物，不包括裸装的计件货物。(　　)

7．各种不同立面的货垛都有各自的特点。矩形垛、三角形垛的稳定性好，梯形垛、正方形垛容易堆码。(　　)

8．物品的堆码方式取决于物品本身的性质、形状、体积、包装等，一般情况下多采取平放，使重心最低、最大接触面向下，易于堆码，如片状易碎品。(　　)

9．衬垫式堆码的方式适用于不规则且较重的物品，如无包装电机、水泵等。(　　)

10．苫盖的目的是为了给物品遮阳、避雨、挡风、防尘。(　　)

四、简答题

1．仓库盘点的目的是什么？

2．什么是"五五堆码"，它有什么好处？

3. 什么是"四号定位法"？

◆◆◆◆◆ **实 训 实 践** ◆◆◆◆◆

1. 入库货物的接运与验收

合肥中友商贸有限公司委托安徽速发货运有限公司运送一批商品到南京丰南仓储有限公司，货物详细情况如表 5.3 所示，请以丰南仓储的名义，做好这批商品的接运和验收工作。

表5.3 货物明细表

品 名	规格	单位	数量	包装
高露洁牙膏	180 克	支	400	100 支/箱
汰渍洗衣粉	500 克	袋	200	20 袋/箱
福临门色拉油	1.8 升	桶	150	10 桶/箱

2. 进行商品堆码上架

按照堆码的要求和原则，将一定数量的货品在托盘上进行堆码作业，并利用地牛等装卸搬运设备进行货物上架作业。

3. 进行货物调配出库

根据出库单对拟出库货物进行调配和拣货处理，进行预出库处理确认，及时处理出库时存在的问题，并利用叉车和托盘将出库货物搬运至月台进行码放。

【视频资料】

商品入库作业流程 http://v.youku.com/v_show/id_XMjgwODM1MDQw.html

◆◆◆◆◆ **案 例 分 析** ◆◆◆◆◆

某供应商于 2011 年 12 月 8 日送来一车旺旺食品，送货单上标明：旺旺雪饼 50 箱，规格 1×20 袋(500 克)，单价 22 元/袋，金额 440 元/箱，生产日期 2011 年 10 月 6 日；旺旺烧米饼 80 箱，规格 1×20 袋(500 克)，单价 32 元/袋，金额 640 元/箱，生产日期 2011 年 11 月 10 日。这两种食品的保质期均为 9 个月。

(案例选编自世界大学城 http://www.worlduc.com/blog2012.aspx?bid=1416995)

结合案例回答问题：

1. 作为某配送中心的收货员，你打算怎样验收这批货物？

2. 在收货时，发现其中有 4 箱旺旺雪饼外包装破损，3 箱旺旺烧米饼外包装有水渍，你打算怎样处理这批有问题的货物？

模块六　库内物品的保养与维护

学习目标

1. 了解库内物品变化的形式
2. 理解影响库存物变化的内、外部因素及主要原因
3. 重点掌握仓库温、湿度管理的基本知识及温、湿度调节与控制的方法
4. 正确掌握化学危险品储存、生鲜食品储存、粮食储存中应注意的问题和具体保管方法

案例导入

赤湾港的散装化肥的流通加工

赤湾港是中国重要的进口散装化肥灌包港口和集散地之一，每年处理进口化肥灌包量均在 100 万吨以上。赤湾港涉及了对化肥多品种、多形式的港口物流拓展，涵盖了散装灌包、进口保税、国际中转、水路铁路公路配送等多项服务。

赤湾港从国外进口化肥的装运采用散装方式，到达港口以后，通过门式起重机的抓斗卸货到漏斗，通过漏斗输送到灌包房，灌包房设有散货灌包机 28 台(灌包效率 45～51 吨/时)。利用灌包机将散装化肥灌成每包 50 千克装的袋装肥料再进行销售。

赤湾港的散粮钢板筒仓采用美国齐富技术(容量 52 000 立方米)和德国利浦技术(容量 70 000 立方米)建造，两大系统功能互享，最大程度上对粮谷的装卸、输送、计量、储存、灌包、装船、装车、倒仓、通风、除尘、清仓、灭虫等进行科学有效的控制，将进出仓的合理损耗控制在严格的范围内。港运粮食码头对小麦、大麦、大豆、玉米等农产品多品种的分发操作积累了专业技术优势和仓储保管经验。

思考题

1. 在库房中，商品保管包括哪几方面的任务？在仓库商品保管中应遵循哪些原则？
2. 影响商品质量变化的因素有哪些？

任务一　库内物品变化的形式

商品在储存期间，由于商品本身的成分、结构和理化性质的特点，以及受到日光、温

度、湿度、空气、微生物等客观外界条件的影响，会发生各种各样的质量变化。商品质量变化的形式有很多，但归纳起来主要包括物理机械变化、化学变化、生理生化变化和其他生物引起的变化等。研究商品的质量变化，了解商品质量变化的规律及影响质量变化的因素，对确保商品安全，防止、减少商品损失有十分重要的作用。

一、物理机械变化

所谓物理机械变化是指仅改变商品的外部形态(如气体、液体、固体"三态"之间发生的变化)，不改变其本质，在变化过程中没有新物质生成，并且可能反复进行变化的质量变化现象。商品常发生的物理机械变化有挥发、溶化、熔化、渗漏、串味、沉淀、玷污、破碎与变形等。

1. 挥发

挥发是低沸点的液体商品或经液化的气体商品，在空气中经汽化而散发到空气中的现象。液体商品的挥发不仅会降低商品的有效成分，增加商品损耗，降低商品质量，一些燃点很低的物品还可能燃烧或爆炸，造成大气污染，一些物品挥发的蒸气有毒性或麻醉性，会对人体造成伤害。常见易挥发的商品有酒精、白酒、香精、花露水、香水、化学试剂中的各种溶剂、医药中的一些试剂、部分化肥农药、杀虫剂、油漆等。

挥发速度与气温的高低、空气流动速度的快慢、液体表面接触空气面积的大小成正比关系。防止商品挥发的主要措施是加强包装的密封性，要控制库房温度。高温季节要采取降温措施，保持在适宜的温度条件下储存商品。

2. 溶化

溶化是指固体商品在保管过程中，吸收空气或环境中的水分达到一定程度时，就会成为液体的现象。易溶性商品必须具有吸湿性和水溶性两种性能。常见易溶化的商品有食糖、食盐、明矾、硼酸、甘草硫浸膏、氯化钙、氯化镁、尿素、硝酸铁、硫酸铵、硝酸锌及硝酸锰等。

商品溶化后，虽然商品本身的性质并没有发生变化，但由于形态改变，给储存、运输及销售部门带来很大的不便。商品溶化与空气温度、湿度及堆码高度有密切关系。对易溶化商品应按商品性能，分区分类存放在干燥阴凉的库房里，不适合与含水分较大的商品存放在一起。在堆码时要注意底层商品的防潮和隔潮，垛底要垫得高一些，并采取吸潮和通风相结合的温、湿度管理方法来防止商品吸湿溶化。

3. 熔化

熔化是指低熔点的商品受热后发生软化以致化为液体的现象。商品的熔化除受气温高低的影响外，与商品本身的熔点、商品中杂质种类和含量高低密切相关。熔点越低，越易熔化；杂质含量越高，越易熔化。常见易熔化的商品有百货中的香脂、发蜡、蜡烛；文化用品中的复写纸、蜡纸、打字纸、圆珠笔芯；化工商品中的松香、石蜡、粗萘、硝酸锌；医药商品中的油膏、胶囊、糖衣片等。

商品熔化，有的会造成商品流失、粘连包装、玷污其他商品；有的因产生熔解热而体积膨胀，使包装爆破；有的因商品软化而使货垛倒塌。预防商品的熔化，应根据商品熔点的高低，选择阴凉通风的库房储存。在保管过程中，一般可采取密封和隔热措施，加强库房的温度管理，防止日光照射，尽量减少温度的影响。

4．渗漏

渗漏主要是指液体商品，特别是易挥发的液体商品，由于包装容器不严密，包装质量不符合商品性能的要求，或在装卸搬运时碰撞震动破坏了包装，而发生跑、冒、滴、漏的现象。

商品的渗漏不仅与包装材料性能、包装容器结构及包装技术的优劣有关，还与仓储温度变化有关。如有些包装焊接不严，受潮锈蚀；有些包装耐腐蚀性差；有的液体商品因气温升高，体积膨胀而使包装内部压力增大胀破包装容器；有的液体商品在降温时或严寒季节结冰，也会发生体积膨胀引起包装破裂而造成商品损失。因此，对液态商品应加强入库验收和在库商品检查及温、湿度控制和管理。

5．串味

串味是指吸附性较强的商品吸附其他气体或异味，从而改变本来气味的现象。具有吸附性、易串味的商品，主要是因为其成分中含有胶体物质，以及具有疏松、多孔性的组织结构。常见易被串味的商品有大米、面粉、木耳、食糖、饼干、茶叶、卷烟等。常见的易引起其他商品串味的商品有汽油、煤油、桐油、腌鱼、腌肉、樟脑、肥皂、化妆品以及农药等。

商品串味与其表面状况、与异味物质接触面积的大小、接触时间的长短以及环境中异味的浓度有关。预防商品的串味，应对易被串味的商品尽量采取密封包装，在储存运输中不得与有强烈气味的商品同车船并运或同库储存，同时还要注意运输工具和仓储环境的清洁卫生。

6．玷污

玷污是指商品外表沾有其他物质，或染有其他污秽的现象。商品玷污主要是因生产、储运中卫生条件差及包装不严所致。对一些外观质量要求较高的商品，如绸缎呢绒、针织品、服装等要注意防玷污，精密仪器、仪表类也要特别注意。

7．沉淀

沉淀是指含有胶质和易挥发成分的商品，在低温或高温等因素影响下，引起部分物质的凝固，进而发生下沉淀或膏体分离的现象。常见的易沉淀的商品有墨汁、墨水、牙膏、化妆品等。某些饮料、酒在仓储中，也会离析出纤细絮状的物质而出现混浊沉淀的现象。

预防商品的沉淀，应根据不同商品的特点，防止阳光照射，做好商品冬季保温和夏季降温工作。

8．破碎与变形

破碎与变形是常见的机械变化，是指商品在外力作用下所发生的形态上的改变。商品的破碎主要发生于脆性较大或易变形商品的仓储中，如玻璃、陶瓷、搪瓷制品、铝制品等因包装不良，在搬运过程中受到碰、撞、挤、压和抛掷而破碎、掉瓷、变形等。商品的变形则通常发生于塑性较大商品的仓储中，如铝制品和皮革、塑料、橡胶等制品由于受到强烈的外力撞击或长期重压，易丧失回弹性能，从而发生形态改变。

对容易发生破碎和变形的商品，要注意妥善包装，轻拿轻放，在库堆垛高度不能超过一定的压力限度。

二、化学变化

商品的化学变化与物理变化有本质的区别，它是构成商品的物质发生变化后，不仅改变了商品本身的外观形态，也改变了商品的本质，并有新物质生成，且不能恢复成原状的变化现象。商品发生化学变化，严重时会使商品完全丧失使用价值。商品中常见的化学变化有化合、分解、水解、氧化、老化、聚合、裂解、风化、曝光、锈蚀等。

1. 氧化

氧化是指商品与空气中的氧或其他能释放出氧的物质接触，发生与氧相结合的化学变化。常见的易氧化的商品有某些化工原料、纤维制品、橡胶制品、油脂类商品等。棉、麻、丝、毛等纤维制品，长期受阳光照射会发生变色，也是由于织品中的纤维被氧化的结果。

商品发生氧化，不仅会降低商品的质量，有的还会在氧化过程中产生热量，发生自燃，有的甚至会发生爆炸事故。所以此类商品要储存在干燥、通风、散热和温度比较低的库房，才能保证其质量安全。

2. 分解

分解是指某些性质不稳定的商品，在光、电、热、酸、碱及潮湿空气的作用下，由一种物质生成两种或两种以上物质的变化现象。商品发生分解反应后，不仅使其数量减少、质量降低，有的还会在反应过程中产生一定的热量和可燃气体，而引起事故。如化工产品中的过氧化钠，如果储存在密封性好的桶里，并在低温下与空气隔绝，其性质非常稳定，但如果遇热，就会发生分解放出氧气。电石遇到潮气，能分解成乙炔和氢氧化钙，并能放出一定的热量，乙炔气体易于氧化而燃烧，要特别引起注意。这类物品的储存要注意包装物的密封性，库房中要保持干燥、通风。

3. 水解

水解是指某些商品在一定条件下，遇水发生分解的现象。商品的品种不同，在酸或碱的催化作用下发生的水解情况也是不相同的。如肥皂在酸性溶液中能全部水解，而在碱性溶液中却很稳定。蛋白质在碱性溶液中容易水解，在酸性溶液中却比较稳定，所以羊毛等蛋白质纤维怕碱不怕酸。

易发生水解的商品在物流过程中，要注意包装材料的酸碱性，要清楚哪些商品可以或不能同库储存，以防止商品的人为损失。

4. 化合

化合是指商品在储存期间，在外界条件的影响下，两种或两种以上的物质相互作用，而生成一种新物质的反应。化合反应通常不是单一存在于化学反应中，而是两种反应(分解、化合)依次先后发生。如果不了解这种情况，就会给保管和养护此类商品造成影响。

5. 聚合

聚合是指某些商品组成中的化学键，在外界条件的影响下，发生聚合反应成为聚合体而变性的现象。例如，由于桐油中含有高度不饱和脂肪酸，在阳光、氧和温度的作用下，能发生聚合反应，生成桐油块，浮在其表面，使桐油失去使用价值。

所以，储存和保管养护此类商品时，要特别注意日光和储存温度的影响，以防止发生聚合反应，造成商品质量的降低。

6. 裂解

裂解是指高分子有机物(如棉、麻、丝、毛、橡胶、塑料、合成纤维等)，在日光、氧和高温条件的作用下，发生了分子链断裂、分子量降低，从而使其强度降低，机械性能变差，产生发软、发黏等现象。例如，天然橡胶在日光、氧和一定温度的作用下，就会发软、发黏而变质。

所以，此类商品在保管养护过程中，要防止受热和日光的直接照射。

7. 老化

老化是指含有高分子有机物成分的商品(如橡胶、塑料、合成纤维等)在储存过程中，受到光、氧、热等因素的作用，出现发黏、龟裂、变脆、强度下降等性能逐渐变坏的现象。易老化是高分子材料存在的一个严重缺陷。老化的原因主要是高分子物在外界条件作用下，分子链发生了降解和交联等变化。

容易老化的商品，在保管养护过程中，要注意防止日光照射和高温的影响，不能在阳光下曝晒。商品在堆码时不宜高，以防止底层的商品受压变形。橡胶制品切忌同各种油脂和有机溶剂接触，以防止发生粘连现象。塑料制品要避免同各种有色织物接触，以防止由于颜色的感染发生串色。

8. 风化

风化指含结晶水的商品，在一定温度和干燥空气中，失去结晶水而使晶体崩解，变成非结晶状态的无水物质的现象。

9. 曝光

曝光是指某些商品见光后，引起变质或变色的现象。例如，石碳酸(苯酚)为白色结晶体，见光即变成红色或淡红色。

这些商品在储存过程中，要特别注意防止光线照射，并要防止空气中的氧和温、湿度的影响，其包装要做到密封严密。

10. 锈蚀

锈蚀是指金属或金属合金同周围的介质相接触时，相互间发生了某种反应而逐渐遭到破坏的过程。由于金属本身不稳定，在其组成中存在着自由电子和其他杂质，受到水分和有害气体的作用就会被锈蚀。

三、生理生化变化及其他生物引起的变化

商品的生理生化变化是指有机体商品(有生命力的商品)在生长发育过程中，为了维持

其生命活动，其自身发生的一系列特有的变化，如呼吸作用、发芽、胚胎发育和后熟等。生物引起的变化是指商品在外界有害生物作用下受到破坏的现象，如虫蛀、鼠咬、霉变等。

1. 呼吸作用

呼吸作用是指有机商品在生命活动过程中，不断地进行呼吸，分解体内有机物质，产生热量，维持其本身的生命活动的现象。呼吸作用可分为有氧呼吸和无氧呼吸两种类型。

无论是有氧呼吸还是无氧呼吸，都要消耗营养物质，降低食品的质量。有氧呼吸中呼吸热的产生和积累，往往使食品腐败变质。同时，有机体分解出来的水分，又有利于有害微生物生长繁殖，加速商品的霉变。无氧呼吸则会产生酒精积累，引起有机体细胞中毒，造成生理病害，缩短储存时间。对于一些鲜活商品，无氧呼吸往往比有氧呼吸要消耗更多的营养物质。

保持正常的呼吸作用，有机体商品本身会具有一定的抗病性和耐储性。因此，应保证鲜活商品正常而最低的呼吸，利用它们的生命活性，减少商品损耗，延长储藏时间。

2. 发芽

发芽指有机体商品在适宜条件下，冲破"休眠"状态，发生的发芽、萌发现象。发芽会使有机体商品的营养物质转化为可溶性物质，供给有机体本身的需要，从而降低有机体商品的质量。

发芽的菜果，由于养分的转移和消耗，使菜果变得空瘪粗老，除少数可供食用的菜薹外，一般都丧失了食用价值。在发芽、萌发过程中，通常伴有发热、发霉等情况，不仅增加损耗，而且降低质量。

因此，对这类商品必须控制它们的水分，并加强温、湿度管理，防止发芽、萌发现象的发生。另外也可以通过降低温度来延长菜果的休眠期，采用植物生长素或 γ 射线辐照等方法延长休眠期，从而抑制菜果的萌发。

3. 胚胎发育

胚胎发育主要指的是鲜蛋的胚胎发育。在鲜蛋的保管过程中，当温度和供氧条件适宜时，胚胎会发育成血丝蛋、血坏蛋。经过胚胎发育的禽蛋，其新鲜度和食用价值大大降低。因此，为抑制鲜蛋的胚胎发育，应加强温、湿度管理，最好是低温储藏或截止供氧。

4. 后熟作用

后熟是指瓜果、蔬菜等类食品在脱离母株后继续其成熟过程的现象。瓜果、蔬菜等的后熟作用，能改进色、香、味以及硬脆度等食用性能。但当后熟作用完成后，则容易发生腐烂变质，难以继续储藏，甚至失去食用价值。

因此，对于这类鲜活食品，应在其成熟之前采收，并采取控制储存条件的办法来调节其后熟过程，以达到延长储藏期、均衡上市的目的。

5. 霉腐

霉腐是商品在霉腐微生物作用下所发生的霉变和腐败现象。在气温高、湿度大的季节，如果仓库的温、湿度控制不好，储存的针棉织品、皮革制品、鞋帽、纸张以及中药材等许多商品就会生霉；肉、鱼、蛋类就会腐败发臭；水果、蔬菜就会腐烂；果酒变酸，酱油生白膜。

无论哪种商品，只要发生霉腐，就会受到不同程度的破坏，严重的霉腐可使商品完全丧失使用价值。有些食品还会因腐败变质而产生使牲畜中毒的有毒物质。对易霉腐的商品储存时必须严格控制温、湿度，并做好商品防霉和除霉工作。

6. 虫蛀

商品在储存期间，常常会遭到仓库害虫的蛀蚀。经常危害商品的仓库害虫有多种，仓库害虫在危害商品的过程中，不仅破坏商品的组织结构，使商品发生破碎和孔洞，而且排泄各种代谢废物污染商品，影响商品质量和外观，降低商品使用价值。因此，害虫对商品的危害性也是很大的。凡是含有有机成分的商品，都容易遭受害虫蛀蚀。

任务二　影响库存物品变化的因素

商品在储存过程中发生质量变化，是由一定的因素引起的。为了保养好商品的质量，就需要掌握商品质量变化的规律，明确和掌握商品变化的内因和外因。内因决定了商品变化的可能性和程度，外因是促成这些变化的条件。

一、影响库存物品质量变化的内部因素

商品在储存期间发生各种变化，起决定作用的是商品本身的内在因素。如化学成分、结构形态、物理性质、化学性质、机械性质等。

(一) 物品的物理性质

物理性质主要是指吸湿性、导热性、耐热性、透气性等。

1. 吸湿性

吸湿性是指物品吸收和放出水分的特征。物品吸湿性的大小和吸湿速度的快慢，直接影响该物品含水量的增减，对物品质量的影响极大，是许多物品在储存期间发生质量变化的重要原因之一。物品的许多质量变化都与其含水量的多少以及吸湿性的大小有直接关系。

2. 导热性

导热性是指物体传递热能的性质。物品的导热性与其成分和组织结构有密切关系，物品结构不同，其导热性也不一样。同时物品表面的色泽与其导热性也有一定的关系。

3. 耐热性

耐热性是指物品耐温度变化而不致被破坏或显著降低强度的性能。物品的耐热性除与其成分、结构和不均匀性有关外，也与其导热性、膨胀系数有密切关系。

4. 透气性

透气性是指物品能被水蒸气透过的性质，透水性是指物品能被水透过的性质。这两种性质在本质上都是水的透气性能，所不同的是前者指气体水分子的透过，后者是指液体水分子的透过。物品透气、透水性的大小，主要取决于物品的组织结构和化学成分。

(二) 物品的机械性质

物品的机械性质，是指物品的形态、结构在外力作用下的反应。物品的这种性质与其质量关系极为密切，并决定其适用性、坚固耐久性和外观。它包括商品的弹性、可塑性、强度、硬度、韧性、脆性等。这些机械性质对物品的外形及结构变化有很大的影响。

(三) 物品的化学性质

化学性质主要是指物品的形态、结构以及物品在光、热、氧、酸、碱、温度、湿度等作用下，其本质发生改变的性质。

与物品储存紧密相关的物品的化学性质包括物品的化学稳定性、毒性、腐蚀性、燃烧性、爆炸性等。

1. 化学稳定性

化学稳定性是指物品受外界因素作用，在一定范围内，不易发生分解、氧化或其他变化的性质。化学稳定性不高的物品容易丧失使用性能。物品稳定性的大小与其成分、结构及外界条件有关。

2. 毒性

毒性是指某些物品能破坏有机体生理功能的性质。具有毒性的物品，主要是用作医药、农药以及化工物品等。有的物品本身有毒，有的蒸气有毒，有的本身虽无毒，但分解化合后会产生有毒成分等。

3. 腐蚀性

腐蚀性是指某些物品能对其他物品产生破坏作用的性质。具有腐蚀性的物品，本身具有氧化性和吸水性，因此，不能把这类物品与棉、麻、丝、毛织品以及纸张、皮革制品等同仓储藏，也不能把这类物品与金属品同仓储存。盐酸可以与钢铁制品作用，使其遭受破坏；烧碱能腐蚀皮革、纤维制品和人的皮肤；硫酸能吸收动植物物品中的水分，使它们碳化而变黑；漂白粉的氧化性能破坏一些有机物；石灰有强吸水性和发热性，能灼热皮肤和刺激呼吸器官等。在保管时要根据物品的不同性质选择储存场所，实现安全保管。

4. 燃烧性

燃烧性是指有些物品性质活泼，发生剧烈化学变化时常伴有放热、发光现象的性质。具有这一性质的物品被称为易燃物品。常见的易燃物品有红磷、火柴、松香、汽油、柴油、乙醇、丙酮等低分子有机物。易燃物品在储存中应特别注意防火。

5. 爆炸性

爆炸性是指物品由一种状态迅速变为另一种状态，并在瞬间以机械功的形式产生大量能量的现象。能够发生爆炸的物品要专库储存，并应有严格的管理制度和办法。

(四) 物品的化学成分

不同的化学成分及其不同的含量，既影响商品的基本性质，又影响商品抵抗外界自然因素侵蚀的能力。如普通低碳塑钢中加入少量的铜和磷的成分，就能有效地提高其抗腐蚀性能。

(五) 物品的结构形态

构成商品的原材料，其结构分为微观结构与宏观结构。微观结构又分为晶体结构和非晶体结构。商品的形态主要分为固态、液态和气态。不同的结构形态会产生不同形式和不同程度的变化。

二、影响库存物品质量变化的外部因素

影响库存商品质量变化的外界因素很多，从大的方面可分为自然因素和社会因素两大类。这里主要介绍自然因素。

(一) 自然因素

1. 温度

适当的温度是商品发生物理变化、化学变化和生物变化的必要条件。温度过高、过低或急剧变化，都会对某些商品产生不良影响，促使其发生各种变化。一般商品在常温或常温以下都比较稳定，高温能够促使商品的挥发、渗漏、熔化等物理变化及各种化学变化；而低温又容易引起某些商品的冻结、沉淀等变化，温度忽高忽低，会影响商品质量的稳定性。此外，温度适宜时会给微生物和害虫的生长繁殖创造有利条件，加速商品腐败变质和虫蛀，因此，控制和调节仓储商品的温度是商品保养的重要工作内容之一。

2. 湿度

大气湿度对库存商品的变化影响最大。大部分商品怕潮湿，但也有少数商品怕干燥。过分潮湿或干燥，会促使商品发生变化。如金属受潮后锈蚀，水泥受潮后结块硬化。木材、竹材及其制品在过于干燥的环境中，易开裂变形。

3. 日光

日光实际上是太阳辐射的电磁波，按其波长可分为紫外线、可见光和红外线。紫外线能量最强，对商品的影响最大，如它可促使高分子材料老化、油脂酸败、着色物质褪色等。可见光与红外线能量较弱，被物质吸收后变为热能，加速商品发生物理化学变化。

4. 大气

大气是由干洁空气、水汽、固体杂质所组成。空气中的氧、二氧化碳、二氧化硫等对商品都会产生不良影响，大气中的水汽会使湿度增大；大气中的固体杂质特别是其中的烟尘危害也很大。

5. 生物及微生物

影响商品变化的生物，主要是指仓库害虫、白蚁、老鼠、鸟类等，其中以虫蚀鼠咬危害最大。微生物主要是霉菌、木腐菌、酵母菌、细菌等。霉菌会使很多有机物质发霉，木腐菌会使木材、木制品腐朽。

(二) 人为因素

人为因素是指人们未按物品自身特性的要求或未认真按有关规定和要求作业，甚至违反操作规程而使物品受到损害和损失的情况。

1．保管场所选择不合理

由于物品自身物理性质决定了不同库存物在储存期要求的保管条件不同，因此对不同库存物应结合当地的自然条件选择合理的保管场所。例如怕雨雪侵蚀、阳光照射的物品应放在普通库房及货棚中储存；要求一定温、湿度条件的物品应放在冷藏、冷冻、恒温、恒湿库房中储存；易燃、易爆、有毒、有腐蚀性危险的物品必须放在特种仓库中储存。

2．包装不合理

为了防止物品在储运过程中受到可能的冲击、压缩等外力而被破坏，应对库存物进行适当的捆扎和包装，如果捆扎不牢，将会造成倒垛、散包，使物品丢失和损坏。

3．装卸搬运不合理

装卸搬运活动贯穿于仓储作业过程的始终，是一项技术性很强的工作。各种物品的装卸搬运均有严格的规定，如平板玻璃必须立放挤紧捆牢，大件设备必须在重心点吊装，胶合板不可以直接用钢丝绳吊装等。实际工作表明，装卸搬运不合理，不仅给储存物造成不同程度的损害，还会给劳动者的生命安全带来威胁。

4．堆码苫垫不合理

垛形选择不当、堆码超高超重、不同物品混码、需苫盖而没有苫盖或苫盖方式不对都会导致库存物损坏变质。

5．违章作业

在库内或库区违章明火作业、烧荒、吸烟，均会引起火灾，造成更大的损失，带来更大的危害。

(三) 储存期

物品在仓库中停留的时间愈长，受外界因素影响发生变化的可能性就愈大，而且发生变化的程度也愈深。

物品储存期的长短主要受采购计划、供应计划、市场需求变动、技术更新甚至金融危机等因素的影响，因此仓库应坚持先进先出的发货原则，定期盘点，将接近保存期限的物品及时处理，对于落后产品或接近淘汰的产品限制入库或随进随出。

任务三　库存物品保管保养措施

一、仓库作业过程管理措施

对在库储存的商品管理要建立健全定期和不定期、定点和不定点、重点和一般相结合的检查制度。严格控制库内温、湿度和做好卫生清洁管理。"以防为主、防治结合"是保管保养的核心，要特别重视物品损害的预防，及时发现和消除事故隐患，防止损害事故的发生。特别要预防发生爆炸、火灾、水浸、污染等恶性事故和造成大规模损害事故。在发生、发现损害现象时，要及时采取有效措施，防止损害扩大，减少损失。

仓库保管保养的措施主要有：经常对物品进行检查测试，及时发现异常情况；合理地对物品通风；控制阳光照射；防止雨雪水打湿物品，及时排水除湿；除虫灭鼠，消除虫鼠害；妥善进行温、湿度控制；防止货垛倒塌；防霉除霉，剔出变质物品；对特殊物品采取针对性的保管措施等。

仓库商品养护的基本要求有：

(1) 严格验收入库物品。要防止物品在储存期间发生各种不应有的变化，首先在物品入库时要严格验收，弄清物品及其包装的质量状况。对吸湿性物品要检测其含水量是否超过安全水平，对其他有异常情况的物品要查清原因，针对具体情况进行处理和采取救治措施，做到防微杜渐。

(2) 适当安排储存场所。不同物品性能不同，对保管条件的要求也不同，分区分类、合理安排存储场所是物品养护工作的一个重要环节。如怕潮湿和易霉变、易生锈的物品，应存放在较干燥的库房里；怕热易熔化、发黏、挥发、变质或易发生燃烧、爆炸的物品，应存放在温度较低的阴凉场所；一些既怕热、又怕冻且需要较大湿度的物品，应存放在冬暖夏凉的楼下库房或地窖里。此外，性能相互抵触或易串味的物品不能在同一库房混存，以免相互产生不良影响。尤其对于化学危险物品，要严格按照有关部门的规定分区、分类安排储存地点。

(3) 科学进行堆码苫垫。阳光、雨雪、地面潮气对物品质量影响很大，要切实做好货垛遮苫和货垛垛下苫垫隔潮工作，如利用石块、枕木、垫板、苇席、油毡或采取其他防潮措施。存放在货场的物品，货区四周要有排水沟，以防积水流入垛下，货垛周围要遮盖严密，以防雨淋日晒。

货垛的垛形与高度，应根据各种物品的性能和包装材料，结合季节气候等情况妥善堆码。含水率较高的易霉物品，热天应码通风垛；容易渗漏的物品，应码间隔式的行列垛。此外，库内物品堆码应留出适当的距离，俗称"五距"，即：

顶距：平顶楼房顶距为 50 cm 以上，人字形屋顶以不超过横梁为准。

灯距：照明灯要安装防爆灯，灯头与物品的平行距离不小于 50 cm。

墙距：外墙 50 cm，内墙 30 cm。

柱距：一般留 10～20 cm。

垛距：通常留 100 cm。对易燃物品还应适当留出防火距离。

(4) 控制好仓库温、湿度。应根据库存物品的保管保养要求，适时采取密封、通风、吸潮和其他控制与调节温、湿度的办法，力求把仓库温、湿度保持在适应物品储存的范围内。

(5) 定期进行物品在库检查。由于仓库中保管的物品性质各异、品种繁多、规格型号复杂，进出库业务活动每天都在进行，而每一次物品进出库业务都要检查、验收计量或清点件数，加之物品受周围环境因素的影响，可能发生数量或质量上的损失，因此对库存物品和仓储工作进行定期或不定期的盘点和检查非常必要。

① 检查。检查工作主要包括：检查物品保管条件是否满足要求；检查物品质量的变化动态；检查各种安全防护措施是否落实、消防设备是否正常。检查时应特别注意物品温度、水分、气味、包装物的外观、货垛状态是否有异常。

② 盘点。盘点是检查账、卡、物是否相符，把握库存物数量和质量动态变化的手段。

(6) 搞好仓库清洁卫生。储存环境不清洁，易引起微生物、虫类寄生繁殖，危害物品。因此，对仓库内外环境应经常清扫，彻底铲除仓库周围的杂草、垃圾等物，必要时使用药剂杀灭微生物和潜伏的害虫。对容易遭受虫蛀、鼠咬的物品，要根据物品性能和虫、鼠生活习性及危害途径，及时采取有效的防治措施。

二、仓库商品保管的原则

1. 先进先出原则

在仓库保管中，先进先出是一项非常重要的原则，尤其是有时间性的商品，如果不按先进先出的原则处理的话，恐怕会造成商品过期或者变质，以致影响整个仓库的保管效益。

2. 零数先出原则

在仓库中，经常会有拆箱零星出货的情形，因此在出货时，应考虑以零数或拆箱的商品优先出货，除非整箱订货。

3. 重下轻上原则

如果仓库是多层楼房，应该考虑较重的商品存放在楼下，而较轻的商品存放在楼上；如果是使用货架或直接平放地面时，则应该把较重的商品放在下层容易进出的地方，而较轻的商品则应该放在上层的位置。这样才能避免较轻的商品被较重的商品压坏，同时也可以提高仓储的作业效率。

4. ABC 分类原则

ABC 分类原则的具体内容在模块八讲述。

三、仓库温、湿度控制的方法

(一) 温、湿度控制的相关概念

1. 温度

温度是表示物质冷热程度的物理量，具体指温标上的标度。目前工作中都采用 1968 年国际实用温标，即国际实用摄氏度。

空气温度是指空气的冷热程度，简称气温。气温是影响商品质量变化的重要因素。温度能直接影响物质微粒的运动速度。

2. 湿度

湿度是表示大气干湿程度的物理量，常用绝对湿度、饱和湿度、相对湿度和露点等指标来衡量。

(1) 绝对湿度。绝对湿度是指单位容积的空气里实际所含的水汽量，一般用"克/立方米"来表示。温度对绝对湿度有着直接影响。在通常情况下，温度越高，水汽蒸发得越多，绝对湿度就越大；相反，绝对湿度就越小。

(2) 饱和湿度。饱和湿度是表示在一定的温度下，单位容积空气中所能容纳的水汽量的最大限度。如果超过这个限度，多余的水蒸气就会凝结，变成水滴，此时的空气湿度称为饱和湿度。

空气的饱和湿度不是固定不变的，它随着温度的变化而变化。温度越高，单位容积空气中所容纳的水蒸气量就越多，饱和湿度也就越大。在常压下，有"饱和水汽压表"可查。

(3) 相对湿度。空气中实际含有的水蒸气量(绝对湿度)距离饱和状态(饱和湿度)程度的百分比叫做相对湿度。也就是说，在一定温度下，绝对湿度占饱和湿度的百分比叫做相对湿度，其公式为

$$相对湿度 = \frac{绝对湿度}{饱和湿度} \times 100\%$$

相对湿度越大，表示空气越潮湿；相对湿度越小，表示空气越干燥。空气的绝对湿度、饱和湿度、相对湿度与温度之间有着一定的内在联系，温度如果发生了变化，则各种湿度也随之发生变化。

(4) 露点。含有一定量水蒸气(绝对湿度)的空气，当温度下降到一定程度时，所含水蒸气就会达到饱和状态(饱和湿度)，并开始液化成水，这种现象叫做结露。水蒸气开始液化成水时的温度叫做"露点温度"，简称"露点"。如果温度继续下降到露点以下，空气中超饱和的水蒸气就会在商品或其包装物表面凝结成水珠，此现象称为"水凇"，俗称"出汗"。

(二) 温、湿度测量

仓库的温、湿度管理是一项基本工作，仓管员要定时观测并记录绝对湿度、相对湿度、温度、风力、风向等。

测量库内外温度时需要使用温度计，在库房内放置温、湿度表时，应放置在库房的中央离地面约 1.4 m 处，不可放在门窗附近或墙角。

1. 温度的测量方法

测量仓库温度的工具主要有水银温度计、酒精温度计、自记温度计和半导体点温计，它们各自的构造及特点如表 6.1 所示。

6.1　各种温度计的构造及特点

温度计名称	构　　造	原　　理	特　　点
水银温度计	一根密闭的细长玻璃管中装上水银，下端膨大呈球形	水银的热胀冷缩	灵敏度和准确度都较好，但不能用于测低温，温度范围为 −30~600℃
酒精温度计	与水银温度计基本相同，只是将其中的水银换成了染成红色或蓝色的酒精	酒精的热胀冷缩	灵敏度和准确度都不及水银温度计，但成本低。测温范围适中，为 −100~70℃，在仓库中适用范围最广

温度计名称	构 造	原 理	特 点
自记温度计	由感应部分和自记部分组成，感应部分是由两种不同金属焊接组成的双金属片，双金属片一端固定，另一端通过杠杆系统连接到由自记钟、自记纸、自记笔组成的自记部分	双金属片在不同温度下的膨胀系数不同	附带记录装置，使其能够连续自动记录温度的变化，根据所使用材料的不同，测温范围为 −80～500℃不等
半导体点温计	由测温头、半导体感应器及显示屏组成	热敏电阻的电阻率随温度变化而呈规律性变化	不仅能测量空气温度，还能测量固体表面的温度，根据使用的材料不同，温度范围为 −200～500℃

各种温度计的使用方法如表 6.2 所示。

表 6.2　各种温度计的使用方法

温度计名称	使 用 方 法
水银温度计	放置在不受阳光直射、通风的地方，悬挂高度为 1.5 m 左右，以能平视观测为宜。读取温度计指数时，要先看小数，后看整数。视线要与水银柱顶端齐平，手和头不要接近温度计球部，也不要对着球部呼吸
酒精温度计	在 1 个标准大气压下，酒精温度计所能测量的最高温度一般为 78℃，因此酒精温度计不宜用来测量室内高温。酒精温度计通常用于北方寒冷的季节，因为寒冷季节如果使用水银温度计会使水银凝固，而酒精的冰点是 −114℃
自记温度计	自记温度计能自动记录空气温度的变化，它的自记部分包括自记钟、自记纸、自记笔三部分。为保障其能够正常工作，仓管员要做好上发条、更换记录纸及添加墨水的工作
半导体点温计	使用半导体点温计时，将测温头接触被测物体，即可直接从显示屏上读得被测物体的温度

仓库内的温度可以采用自记温度计进行连续记录，也可以通过定时人工观测的方法进行间歇性的记录。当存储的商品对空气温度变化比较敏感时，应该加大测量力度，增加记录的频率。

2. 湿度的测量方法

测量空气湿度的工具主要有干湿球湿度计、通风湿度计、毛发湿度计及自记湿度计四种，它们各自的构造及特点如表 6.3 所示。

表 6.3　各种湿度计的构造及特点

湿度计名称	构　造	原　理	特　点
干湿球湿度计	由两支温度表组成,一支温度表的球部用湿润的纱布包裹成湿球,另一支为干球	湿球上的纱布会蒸发吸热,因而湿球上的温度比干球上的温度低,其相差度数与空气中的相对湿度成一定比例	可以同时测量空气中的湿度和温度,但测量范围有限,不得低于 0℃,且最终湿度还要通过换算求得
通风湿度计	通过它头部的风扇使温度计的球部附近有一定速度的气流通过	与干湿球湿度计相同	能有效防止外界条件对湿度计的影响,从而测得较准确的湿度值
毛发湿度计	由脱脂毛发、指针、刻度盘三部分构成	毛发的长度可随湿度的变化而变化,湿度大时伸长,湿度小时缩短	可以直接读取相对湿度,但使用寿命较短,且当空气过于干燥或过于潮湿时数值不准
自记湿度计	由毛发湿度计及自动记录设备组成	与毛发湿度计相同	可连续记录仓库中湿度的变化情况

各种湿度计的使用方法如表 6.4 所示。

表 6.4　各种湿度计的使用方法

湿度计名称	使　用　方　法
干湿球湿度计	① 润湿球部。将湿球的下端球部用吸水性良好、薄而细的胶脂纱布包裹。包扎时要先将纱布浸湿,绕球部一周半,并将纱布的另一端浸入水盂中。水盂中用蒸馏水或冷开水,水量不得少于容量的 2/3。球部上所包裹的纱布应每周洗涤或更换一次,勿使其发黏、泛黄 ② 放置温度计。使用干湿球湿度计测量空气的湿度时,附近的风速会影响测量的精度。因此在库房内使用时,应将湿度计悬挂在阴凉、通风的地方,避免受到阳光的直射 ③ 读取数值。湿度计放置 15～30 分钟后,就可以观察干球和湿球的温度。读数时,应该先读干球的温度,后读湿球的温度 ④ 计算湿度。根据读出的干球温度和湿球温度,比对温、湿度对照表来确定空气的湿度
通风湿度计	通风湿度计属于精密测量仪器,一般放置在对湿度要求比较严格的库房,以便于测出储存环境的准确湿度值,也可以对其他类型的测湿仪器进行校正 使用通风湿度计时,其基本步骤与干湿球湿度计相同,只是在润湿湿球后增加了一个上紧发条使风扇旋转进行通风的步骤 读数时,应该待湿球示值稳定后再读,读数和查定湿度的方法与普通干湿球湿度计相同。但当气温低于 −10℃时,不宜再使用通风湿度计测湿度
毛发湿度计	在气温低于 −5℃的场合,不适宜使用干湿球湿度计测湿度,此时可以使用毛发湿度计测量空气的相对湿度 使用毛发湿度计时,应将其放置在阴凉、通风的地方,待指针稳定后,就可以根据指针所指位置直接读出空气的相对湿度
自记湿度计	在对温、湿度要求非常严格的库房中,可以使用自记湿度计,这样可以测得每天或每周任意一段时间内温、湿度变化的详细数据,为分析研究温、湿度变化规律提供可靠依据 自记湿度计的使用方法与自记温度计基本相同,也包括上发条、换纸、加墨等工作

对空气湿度的记录应该每日进行两次,上午 8:00～9:00 时一次,下午 13:00～14:00 时

一次。对于重点仓库，可以适当地增加观测及记录的次数。

仓管员每检查完一遍温度及湿度，都应该将其结果填写在"仓库温、湿度记录表"中，其具体内容如表6.5所示。

表 6.5　仓库温、湿度记录表

仓库号码：　　　　　　　　　测量位置：　　　　　　　　　　　储存商品：

安全湿度：　　　　　　　　　安全相对湿度：

日期	上午							下午					
	天气	干球温度(℃)	湿球温度(℃)	相对湿度(℃)	绝对湿度(℃)	调节措施	记录时间	天气	干球温度(℃)	湿球温度(℃)	相对湿度(℃)	绝对湿度(℃)	调节措施	记录时间

(三) 温、湿度变化规律

1. 大气温、湿度的变化规律

(1) 大气温度变化规律。温度的日变化规律通常为单峰型，即大气温度从上午 8:00 时开始迅速升高，到下午 14:00～15:00 时达最高，过后随着日照减弱而逐渐下降，到次日凌晨 2:00 时左右为最低。

温度的年变化规律因各地区地理位置和地形地貌不同而有所不同。如云贵高原四季如春，四季温差不大；东南沿海和海南无明显冬季，只有雨季和旱季之分；内陆地区及其他地区四季分明，年最低温度在 1 月中旬至 2 月中旬，5 月后气温显著升高，7 月中旬至 8 月中旬为气温最高时期。物品保管中，1～2 月份须防低温冻坏，7～8 月份须防高温；结合地区位置来看，淮河以南地区以防高温为主，防冻为辅，淮河以北广大地区及东北、西北地区以防冻为主、防高温为辅。

(2) 大气湿度变化规律。空气中的湿度是影响商品水分和商品储存安全的一个重要因素。绝对湿度反映空气中水蒸气的实际含量，在不同的自然地理条件下，或在不同的季节中，绝对湿度的日变化规律不完全相同。绝对湿度的年变化受降雨、雪量的影响最大，一般情况下雨季绝对湿度高。北方 7～8 月份为雨季，绝对湿度最高，东北地区冬季绝对湿度最高，南方地区 4～5 月份进入梅雨季节，此时绝对湿度最高。

相对湿度也有日变化和年变化的一般规律。相对湿度的日变化规律基本上由气温变化决定，随着气温上升，由于饱和湿度增大，于是相对湿度减少；而随着气温下降，饱和湿度降低，相对湿度增大。

2．库房温、湿度变化的特点

(1) 库房温度变化的特点。无温度控制的库房内空气温度一日间或一年间的变化，主要随着气温的日变与年变而变化。

① 气温逐渐升降时，库房温度也随着逐渐升降，库房温度主要随气温变化而变化。

② 库房温度变化的时间总是落后气温变化1～2小时。例如：气温以2:00时为最低，14:00时为最高；而库房温度则以3:00时为最低，15:00时为最高。

③ 库房温度与气温相比，夜间库房温度高于气温，白天库房温度低于气温。

④ 库房温度变化的幅度比气温变化的幅度小。假如气温变化幅度为9℃，则库房温度变化幅度仅为5℃，所以，仓库的最高温度值常比气温的最高温度值低，库房温度的最低值则比气温的最低值高。

⑤ 库房内温度值还受库房建筑结构、材料、外表面颜色等多种因素的影响。

(2) 库房湿度变化的特点。库内绝对湿度的变化直接受库外湿度的影响，在没有密封的情况下，库内外湿度不会有太大的差别。但是由于库内外气温不同，在绝对湿度相同的情况下，库内外的湿度会有所差别，即当库内温度高于库外时，其相对湿度低于库外，而当库内温度低于库外时，其相对湿度高于库外。

对大多数商品来说，水分是组成商品的重要成分。环境温、湿度的变化，必然引起商品含水量的变化，从而引起商品质量的变化，引起储存环境中微生物、虫害的繁殖和生长。所以商品的水分与储存环境的温、湿度密切相关。

(四) 仓库温、湿度控制的常用方法

不同的商品，它们的性能也不一致，有的怕潮，有的怕干，有的怕热，有的怕冻。各种商品一般都具有与大气相适应的性能，即按其各自的特性，都要求有一个适宜的温、湿度范围。而库内温、湿度的变化，直接受到库外自然气候变化的影响。因此，要搞好商品养护，不但要熟悉各种商品的特性，还必须了解自然气候变化的规律和气候对不同仓库温、湿度的影响，以便积极采取措施，适当地控制和调节库内温、湿度，创造一个适宜于商品储存的温、湿度条件，以确保商品质量的完好。所以，加强仓库的温、湿度管理，对搞好商品养护具有极为重要的意义。

控制库房温、湿度的方法很多，如人工吸潮、排潮、加热、降温和密封库房等，特别是利用自然通风办法调节库内温、湿度，对仓库保管更具有经常和普遍的应用价值。

1．通风

通风是根据大气自然流动的规律，有计划、有目的地组织库内外空气的对流与交换的重要手段，是调节库内温、湿度，净化库内空气的有效措施。利用干燥空气的大量流通来降低货物的含水量；利用低温空气降低货物温度。通风还具有消除货物散发出的有害气体的作用，如损害货物质量的二氧化碳，使金属生锈的二氧化硫、酸气等；通风还能增加空气中养分的含量。通风同时也会将空气中的水分、尘埃、海边空气的盐分等带入仓库，影响货物。

1) 通风方式

仓库通风按通风动力可分为自然通风和强迫通风两种方式。

(1) 自然通风。自然通风是利用库内外空气的压力差，实现库内外空气交流置换的一种通风方式。这种通风方式不需要任何通风设备，因而也就不消耗任何能源，而且通风换气量比较大，是一种最简便、最经济的通风方式。自然通风按通风原理可分为风压通风和热压通风。

风压通风是利用风的作用来实现库内外空气的交换。当库房的一侧受到风的作用时，气流首先冲击库房的迎风面，然后折转绕过库房，经过一段距离后，又恢复到原来的状态。在库房的迎风面，由于气流直接受到库房一侧的阻挡，动压降低，而静压增高。若设气流未受到干扰前的压强为零，则库房迎风面的压强为正值，形成正压区。气流受阻后一部分通过库房迎风面的门窗或其他孔洞进入仓库，而大部分则是绕过库房(从库房的两端和上部)，由于库房占据了空间的一部分断面，使得气流流动的断面缩小，从而导致风速提高，空气的动压增加，静压相应地减少。这时在库房的两端和背风面的压强为负值，形成负压区，对库内产生一种吸引的力量，使库内空气通过库房两端的背风面的门窗或其他孔洞流出库外。

风压通风的效果主要取决于风压的大小，而风压的大小与库房的几何形状、风向、风速等有关。

热压通风主要是利用库内外空气的温度差所形成的压力差实现的。空气的容重与空气的温度成反比关系，温度越高空气的容重越小，温度越低空气的容重越大。当库内外温度不同时，库内外空气的容重也不一样，库内外截面积相同、高度相等的两个空气柱所形成的压力也不等。例如，当库内空气温度高于库外时，库内空气的容重小于库外。在库房空间的下部，库外空气柱所形成的压力要比库内空气柱形成的压力大，库内外存在着一定的压力差。这时如果打开门窗，库外温度较低而容重比较大的冷空气就从库房下部的门窗或通风孔进入库内。同时库内温度较高、容重较小的热空气就会从库房的上部窗口或通风孔排出库外，于是便形成了库内外空气的自然交换。

在实际情况中，仓库通风通常是在风压和热压同时作用下进行的，有时是以风压通风为主，有时则以热压通风为主。

(2) 强迫通风。强迫通风又称机械通风或人工通风，它利用通风机械所产生的压力或吸引力，即正压或负压，使库内外空气形成压力差，从而强迫库内空气发生循环、交换和排除，达到通风的目的。强迫通风又可分为三种方式，即排出式、吸入式和混合式。

排出式通风是在库房墙壁的上部或库房顶部安装排风机械，利用机械产生的推压力，将库内空气经库房上方的通风孔道压迫到库外，从而使库内气压降低，库外空气便从库房下部乘虚而入，形成库内外空气的对流与循环。

吸入式通风是在仓库墙壁的下部安装抽风机械，利用其产生的负压区，将库外空气吸入库内，充塞仓库的下部空间，压迫库内空气上升，经库房上部的排气口排出，形成库内外空气的对流和交换。

混合式通风则是将上述两种方式结合起来运用，安装排风和抽风机械，同时吸入库外空气并排出库内空气，对库内空气起到一拉一推的作用，使通风的速度更快、效果更好。

2) 通风时机

仓库通风必须选择最适宜的时机，如果通风时机不当，不但不能达到通风的预期目的，有时甚至会出现相反的结果。例如，想通过通风降低库内湿度，但由于通风时机不对可能反而会造成库内湿度的增大。因此，须根据通风的目的确定有利的通风时机。

(1) 通风降温。对于库存物品怕热而对大气湿度要求不严的仓库，可利用库内外的温差，选择适宜的时机进行通风，只要库外的温度低于库内，就可以通风。对于怕热又怕潮的物品，在通风降温时，除了要满足库外温度低于库内温度的条件外，还必须同时考虑库内外湿度的情况，只有库外的绝对湿度低于库内时，才能进行通风。由于一日内早晨日出前库外气温最低，绝对湿度也最低，所以是通风降温的有利时机。

(2) 通风降湿。仓库通风的目的，多数情况下是为了降低库内湿度。降湿的通风时机不易掌握，必须对库内外的绝对湿度、相对湿度和温度等进行综合分析。最后通风的结果应使库内的相对湿度降低，但相对湿度是绝对湿度和温度的函数，只要绝对湿度和温度有一个因素发生变化，相对湿度就随之发生变化。如果绝对湿度和温度同时变化，情况就比较复杂了。在温度一定的情况下，绝对湿度上升，相对湿度也随着上升，若温度也同时上升，则饱和湿度上升，相对湿度又会下降，这时上升和下降的趋势有可能互相抵消。如果因温度关系引起的相对湿度的变化，大于因绝对湿度关系而引起的相对湿度的变化，其最终结果是相对湿度将随温度的变化而变化。反之，如果因绝对湿度关系引起的相对湿度的变化大于因温度关系而引起的相对湿度的变化，其最终结果相对湿度将随着绝对湿度的变化而变化。

在通风降湿过程中，还要注意防止库内出现结露现象，即对露点温度应严加控制。当库外温度等于或低于库内空气的露点温度，或库内温度等于或低于库外空气的露点温度时，都不能进行通风。

3) 仓库通风应注意的几个问题

(1) 在一般情况下，应尽可能利用自然通风，只有当自然通风不能满足要求时，才考虑强迫通风。一般仓库不需要强迫通风，但有些仓库，如化工危险品仓库，必须考虑强迫通风。因库内的有害气体如不及时排除，就有发生燃烧或爆炸的危险，有的还会引起人身中毒，酿成重大事故。

(2) 在利用自然通风降湿的过程中，应注意避免因通风产生的副作用。如依靠风压通风时，一些灰尘杂物容易随着气流进入库内，对库存物资造成不良影响，所以当风力超过五级时不宜进行通风。

(3) 强迫通风多采用排出式，即在排气口安装排风扇。但对于产生易燃、易爆气体的仓库和产生腐蚀性气体的仓库，则应采用吸入式通风方式。因为易燃、易爆气体经排风口向外排放时，如排风扇电机产生火花，就有引起燃烧爆炸的危险；而腐蚀性气体经排风扇向外排放时，易腐蚀排风机械，降低机械寿命。若采用吸入式通风方式，可使上述问题得到解决。

(4) 通风机械的选择应根据实际需要，并要考虑经济实用。通风机械分为轴流式和离心式两种。一般仓库可采用轴流式通风机，因为它通风量比较大，动力能源消耗少，其缺点是产生的空气压力差小，适合在阻力较小的情况下进行通风。离心式通风机产生的空气压力差大，但消耗能量多，适合在阻力大的情况下进行通风。

(5) 通风必须与仓库密封相结合。当通风进行到一定的时间，达到通风目的时，应及时关闭门窗和通风孔，使仓库处于相对的密封状态，以保持通风的效果。所以不但开始通风应掌握好时机，停止通风也应掌握好时机。另外，当库外由于天气的骤然变化，温、湿度大幅度变化时，也应立即中断通风，将仓库门窗紧闭。

总之，库房通风方式的选择与运用，取决于库存材料的性质所要求的温、湿度；取决于库房条件，如库房大小、门窗、通风洞的数量以及地坪的结构等；同时还取决于地理环境和气象条件，如库房位于城市、乡村、高原、平地或江、河、湖和海畔等。必须根据不同地区、不同季节和不同库房条件等，从物品安全角度出发，选择通风方式，因地、因物、因时制宜，正确地掌握与运用库房通风这一手段，以确保库存物品的质量完好。

2. 密封

密封是将储存物品在一定空间内，使用密封材料尽可能严密地封闭起来，使之与周围大气隔离，防止或减弱自然因素对物品的不良影响，创造适宜的保管条件。

密封的目的通常主要是为了防潮，但同时也能起到防锈蚀、防霉、防虫、防热、防冻、防老化等综合效果。密封是相对的，不可能达到绝对严密的程度。密封可用不同的介质在不同的范围内进行。

1) 不同介质的密封

由于介质不同，密封可以分为大气密封、干燥空气密封、充氮密封和去氧密封等。

(1) 大气密封。大气密封就是将封存的物品直接在大气中密封，其间隙中充满大气，密封后基本保持密封时的大气湿度。

(2) 干燥空气密封。干燥空气密封是在密封空间内充入干燥空气或放置吸湿剂，使空气干燥，防止物品受潮。干燥空气的相对湿度应在40%～50%左右。

(3) 充氮密封。充氮密封是在密封空间内充入干燥的氮气，制造缺氧的环境，减少氧的危害。

(4) 去氧密封。去氧密封是在密闭空间内放入还原剂，如亚硝酸钠，吸收空气中的氧，制造缺氧的环境，为封存物品提供更有利的储存条件。

2) 不同范围的密封

按照密封范围的不同，可分为整库密封、小室密封、货垛密封、货架密封及容器密封、单件密封等。

(1) 整库密封。对储存批量大、保管周期长的仓库(如战备物资仓库、大批量进口物资仓库)，可进行整库密封。整库密封主要是用密封材料密封仓库门窗和其他通风孔道。留作检查出入的库门应加装两道门，有条件的可采用密闭门。

(2) 小室密封。对于储存数量不大、保管周期长、要求特定保管条件的物品，可采用小室密封。即在库房内单独隔离出一个小的房间，将需要封存的物品存入小室内，然后将小室密封起来。

(3) 货垛密封。对于数量较少、品种单一、形状规则、长期储存的物品，可按货垛进行密封。货垛密封所用的密封材料，除应具有良好的防潮、保温性能外，还应有足够的韧性和强度。

(4) 货架密封。对于数量少、品种多、不经常收发、保管条件要求高的小件物品，可存入货架，然后将整个货架密封起来。

(5) 货箱(容器)密封。对于数量很少、动态不大、需要在特殊条件下保管且具有硬包装或容器的物品(如精密仪器仪表、化工原料等)，可按原包装或容器进行密封。可封严包装箱或容器的缝隙，也可以将物品放入塑料袋，然后用热合或黏合的方法将塑料袋封口，放入包装箱内。

(6) 单件密封。对于数量少、无包装或包装损坏、形状复杂、要求严格的精加工制品，可按单件密封。最简便且经济的方法是用塑料袋套封，也可用蜡纸、防潮纸或硬纸盒封装。

3) 密封储存应注意的问题

(1) 选择好密封时机。在一般情况下进行的密封，多是以大气为介质的密封。因此，密封时必须首先选择好密封时机。在进行以防潮为主要目的的密封时，最有利的时机是在春末夏初，潮湿季节到来之前，空气比较干燥的时节。在一日之内，也应选择绝对湿度最低的时刻。对整库密封来说，不但要选择好适宜的密封时间，而且要选择好有利的启封时间。过早地密封，将会失去宝贵的自然通风机会，过晚密封则可能使库内湿度上升。一般选择在库外绝对湿度大于库内绝对湿度，而库内相对湿度较低的情况下进行密封。启封时间应选择库外温、湿度下降，绝对湿度低于库内的时刻。

(2) 做好密封前的检查。物品封前，应进行一次全面检查，看其是否有锈蚀、发霉、生虫、变质、发热、潮湿等异常情况，检查其包装是否良好，容器有无渗漏。如发现异常情况，应及时采取救治措施，待一切正常后，方可密封。

(3) 合理选用密封材料。密封方式不同，所需要的密封材料也不同。密封材料按其作用可分为两大类：一是主体材料，包括油毛毡、防潮纸、牛皮纸、塑料薄膜等；二是涂敷粘接材料，如沥青、胶粘剂等。在选用上述材料时应注意其是否性能良好、料源充足、使用方便、价格低廉。

(4) 密封必须同通风和吸湿相结合。密封储存不能孤立地进行，为了达到防潮的目的，必须与通风和吸湿结合运用。一般情况下，应尽可能利用通风防潮，当不适合通风时，才进行密封，利用吸湿剂吸湿。密封能保持通风和吸湿的效果，吸湿为密封创造适宜的环境。

(5) 做好密封后的观察。一切密封都是相对的，不可能达到绝对严密。密封后，外界因素对封存物品自然会产生一定的影响，仍有发生变异的可能。因此，必须经常注意观察密封空间的温、湿度变化情况及出现的某种异状，及时发现问题，分析原因，并采取相应的措施进行处理。

3. 除湿

空气除湿是利用物理或化学的方法，将空气中的水分除去，以降低空气湿度的一种有效方法。除湿的方法主要有以下几种：利用冷却方法使水汽在露点温度下凝结分离；吸湿剂除湿；利用压缩法提高水汽压，使之超过饱和点，成为水滴而被分离除去；使用吸湿剂吸收空气中的水分。

1) 冷却法除湿

冷却法除湿是利用制冷的原理，将潮湿空气冷却到露点温度以下，使水汽凝结成水滴分离排出，从而使空气干燥的一种方法，也称为露点法。通常采用的是直接蒸发盘管式冷却除湿法。其原理是在冷却盘管中，直接减压蒸发来自压缩制冷机的高压液体冷媒，以冷却通过盘管侧的空气，使之冷却到所要求的露点以下，水汽凝结成水被除去。冷却除湿装置主要由压缩机、冷凝器、膨胀阀、冷却盘管等组成。

2) 吸湿剂吸湿

这种除湿方法是最常用的方法之一，可分为静态吸湿和动态吸湿。

(1) 静态吸湿。这种方法是将固体吸湿剂静止放置在被吸湿的空间内，使其自然与空气接触，吸收空气中的水分，达到降低空气湿度的目的。常用的吸湿剂主要有以下四种：

生石灰：有很强的吸湿性，它吸收空气中的水分后，发生化学变化，生成氢氧化钙。

氯化钙($CaCl_2$)：分为工业无水氯化钙和含有结晶水的氯化钙。前者为白色多孔无定型晶体，呈块粒状，吸湿能力很强，每千克无水氯化钙能吸收 1～1.2 kg 的水分；后者为白色半透明结晶体，吸湿性略差，每千克吸收 0.7～0.8 kg 的水分。氯化钙吸湿后即溶化为液体，但经加热处理后，仍可还原为固体，供继续使用。其缺点是对金属有较强的腐蚀性，吸湿后还原处理比较困难，价格较高。

硅胶($mSiO_2 \cdot nH_2O$)：又称矽胶、硅酸凝胶，分为原色硅胶和变色硅胶两种。原色硅胶为无色透明或乳白色粒状或不规则的固体，变色硅胶是原色硅胶经氯化钴和溴化铜等处理后得到的，呈蓝绿色、深蓝色、黑褐色或赭黄色。吸湿后视硅胶的颜色的变化，判断是否达到饱和程度。每千克硅胶可吸收 0.4～0.5 kg 的水分。硅胶吸湿后仍为固体，不溶化、不污染、也无腐蚀性，而且吸湿后处理比较容易，可反复使用。其缺点是价格高，不宜在大的空间中使用。

木炭(C)：具有多孔性毛细管结构，有很强的表面吸附性能，若精制成活性炭，还可以大大提高其吸湿性能。普通木炭的吸湿能力不如上述几种吸湿剂，但因其性能稳定，吸湿后不粉化、不液化、不放热、无污染、无腐蚀性，吸湿后经干燥可反复使用，而且价格比较便宜，所以仍有一定的实用价值。

静态吸湿的最大特点是简便易行，不需要任何设备，也不消耗能源，一般仓库都可采用，是目前应用最广泛的除湿方法。它的缺点是吸湿比较缓慢，吸湿效果不够明显。

(2) 动态吸湿。这种方法是利用吸湿机械强迫空气通过吸湿剂进行吸湿。通常是将吸湿剂($CaCl_2$)装入特制的箱体内，箱体有进风口和排风口，在排风机械的作用下，将空气吸入箱体内，通过吸湿剂吸收空气中的水分，从排风口排出比较干燥的空气。这样反复循环吸湿可将空气干燥到一定的程度。这种吸湿方法的吸湿效果比较好，但需要不断补充 $CaCl_2$，吸湿后的 $CaCl_2$ 需要及时得到脱水处理。比较理想的情况是设置两个吸湿箱体，每个箱体内都有脱水装置。一个箱体利用干燥的吸湿剂吸收空气中的水分，而另一个箱体内的饱和状态的吸湿剂进行脱水再生。两个箱体交互吸湿，实现吸湿的连续性。这种连续式的吸湿方法只需花费较少的运转费，就能进行大容积的库内吸湿，因为 4～8 小时即可使吸湿剂再生一次，因此需要的吸湿剂量较少。两个箱体可实现自动切换，不需要人工操作，但这种设备的结构相对比较复杂，成本比较高。

吸湿剂用量是根据库房内空间总含水量和所使用的吸湿剂的单位重量的最大吸水量确定的。

4. 空气调节自动化

空气调节自动化简称空调自动化，它是借助于自动化装置，使空气调节过程在不同程度上自动地进行，其中包括空调系统中若干参数的自动测量、自动报警和自动调节等。自动调节装置是由敏感元件、调节器、执行及调节机构等按照一定的连接方式组合起来的。

敏感元件是具有一定物理特性的一系列元件的总称，它能测量各种热工参数，并变成特定的信号。调节器根据敏感元件送来的信号与空气调节要求的参数相比较，测出差值，然后按照设计好的运算规律算出结果，并将此结果用特定的信号发送出去。执行机构接收传送来的信号，去改变调节机构的位移，改变进入系统的冷热能量，实现空气的自动调节。

为了保证物品质量，除了温度、湿度、通风控制外，仓库应根据物品的特性采取相应的保管措施。如对物品喷刷油漆，涂刷保护涂料，除锈、加固、封包、密封等，发现虫害及时杀虫，放置防霉药剂等。必要时采取转仓处理，将物品转入具有特殊保护条件的仓库，如冷藏库房。

任务四　特种物品储存

一、化学危险品的储存

(一) 化学危险品的概念、种类及特证

1. 危险品的概念

危险品又称为危险化学品、危险货物，是指具有爆炸、易燃、毒害、腐蚀、放射性等特性，在运输、装卸和储存过程中，容易造成人身伤亡和财产毁损而需要特别防护的货物。

2. 危险品的种类及特性

化学危险品按照不同的危险属性可以分为爆炸品、压缩气体和液化气体、易燃液体、易燃固体、自燃物品和遇水易燃物品、氧化剂和有机过氧化剂、有毒性商品、腐蚀性商品和放射性商品等。按照其危害类别，可以将这些商品分为易爆炸类商品、易燃烧类商品和易伤害人体商品三大类。

易爆炸类商品包括爆炸品、压缩气体和液化气体、氧化剂和有机过氧化剂等，它们的特性如表 6.6 所示。

表 6.6　易爆炸类商品的特性

易爆炸类商品种类	危 险 特 性	常见商品
爆炸品	受到摩擦、撞击、震动、高温或其他因素的激发，能瞬间产生大量的气体和热量，使周围气压急剧上升发生爆炸，从而对周围环境造成破坏	炸药、雷管、火药、白磷、黄磷、烟花爆竹等
压缩气体和液化气体	将压缩、液化或加压溶解的气体储存于耐压容器中，受高温或冲击时有泄漏和爆炸的可能	液态氢气、液态氮气、液态氧气、液态氯气、摩丝等
氧化剂和有机过氧化剂	具有强氧化性，遇热会有分解、燃烧、爆炸等危险，与还原剂、可燃物质接触有爆炸的可能	高锰酸钾、亚硝酸钠、过氧化苯甲酰、氯酸钠、漂白精、化肥等

易燃烧类商品包括自燃物品和遇水易燃物品、易燃液体、易燃固体等，它们各自的特性如表6.7所示。

表6.7　易燃烧类商品的特性

易燃烧类商品种类	危险特性	常见商品
易燃液体	在常温下以液体状态存在，遇火容易燃烧，一般还具有易挥发、易扩散性，当蒸汽与空气混合后还会有爆炸可能	乙醚、汽油、酒精、丙酮、二甲苯等
易燃固体	燃点低，对热、撞击、摩擦敏感，易被外部火源点燃，且燃烧迅速，当与强氧化剂剧烈反应时有发生燃烧爆炸的危险，本身或燃烧的产物有毒	赤磷、硫黄、松香、铝粉、镁粉、火柴、含磷的化合物、硝基化合物等
自燃物品	燃点低，不需接触明火自身便会燃烧，凡是能促进氧化作用的一切因素都能促进其自燃	黄磷、硝化纤维片基、油布及其制品等
遇水易燃物品	遇水或受潮时发生剧烈化学反应，放出大量易燃气体和热量，当达到气体燃点后有爆炸的危险	钠、钾、锂、电石粉、石灰氮等

易伤害人体的商品包括有毒性商品、腐蚀性商品和放射性商品等，其各自的特性如表6.8所示。

表6.8　易伤害人体商品的特性

易伤害人体商品种类	危险特性	常见商品
有毒性商品	通过呼吸道、消化道或皮肤进入人体后，累积到一定的量会扰乱或破坏人体的正常生理功能，引起暂时或持久性的病理状态，甚至危及生命。部分毒害品还具有易挥发与或酸起化学反应放出剧毒气体的特性	氰化物、砒霜、磷化锌、敌敌畏等
腐蚀性商品	能灼伤人体的组织，并对金属造成损坏，其散发出的粉尘、烟雾、蒸气等还会强烈刺激人的眼睛和呼吸道	硝酸、磷酸、硫酸、氢氧化钠、氨水、甲醛、次氯酸钠等
放射性商品	能自发不断地放射出人体感觉不到的射线，从而杀死细胞、破坏人体组织，长时间或大量照射会引起伤残甚至死亡	放射性同位素、独居石、夜光粉、铀矿等

(二) 安全搬运危险品

由于化学危险品一般都具有对外界因素比较敏感及对人体有伤害的特性，因此在搬运此类商品时要做好对搬运人员及商品的防护工作。

1. 做好人员防护

为了防止危险品泄漏对搬运人身体造成损伤，在进行化学品搬运前，应该采取相应的劳动保护措施。

(1) 对搬运人员进行化学物质的安全和技术教育，使其明确所搬运化学品的基本性质，掌握基本的搬运技术及中毒时的急救处理方法。

(2) 在搬运化学危险品前，搬运人员要做好自我防护，穿戴防护服、橡皮手套、口罩，必要时佩戴防毒面具，以防止有毒物质侵入。

(3) 搬运过程中，搬运人员若出现恶心、头晕等中毒现象，应立即到新鲜空气处休息，脱去工作服和防毒用具，清洗皮肤沾染部分，重者送医院诊治。

(4) 搬运工作结束后，搬运人员应根据工作情况和危险品的性质及时清洗手、脸并漱口和淋浴，切忌工作完毕便直接进食饮水。

(5) 搬运人员要做好上岗前及定期的健康检查。

2. 搬运危险商品时的注意事项

为了防止搬运时对商品造成冲击，搬运人员在对危险品进行搬运时应该注意以下四点：

(1) 搬运前对商品进行仔细检查，以确定包装是否有破损、商品是否有渗漏。如有渗漏，应该首先处理渗漏，然后再进行搬运作业。

(2) 搬运毒害品时，必须保持现场空气流通。

(3) 搬运化学危险品时，搬运人员要轻拿轻放，防止撞击、摩擦、碰摔、震动。

(4) 放置化学危险品时，搬运人员应严格按照包装上的标识作业，对于有不可倒置标志的物品切忌倒放。

(三) 妥善储存危险品

1. 危险品储存的仓库选择

化学危险品具有易爆、易燃、易伤害人体等特点，在选择危险品储存仓库时，需要考虑三个方面的因素。

(1) 仓库必须远离居民区、工厂、建筑物、交通线，库房之间也应该设定一定的安全距离。

(2) 库房必须阴凉、通风、干燥，并远离热源和火源，库房周围也不要堆积易燃材料。

(3) 根据储存化学危险品的特征，库房应采用不同的建筑材料及建筑方式。如建设易燃品的仓库时，要采用隔热材料，并配备足够的消防通道及消防栓。

2. 分区分类储存

易燃、易爆、助燃、有毒、腐蚀、放射性等商品性质各异，相互影响和抵触的，必须分区隔离储存，即使同类商品，虽然性质互不抵触，也应视其危险性的大小进行分类储存。分区分类储存时应注意以下四点：

(1) 爆炸品禁止与氧化物、酸类以及易燃物、金属粉末等共同存放在一个区域。

(2) 压缩气体和压缩液体宜专库专存，并在仓库中安装避雷装置。

(3) 严禁将氧化剂、易燃液体、易燃固体、自燃物品、遇水易燃品、酸类、有机物等混放。

(4) 有毒品严禁与食品、食品色素、香精、氧化剂、酸类等同存共储。

在划分存储区域时，除了注意不能将上述商品混合存储外，还应该在各个存储区、仓位、垛位之间保留足够的安全距离。

(四) 化学危险品的泄漏处理

化学危险品在运输及储存过程中出现泄漏时，如果不及时处理或处理不当，容易发生爆炸、火灾和伤害事故，因此，处理好化学危险品的泄漏对防止事故发生具有重要的意义。

1. 做好防护工作

发现危险品泄漏时，应根据危险品的性质做好相应的人身防护工作，然后再根据现场情况采取不同的处理措施。

进入危险品泄漏现场处理时，应注意以下四点：

(1) 进入现场人员需配备必要的个人防护器具。

(2) 如果泄漏化学品具有易燃、易爆及有毒等性质，应布置警戒区，熄灭警戒区内明火，疏散警戒区内人员。

(3) 应急处理时严禁单独行动，必要时应该用水枪、水炮等消防设施对其进行掩护。

(4) 处理泄漏人员应从上风、上坡处接近现场。

2. 控制泄漏源

处理危险品泄漏时，应首先根据泄漏点的危险程度、泄漏孔的尺寸、泄漏点处实际或潜在的压力、泄漏物质的特性等因素，采取适当的办法控制化学品的溢出和泄漏，避免化学品的进一步扩散。

因阀门松懈而造成气体泄漏时，应关闭气瓶阀门，并把气瓶转移到安全场所，然后利用向气瓶喷射干粉或倾泼冷水等方法降低气瓶温度，阻止气瓶的进一步泄漏。

因容器破损而发生液体或固体泄漏时，应先使容器的破裂处向上不让其继续泄漏，然后采取措施修补和堵塞裂口。

3. 处理泄漏物

泄漏被控制后，要及时对现场泄漏物进行覆盖、收容、稀释等处理，使泄漏物得到安全可靠的处置，防止二次事故的发生。

(1) 处理气体泄漏物时，应该采取适当措施稀释、中和或驱散已经泄漏的气体。

(2) 处理液体泄漏物时，应该先通过筑堤堵截等措施将液体引流到安全地点，防止液体外流，然后再根据泄漏液体的性质采取适当的方法处理。

对于疏散在地面的可燃液体，应先用黄沙覆盖和围堵，然后再把含有渗漏液体的黄沙送到安全场所进行处理。

腐蚀性液体泄漏在地面时可用水稀释，用稀碱或稀酸中和，或用干土、干沙吸收。

对于泄漏出的有毒液体，应以沙土、锯末等松软材料吸附后收集，并交给专门处理部门处理；对于因某些原因无法立即处理的泄漏液体，应该用泡沫或其他物品覆盖泄漏的液体，或采用低温冷却等方法来防止泄漏液体蒸发。

(3) 处理固体泄漏物时，如果渗漏量大，应该尽量将其回收。对于撒漏的少量商品，应该做深埋处理。对氧化剂及有毒固体，必须进行特殊的处理。

氧化剂泄漏时，应轻轻扫起另行包装，不得装入原包装内。撒漏出的氧化剂因接触过空气，可能已经发生了变化，因此需要经过检验才能入库。对撒漏的少量氧化剂或残留物应清扫干净，进行深埋处理。

对撒漏的有毒固体，应清扫、收集后装入其他容器中，交给相应单位处理。对撒漏区域及清扫工具也要做一定的消毒处理。

二、生鲜食品储存

生鲜食品是指种植、采摘、养殖、捕捞形成的，未经加工或经初级加工，可供人类食用的生鲜农产品，包括蔬菜、瓜果(林果)、食用菌、畜禽及其产品、水产品等。由于生鲜食品的特殊性，往往需要采用冷藏方法加以保管。

(一) 生鲜食品冷藏保管的原理

冷藏是指在保持低温的条件下储存物品的方法。在低温环境中，细菌等微生物繁殖速度大大降低，生物体的新陈代谢速度降低，能够延长有机体的保鲜时间，因而对鱼肉食品、水果、蔬菜及其他易腐烂物品都采用冷藏的方式储存。另外，对于在低温时能凝固成固态的液体流质品，采用冷藏的方式有利于运输、作业和销售。此外，在低温环境中一些混合物的化学反应速度降低，也适合采用冷藏方式储藏。

根据冷藏保管的温度的不同，分为冷藏和冷冻两种方式。冷藏是将温度控制在 0℃~5℃进行保管，在该温度下水分不致冻结，不破坏食品的组织，具有保鲜的作用，但是微生物仍然有一定的繁殖能力，因此储存时间较短；冷冻则是将温度控制在 0℃以下，使水分冻结，微生物停止繁殖，新陈代谢基本停止，从而实现防腐。

(二) 冷库的分类

冷库就是以机械制冷的方式，使库内保持一定的温、湿度，以储存食品、工业原料、生物制品和药品等对温、湿度有特殊要求的商品的仓库。

1. 按用途分类

(1) 生产性冷库。生产性冷库是生产企业在产品生产过程中的一个环节，冷库设在企业内部，以储存半成品或成品，如肉类生产企业、制药企业内设置的冷库。这类冷库只对产品或半成品作短期储存，就进入下一工序或出厂，储存的对象一般是零进整出。仓库的规模要结合生产能力和运输能力来确定。生产性冷库应建在货源地。

(2) 流通性冷库。在商品流通过程中，为了保持市场供应的连续性或降低成本的需要，要将商品冷却或冷冻保存一段时间，为此要建立能使商品保持一定温、湿度的冷库。这类仓库一般建在大中型城市、交通枢纽、人口众多和商品集中的地区。仓库的储量比较大，当商品从生产企业出来后，运抵仓库进行储存，然后以批发的形式进入市场。

(3) 综合性冷库。综合性冷库将企业的生产和流通连在一起，当产品生产出来之后，通过冷库进行冷却或冷冻，然后进行流通。综合性冷库储存商品的进出比较频繁，适用于在当地生产、当地消费的商品，如冷饮等。

2. 按仓库温度的不同分类

(1) 低温冷库：温度控制在 –20℃～–10℃左右，主要适用于冻结后的水产、肉类食品冷藏。

(2) 高温冷库：温度控制在 –5℃～+5℃左右，主要适于水果蔬菜类保鲜。

(3) 冻结冷库：温度控制在 –25℃以下，主要用于鲜品冷藏前的快速冻结。

(4) 中温冷库：温度控制在 –5℃～–10℃左右，主要适用于冻结后的食品冷藏。

(三) 冷库结构

冷库主要由冷却间、结冻间、冷藏库房/冷冻库房、压缩机房和配电室组成。

1. 冷却间

冷却间是商品的预冷加工车间，可以避免高温货物吸冷造成冷冻或冷藏库房温度升高，影响其他冷藏货物。

2. 结冻间

结冻间是对商品(如肉类、禽类)进行冷冻加工的车间，冷却商品经冷冻后才可进入冷冻库房，进行储存。

3. 冷藏库房和冷冻库房

冷藏库房用于储存冷却商品(如水果、蔬菜等)，温度一般保持在 0℃左右，不允许温、湿度有太大幅度的波动，同时为满足果菜类商品的呼吸要求，还应安装换气装置。冷冻库房用于储存冻结的商品，储存时间较长，温度一般在 –20℃以下，湿度在95%左右，同时保持微风循环，以减少含水商品的失水。

4. 压缩机房和配电室

压缩机房是冷库的制冷中心。在选择压缩机时，小型冷库应选择全封闭压缩机，功率小，价格也便宜；中型冷库一般选择半封闭压缩机；大型冷库可选择半封闭压缩机，也可选择氨制冷压缩机，因其功率大，可一机多用，但安装和管理比较麻烦。配电室是整个冷库的动力中心，应有较好的通风条件，以保证设备能及时散热，保证冷库正常运行。

(四) 冷库管理

1. 冷库使用中应注意的事项

(1) 冷库应保证清洁、干燥，要责任到人，对库内的冰、霜、水应及时清除，库内严禁带水作业，没有经过冷却的商品，不能直接进入冷冻库。

(2) 冷库因其工作性质，要求保持制冷状态，否则就会造成损失，所以对其制冷系统(压缩机、冷凝器、节流阀、蒸发管)要加强设备的养护管理，保证设备的完好率，同时，因其具有高压、易爆、有毒的特点，所以要确保安全生产。

(3) 要合理利用冷库的空间，合理设计商品的堆存方式，提高储存能力；商品应分类分区存放，防止相互污染变质。

(4) 冷库要定时通风，对于不同商品，保证合适的温、湿度。

2. 要有严格的商品出入库制度

在商品出入库时，要认真清点商品的数量、品种，记录商品的生产日期、卫生状况、规格等，合理安排存储位置，先出库的要安排在库门附近以便缩短出库时间，防止因开门时间过长而使库内温度、湿度变化过大。在冷库内，商品要与地面、墙面隔离，防止因结冰使商品粘在地面或墙上。库区及搬运和称量工具要定期消毒，保管人员身体条件要符合卫生、防疫要求。

(五) 冷库安全

冷库虽然不会发生爆炸、燃烧等恶性危险事故，但冷库低温、封闭的库房对人员还是会产生伤害，低温会造成设备的材料强度、性能降低，需要引起足够的重视。

(1) 防止冻伤。进入库房的人员必须做好保温防护，穿戴手套、工具鞋。身体裸露部分不得接触冷冻库内的物品。

(2) 防止人员缺氧窒息。冷藏库内的植物和微生物的呼吸作用使二氧化碳浓度增加或冷媒泄漏入库内，会使得库房内氧气不足造成人员窒息。人员在进入库房前，尤其是进入长期封闭的库房前，需要进行通风，排除氧气不足的可能。

(3) 避免人员被封闭在库内。库门应设专人开关，限制无关人员进库。人员入库应在门外悬挂告示牌，作业工班的责任人在确定人员都出库后，才能摘除告示牌。

(4) 妥善使用设备。库内作业应使用抗冷设备，且进行必要的保温防护，否则低温会损害设备和工具。

三、粮食储存

(一) 粮食的特性

1. 呼吸性

农作物都有后熟的特性，呼吸作用继续，生理代谢旺盛，易发热、生霉。后熟完成后，可改善原粮品质，提高贮藏的稳定性。

2. 吸附性和吸湿性

粮粒是一个具有多孔毛细管的胶体。实验表明，粮粒内部的大、小毛细管的内壁都是吸附蒸汽或气体的有效表面，粮食吸附气体和蒸汽的能力是很强的。粮食对气体和蒸汽的这种吸附作用称为粮食的吸附性。粮食从空气中吸附水蒸气的作用就称之为吸湿性。原粮在入库时皮薄，无外壳保护，组织松软，吸水能力强，易引起发热霉变或生芽。遇高温收获季节，虽有利干燥入库，但易吸湿，应做好入库前和贮藏期的防潮工作。

3. 易受虫害

粮食在离开农作物之后，没有外壳保护，皮层较薄，组织松软，抗虫性差、染虫率高。例如小麦在成熟、收获、入库时正值高温、高湿季节，非常适合害虫繁殖和生长。这时，从田间到晒场以及到仓库的各个环节中，都有感染害虫的可能，一旦感染了害虫就会很快繁殖蔓延，使小麦遭受重大损失。

4. 散落流动性

粮食呈颗粒状，且形状不规则，比重较大，颗粒群体构成的粮堆却具有流动性，容易变形，这种特性叫做散落流动性。

5. 粉尘爆炸性

粮食在清理与输送过程中产生的粉尘与空气混合，形成混合气体，遇火时容易发生爆炸，这种性质就是粉尘爆炸性。爆炸点取决于粉尘与空气的混合比例、颗粒大小、空气温度、粮食的品种等因素。

(二) 粮食的质量指标

粮食的质量可以通过感官鉴定和实验分析的方法确定。感官鉴定是通过粮食的颜色、气味和滋味来判定质量，实验分析是通过实验测定容重、湿度、感染度来确定质量。

1. 颜色

各种粮食都有自己的颜色特点，如玉米的金黄色、大米的透明白色等。当粮食变质、陈旧时，颜色会变得灰暗、浑浊。确定颜色的方法是将粮食样品铺一层在黑色的纸上，在太阳的散射光线下，加以观察确定。

2. 气味和滋味

新鲜的粮食具有特有的清香和滋味，一般储粮的气味清淡或具有一定熏蒸气味。变质的粮食具有恶臭味或其他特殊气味并且滋味发苦。鉴别气味除了直接嗅感粮仓气味外，还可以用手捧一把粮食，通过体温温热，可感受其气味。将粮食在两只手上来回翻转几次，并吹风后，如果气味很快减轻或消失，则认为粮食品质近于标准，或者采取样品加热嗅味，确定气味。如果有异味的粮食在热水中浸泡 2~3 分钟，异味仍未消失，表明粮食质量不佳。

3. 容重

通过测定一定容积的粮食重量可对粮食质量进行判定。容重是一项综合指标，水分、细度、形状、表面温度、杂质含量、颗粒完好程度都会影响容重。测定的容重要与标准容重进行比较以确定优劣。

4. 湿度

对通过标准取样程序所取得的样品，通过测定水分含量可确定其质量。水分含量包括粮食、杂质和其他水分在内。水分含量是粮食仓储保管的最重要的指标之一，需要对湿度进行控制以防止霉变、自热、干燥粉碎。

5. 感染度

感染度表示粮食被昆虫、霉菌感染的程度。

(三) 粮仓安全管理

1. 干净无污染

在入库前，应对仓库、工具、器材等进行清洗、消毒、预热。粮库要保持干净、无污染，要进行定期消毒处理。

2. 保持干燥、控制水分

为了对粮食进行长期贮藏，提高贮粮的稳定性，必须控制粮食的含水量，维持低温低氧状态，保持库内干燥、通风。在储存粮种时应按品种、质量等分类，挂牌进行堆放，建立档案资料，不允许与其他物品混放。

3. 控制温度、防止火源

粮食本身具有自燃现象，温度、湿度越高自燃能力也越强。在气温高、湿度大时需要采取降温措施。应每日测试粮食温度，特别是内层温度，及时发现是否有自热升温情况发生。如果有自热升温时，应及时降温，加大通风，采取货堆内层通风降温，内层释放干冰等措施，必要时进行翻仓、倒垛散热。

粮食具有易燃特征，飞扬的粉尘遇火源还会爆炸燃烧，因此粮仓对防火要求较高。在粮食出入库、翻仓作业时，更应该避免一切火源出现，特别是要消除作业设备运转时的静电，粮食与仓壁、输送带的摩擦静电。此外还应加强吸尘措施，排除扬尘。

4. 防霉变

粮食入库后要经常检查温、湿度，对水源要专门管理，防止跑、冒、滴、漏。对出现的问题要及时处理，以免湿度过高发生霉变。对储存时间较长的粮食要定期翻晒。

5. 虫鼠害

在对粮食进行干燥后，应趁热入库，及时覆盖密闭，防吸湿散热，害虫复苏危害等。维持一段时间的高温，可杀死害虫幼、成虫及其蛹、卵。粮库封闭要严，以防止鼠害。

❖❖❖❖❖　模 块 小 结　❖❖❖❖❖

本模块介绍了仓储管理中库存物品变化的形式以及影响库存物变化的内、外部因素及主要原因；商品在库房中的保管是根据商品的性能和特点，提供适宜的环境和保管条件，保证库存商品数量正确、质量完好。库房的温、湿度对商品质量的影响最大，控制库房的温、湿度对保证商品储存过程中的质量十分重要。应重点掌握仓库温、湿度管理的基本知识及温、湿度调节与控制的方法。正确掌握化学危险品储存、生鲜食品储存、粮食储存中应注意的问题和具体保管方法。

关键概念

溶化；熔化；分解；水解；化合；聚合；裂解；风化；胚胎发育；后熟；导热性；耐热性；腐蚀性；燃烧性；爆炸性；自然通风；强迫通风；化学危险品；生鲜食品；冷藏；冷冻；呼吸性；吸附性和吸湿性；粉尘爆炸性

✦✦✦✦✦ **练习与思考** ✦✦✦✦✦

一、单选题

1. 下列商品易于串味的是(　　)。
   A. 松香　　　　　B. 大米　　　　　C. 服装　　　　　D. 酒
2. 储藏冷藏物品应用(　　)。
   A. 通用仓库　　　B. 专用仓库　　　C. 特种仓库　　　D. 冷冻仓库
3. 在日光、氧、高温条件下,橡胶制品变软、发黏是(　　)。
   A. 化合　　　　　B. 聚合　　　　　C. 老化　　　　　D. 裂解
4. 以下不属于易于熔化的商品是(　　)。
   A. 复写纸　　　　B. 松香　　　　　C. 香水　　　　　D. 石蜡
5. 以下商品在储存过程中易出现沉淀现象的是(　　)。
   A. 汽油　　　　　B. 化妆品　　　　C. 牙膏　　　　　D. 食糖
6. 对商品的质量变化起着关键作用的是(　　)。
   A. 商品的机械性质　　　　　　　B. 商品的物理指标
   C. 商品的化学性质　　　　　　　D. 商品的结构
7. 影响商品质量变化的重要外界因素是(　　)。
   A. 商品的吸湿性　　　　　　　　B. 商品的结构
   C. 仓库温度　　　　　　　　　　D. 商品的化学性质
8. 保证商品免于变质腐败的重要条件是(　　)。
   A. 卫生条件　　　　　　　　　　B. 微生物和仓库害虫
   C. 空气的湿度　　　　　　　　　D. 空气中的氧
9. 影响商品水分和商品储存安全的一个重要因素是(　　)。
   A. 空气中的湿度　　　　　　　　B. 空气中的温度
   C. 空气中的水分　　　　　　　　D. 大气温度
10. 影响鲜活食品呼吸强度的外界条件主要是温度和(　　)。
   A. 湿度　　　　　B. 空气成分　　　C. 氧气　　　　　D. 酒精

二、多选题

1. 为了搞好商品养护工作,仓管人员必须研究(　　)。
   A. 对外因的控制技术　　　　　　B. 制定货物的安全储存期限
   C. 制定货物的合理损耗　　　　　D. 各类养护设备
2. 影响库存物品质量变化的内部因素包括(　　)。
   A. 物品的物理性质　　　B. 物品的机械性质　　　C. 物品的化学性质
   D. 物品的结构　　　　　E. 物品的化学成分
3. 影响商品质量变化的外界因素有(　　)。
   A. 空气中的氧　　　　　B. 日光　　　　　　　　C. 温度
   D. 空气中的湿度　　　　E. 卫生条件

4. 食品冷冻链的构成为(　　　)。

  A. 冷冻加工　　　　 B. 冷冻储藏　　　　 C. 冷藏运输

  D. 冷冻销售　　　　 E. 冷冻控制

5. 低温储藏保鲜应遵守的原则有(　　　)。

  A. 食品入库前必须经过严格检验，适合冷冻冷藏的产品才能入库

  B. 严格按照食品储存要求的温度条件进行储存

  C. 食品必须严格按照后进先出的原则进行管理

  D. 有挥发性和有异味的食品应分别储藏

  E. 温、湿度要求不同的食品不能存放在一起

三、判断题

1. 空气除湿是将空气中的水分除去，以降低空气湿度的一种有效方法。(　　　)

2. 商品价值高的，抽验比例小；反之则大。(　　　)

3. 物理机械变化的结果不是数量损失就是质量降低，甚至使物品失去使用价值。(　　　)

4. 物品渗漏与包装材料性能、包装容器结构及包装技术优势有关，还与仓库温度变化有关。(　　　)

5. 容易老化的物品，在保管养护过程中，要注意防止日光照射和高温的影响，不能在阳光下暴晒。(　　　)

四、简答题

1. 影响商品质量变化的内在因素有哪些？

2. 影响商品质量变化的外在因素有哪些？

3. 仓库商品养护的基本要求有哪些？

4. 怎样控制和调节仓库的温、湿度？

5. 什么是化学危险品？化学危险品分为几类？如何对化学危险品进行保管？

6. 何谓生鲜食品？如何做好冷库仓储的管理？

7. 粮食有何特性？保持库区粮食安全需要做好哪些工作？

✦✦✦✦✦　实 训 实 践　✦✦✦✦✦

1. 参观当地的物流中心或仓储企业，了解库内物品的特性，结合仓库的具体条件，采取科学手段对物品进行养护，防止和延缓物品质量的变化。

2. 掌握库内温、湿度控制的常用方法。

3. 搞好仓库清洁卫生，保持库房环境的整洁。

✦✦✦✦✦　案 例 分 析　✦✦✦✦✦

案例1　库存茶叶的保管保养措施

首先，茶叶必须储存在干燥、阴凉、通风良好，无日光照射，具备防潮、避光、隔热、

防尘、防污染等防护措施的库房内，并要求进行密封。

其次，茶叶应专库储存，不得与其他物品混存，尤其严禁与药品、化妆品等有异味、有毒、有粉尘和含水量大的物品混存。库房周围也要求无异味。

最后，一般库房温度应保持在15℃以下，相对湿度不超过65%。

(案例选编自百度文库 http://wenku.baidu.com/view/baca2f8a652947d272852c7.html)

案例 2　库存啤酒的质量控制措施

首先，啤酒入库验收时外包装要求完好无损，封口严密，商标清晰；啤酒的色泽清亮，不能有沉淀物；内瓶壁无附着物；抽样检查具有正常的酒花香气，无酸、霉等异味。

其次，鲜啤酒适宜储存温度为0℃～15℃，熟啤酒适宜储存温度为5℃～25℃，高级啤酒适宜储存温度为10℃～25℃，库房相对湿度要求在80%以下。

再次，瓶装酒堆码高度为5～7层，不同出厂日期的啤酒不能混合堆码，严禁倒置。

最后，严禁阳光曝晒，冬季还应采取相应的防冻措施。

(案例选编自百度文库 http://wenku.baidu.com/view/baca2f8a652947d272852c7.html)

结合案例回答问题：

商品在库房中的保管是要求根据商品的性能和特点，提供适宜的保管环境和保管条件，保证库存商品数量正确、质量完好。茶叶和啤酒分别需要什么样的保管环境和条件？

模块七　仓库安全管理

学习目标

1. 掌握仓储安全管理的要求与任务
2. 掌握仓库消防安全管理的具体内容
3. 掌握仓库防台风、防雨湿、防雷等工作的措施与要求
4. 熟悉作业安全管理的基本内容
5. 理解仓储质量管理的含义、原则与方法

案例导入

深圳安贸危险品仓库事故案例

1993 年 8 月 5 日,深圳市安贸危险品储运公司清水河仓库 4 号仓库因违章将过硫酸铵、硫化钠等化学危险品混储,引起化学反应而发生火灾爆炸事故。火灾蔓延导致连续爆炸,爆炸又使火灾蔓延。前后共发生了 2 次大爆炸,7 次小爆炸,共有 18 处起火燃烧。爆炸导致 15 人死亡,200 多人受伤,39 000 m² 建筑物毁坏,直接经济损失约 2.5 亿元。

发生此事故是由于违反安全规定造成的。

(1) 违反消防法规,丙类物品仓库当甲类仓库使用。

(2) 消防安全管理工作不落实。第一,没有称职的防火安全干部;第二,化学危险品进库没有进行安全检查和技术监督,账目不清,管理混乱;第三,仓库搬运工和部分仓管员是外来临时工,上岗前未经必要的培训,发生火灾后不懂如何扑救。

(3) 拒绝消防监督提出的整改建议,对隐患久拖不改。

(4) 消防基础设施、技术装备与扑救大火不适应。深圳市是缺水城市,清水河地区更是缺水区,仓库区虽然有些消防栓,但因压力达不到国家消防技术标准规定,使灭火工作受到影响。

思考题

1. 分析导致该事故的直接原因和间接原因。
2. 针对事故暴露出的问题,应采取哪些整改措施?

任务一　库区的治安与保卫

一、概述

仓库的治安保卫管理是仓库为了防范、制止恶性侵权行为的发生，防止意外事故对仓库及仓储财产造成破坏和侵害，维护稳定安全的仓库环境，保证仓储生产经营的顺利开展所进行的管理工作。治安保卫工作的具体内容包括执行国家治安保卫规章制度，防火、防盗、防抢、防破坏、防骗以及防止财产侵害，维持仓库内秩序，防止意外事故等仓库治安灾难事故，协调与外部的治安保卫关系，保证库内人员生命安全与物资安全。治安保卫管理是仓库管理的重要组成部分，不仅涉及确保财产安全、人身安全，执行国家的治安保卫管理法规和政策，同时也涉及仓库能否按照合同如约履行各项义务，降低和防止经营风险等。

治安保卫工作的良好开展，能确保企业的生产经营顺利进行，保证实现更大的经营效益。在提高生产效率和经营效益与治安保卫发生冲突时，要以治安保卫优先。仓库治安保卫管理的原则是：坚持预防为主、严格管理、确保重点、保障安全和主管负责制。

二、库区治安保卫的组织

仓库的法定代表人或主要负责人对仓库安全负主要责任，是治安保卫管理工作的领导，同时还要由仓库的一部分高层领导进行分管，建立起仓库治安保卫的完整组织。治安保卫的管理机构由仓库的整个管理机构组成：高层领导对整个仓库的安全负全责；各部门、机构的领导是本部门的治安责任人，负责本部门的治安保卫管理工作；治安保卫的职能机构协助领导的管理工作，指导各部门，领导其执行机构。仓库治安保卫执行机构采用由专职保卫机构和兼职安全员相结合的组织方式。

专职保卫机构负责执行整个仓库的保卫工作，同时也负责治安管理。专职保卫机构根据仓库规模的大小、人员的多少、任务的繁重程度、仓库所在地的社会环境确定结构设置和人员配备。一般设置保卫部、保卫队、门卫队等。专职保卫机构的职责如下：在仓库高层领导的领导下，制定仓库治安保卫规章制度和工作计划；督促各部门领导的治安保卫工作，组织全员的治安保卫学习和宣传，做好仓库内的治安保卫工作；与当地公安部门保持密切联系，协助公安部门在仓库内的治安管理活动；管理治安保卫的器具，管理专职保卫员工。

治安保卫的兼职制度是实行治安保卫群众管理制度的体现，选择部分责任心强、对治安保卫敏感、有精力和体力去完成治安工作的员工作为兼职保安员。兼职保安员主要承担所在部门和组织的治安保卫工作，协助部门领导的管理工作，督促部门执行仓库治安保卫管理制度，组织治安保卫学习，组织各项检查工作。

三、治安保卫工作的内容

仓库的治安保卫工作主要有防盗、防抢、防骗、防破坏、防火、员工人身安全保护等。治安保卫工作不仅有由专职保安员承担的工作，如门卫管理、治安巡查、安全设施操作等；

还有大量的工作由相应岗位的员工承担，如办公室防火防盗、财务防骗、仓库保管员防火、锁门关窗等。仓库主要的治安保卫工作及要求如下。

1. 守卫大门和要害部位

仓库大门是仓库与外界的连接点，是仓储承担货品保管责任的分界线。大门守卫是维护仓库治安的第一道防线。大门守卫负责开关大门，限制无关人员和车辆进入，接待入库办事人员并实施身份核查登记，禁止入库人员携带火源或易燃易爆货品入库，检查出库车辆，核对出库货品并收留放行条，查问和登记出库人员携带的货品，特殊情况下查扣货品、封门。

对于危险品仓库、贵重货品仓库、特殊品储存仓库等要害部位，需要安排专职守卫看守，限制人员接近，防止危害、破坏和失窃。

2. 巡逻检查

由专职保安员不定时、不定线、经常地巡视整个仓库区每一处位置的安全保卫工作。巡逻检查一般安排两名保安员进行，携带保安器械和强力手电筒。查问可疑人员，检查各部门的防卫工作，关闭确实无人的办公室、仓库门窗、电源，制止消防器材挪作他用，检查仓库内有无异常现象发生、停留在仓库内过夜的车辆是否符合规定等。巡逻检查中如发现不符合治安保卫制度要求的情况，要采取相应的处理措施或者通知相应部门处理。

3. 防盗设施、设备使用

仓库的防盗设施大至围墙、大门，小到门锁、防盗门、窗，要根据有关法规规定和治安保管的需要设置和安装。承担安全设施操作的仓库员工应该按照制度要求，有效使用配置的防盗设施。仓库使用的防盗设备除了专职保安员的警械外，主要有视频监控设备、自动报警设备、报警设备等，仓库应按照规定使用所配置的设备，由专人负责操作和管理，确保设备的有效运行。

4. 治安检查

治安责任人应经常检查治安保卫工作，督促保安员照章办事。治安检查实行定期检查与不定期检查相结合的制度，班组每日检查、部门每周检查、仓库每月检查，及时发现治安保卫漏洞和安全隐患，并采取有效措施及时消除。

5. 治安应急

治安应急是仓库发生治安事件时，采取紧急措施，防止和减少事件所造成损失的制度。治安应急需要通过制定应急方案，明确应急人员的职责、发生事件时的信息发布和传递规定，以经常的演练来保证实施。

四、治安保卫管理制度

治安保卫管理必须贯彻预防为主、确保重点、打击犯罪、保障安全的方针，坚持"谁主管、谁负责"和"有奖有惩、奖惩分明"的原则。治安保卫工作的顺利开展，必须有完善的制度保障。

1. 安全岗位责任制度

明确安全管理责任是安全生产管理的重点，也是保障安全生产的基础。仓储部门或企业应根据收发、保管、养护等具体业务特点，确定每个岗位的安全责任，并与奖惩挂钩。通过认真贯彻执行安全岗位责任制度来加强职工各自的责任感，堵塞工作中的漏洞，保证仓储工作秩序有条不紊，确保仓库安全。

2. 门卫、值班、巡逻、守护制度

门卫是仓库的咽喉，必须严格人员、货品的出入管理。传达人员及值班警卫人员要坚守岗位，尽职尽责，对外来人员必须进行验证、登记，及时报告可疑情况，以防意外发生。

3. 仓储设施管理制度

仓储设施是进行仓储工作的必要条件。完善的仓储设施管理制度，能保证仓储业务活动的正常进行，避免意外事故的发生，也有利于仓储经营取得最大的经济效益。

4. 重要货品安全管理制度

根据 ABC 管理法的观点，仓储货品可根据一定的指标分为 A、B、C 三类，对 A 类货品应重点对待。从安全角度看，危险品、价值极高的货品应重点防护、认真对待，以免造成人身伤亡和巨大的经济损失。

5. 要害部位安全保卫制度

要害部位是安全防护的重点，因此，必须建立健全要害部位安全保卫制度。在要害部位设置安全技术防范设施。要害部门或要害岗位不得录用和接收有犯罪记录的人员。

6. 防火安全管理制度

在安全管理工作中，防火是重点，保证货品安全又是防火工作的重心。为此，必须熟悉各种仓储货品的性能、引起火灾的原因和各种防火、灭火方法，并采取各种防范措施，从而保证仓库的安全。

7. 机动车辆安全管理制度

机动车辆管理也是治安保卫管理的一个重要方面。外单位的车辆不得随意进入，因业务需要必须进入的，必须履行必要的手续，且必须做好防火、防爆等保护措施。严格仓库自有车辆的使用制度，做到安全用车，避免灾害事故的发生。

8. 治安防范的奖惩制度

认真落实治安防范的奖惩工作直接关系到安全岗位责任制度能否有效运行。为此，必须对治安防范工作搞得好的人员给予表扬或奖励，对工作不负责任而发生事故和问题的人员给予批评或处罚，并及时向上级有关部门报告奖惩情况。

任务二　库区的消防管理

一、仓库火灾知识

(一) 火灾的危害

仓库火灾是仓库的灾难性事故，不仅损害仓储货物，还损毁仓库设施，燃烧和燃烧产生的有毒气体直接危及人身安全。仓库储存大量的物资，物资存放密集，电气设备和机械

大量使用，管理人员相对较少，有造成火灾的危险。仓库的消防工作是仓库安全管理的重中之重，是长期的、细致的、不能疏忽的工作。

(二) 燃烧三要素

火是一种燃烧的主要方式，是一种剧烈的氧化反应。着火具有发光、放热和生成新物质三个特征。火的发生必须具备三要素：可燃物、助燃物以及火源。

可燃物是指在常温条件下就可以燃烧的物品，包括油脂、一般植物性物料、煤炭、蜡、硫黄、大多数的有机合成物等。

助燃物指支持燃烧的物质，包括空气中的氧气以及可以释放氧离子的氧化剂。

火源则是物质燃烧的热能源，无论是明火源还是其他火源，实质上就是引起易燃物燃烧的热能。这种热能使易燃物发生汽化，形成易燃气体，易燃气体在火源的高温中燃烧。火源是引起火灾的罪魁祸首，是仓库防火管理的核心。

(三) 仓库火灾的火源

1. 明火与明火星

明火与明火星包括生产、生活中所使用的灯火、炉火，气焊气割的乙炔火，打火机、火柴火焰，未熄灭的烟头，火柴梗的火星，内燃机械、车辆的排烟管火星，以及飘落的未熄灭的爆竹火星等。

2. 自燃

自燃是指物质自身的温度升高，到达一定条件时，即使没有外界火源也能发生燃烧的现象。容易发生自燃的物质有粮食谷物、煤炭、化纤、棉花、鱼粉、部分化肥、油污的棉纱等。

3. 雷电与静电

雷电是带有不同电荷的云团接近时瞬间发生放电现象而形成的电弧，电弧的高能量会造成易燃物的燃烧。静电则是因为感应、摩擦使物体表面集结大量电子，向外以电弧的方式传导的现象，同样也能使易燃物燃烧。液体容器、传输液体的管道、工作的电器、高压电器、运转的输送带、强无线电波等都会发生静电现象。

4. 电火

当用电超负荷、电线短路、漏电时产生电路电火花，引起燃烧电气设备的电火花、电气设备升温也会引起燃烧。

5. 化学火和爆炸性火灾

一些化学反应会释放较多的热，有时甚至直接燃烧，从而引起火灾，如活泼轻金属遇水的反应和燃烧，硫化亚铁氧化燃烧，高锰酸钾与甘油混合燃烧等引起的火灾。具有爆炸性的物品在遇到冲击、撞击时会发生爆炸而引起火灾。一定浓度的易燃气体、易燃物的粉尘，遇到火源也有可能引起爆炸。

6. 聚光

太阳光的直接照射会使物体表面温度升高，如果将太阳光聚合形成强烈的光束，会导致温度升高而引起易燃物燃烧。镜面的反射、玻璃的折射都可能造成聚光现象。

7. 撞击和摩擦

金属或者其他坚硬的非金属在撞击时会引发火花，从而引起接近的易燃物品的燃烧。物体间长时间的摩擦也可能升温导致燃烧。

8. 人为破坏

人为恶意将火源引入仓库而引起火灾。人为故意引火是一种犯罪行为，纵火人要受到刑事处罚。

(四) 仓库火灾的种类

对火灾进行分类是为了有效地防止火灾发生和灭火。也可从灭火的方法角度对火灾进行分类。

1. 普通火灾

普通火灾指普通可燃固体如木料、化纤、棉花、煤炭等发生燃烧所引起的火灾。普通火灾虽然燃烧扩散较慢，但会深入燃烧物内部，灭火后重燃的可能性极高。普通火应使用水进行灭火。

2. 电气火灾

电气火灾指电器、供电系统漏电所引起的火灾，以及具有供电的仓库发生的火灾。其特征是在火场中还有供电存在，有可能使员工触电；另外，由于供电系统的传导，还会在电路的其他地方产生电火源。在发生电气火灾时，要迅速切断供电，采用其他安全方式照明。

3. 油类火灾

油类火灾指各种油类、油脂发生燃烧引起的火灾。油类属于易燃品，且具有流动性，烧着的油会迅速扩大着火范围。油类轻于水，会漂浮在水面，随水流动，因此不能用水灭火，只能采用干粉、泡沫等灭火手段。矿物提取油应存放在专用油库中，不得存放在普通仓库中，但普通仓库中可存放食用油类。

4. 爆炸性火灾

容易引发爆炸的货物，或者火场内有爆炸性物品，如可发生化学性爆炸的爆炸危险品、可发生物理性爆炸的密闭容器等都可造成爆炸性火灾。爆炸不仅会加剧火势、扩大燃烧范围，更危险的是会直接危害到人身安全。发生这类火灾时首要的工作是保证人身安全，迅速撤离人员。

二、防火与灭火

(一) 防火方法

1. 控制可燃物

可通过减少或者不使用可燃物，对可燃物质进行难燃处理的方式来防止火灾。如仓库建筑采用不燃材料建设，使用难燃电气材料等；易燃货品使用难燃包装，用难燃材料苫盖可燃物等。此外通风能使可燃气体及时排出，洒水可减少可燃物扬尘。

2. 隔绝助燃物

对于易燃品，可采取封闭、抽真空、充装惰性气体、不燃液体浸泡等方式，或表面涂刷不燃漆、不燃涂料的方式，使易燃物不与空气直接接触，以防止燃烧。

3. 消除着火源

通过使着火源不在仓库内出现可以实现防火的目的。由于仓库不可避免地会储藏可燃物，而隔绝空气的操作需要较高的成本，所以仓库防火的核心就是消除着火源。消除着火源也是灭火的基本方法之一。

(二) 灭火方法

灭火则是可燃物已发生燃烧时，为终止燃烧所采取的措施。

1. 冷却法

冷却法是将燃烧物的温度降低到燃点以下，使之不能汽化，从而阻止燃烧。常用的冷却法是用大量冷水、干冰等降温。

2. 窒息法

窒息法是使火附近的氧气含量减少，使燃烧不能继续。窒息法有封闭窒息法(如将燃烧间密闭)、充注不燃气体窒息法(如充注二氧化碳、水蒸气等)和不燃物遮盖窒息法(如用黄沙、惰性泡沫、湿棉被等覆盖着火物)。

3. 隔绝法

隔绝法是将可燃物减少、隔离的方法。当发生燃烧时，将未着火的货品搬离，从而避免火势扩大。隔绝法是灭火的基本原则，一方面可减少货品受损，另一方面能控制火势。当发生火灾时，首要的工作就是将火场附近的可燃物搬离或者用难燃材料隔离。

4. 化学抑制法

化学抑制法是通过多种化学物质在燃烧物上的化学反应，产生降温、绝氧等效果消除燃烧的灭火方法。

5. 综合灭火法

综合灭火法是同时采取多种方法灭火。火灾的危害性极大，而且当火势凶猛时，基本无法控制。发生火灾时要及时采取各种能够采用的灭火方式共同进行灭火，提高灭火的能力。如封闭库房和库外喷水降温同时进行，搬离货场附近货品的隔绝法和释放灭火剂同时进行。

(三) 常用灭火剂的使用

在扑救火灾时，必须根据货品的性质，正确选用灭火药剂和器材。常用的灭火剂有以下几种。

1. 水

水的灭火作用是水滴遇热迅速汽化，在蒸发时吸收大量的热量，起到显著的冷却作用降低燃烧区温度和隔断火源，并在不溶于水的液体表面形成不燃乳浊液，对能溶于水的液体起稀释作用，从而扑灭火灾。

水能导电，不适于扑救电气装置的火灾。对能和水起化学反应放出可燃气体和大量热量以及遇水分解会产生有毒气体的货品，如遇水燃烧货品、某些氧化剂以及某些毒品，不能用水扑救。比重比水轻的易燃液体，如汽油、甲苯等，它们能浮在水面，可能形成喷溅、漂流，扩大火势，所以也不宜用水扑救。

用于灭火的水主要有两种：密集水流和雾状水流。密集水流是指通过给水加压，构成强有力的密集水流，能喷射到较远的地方，从而冲到燃烧火焰的内部，摧毁正在燃烧分解的物质，使燃烧迅速停止，因而适用于扑救普通火灾。雾状水是用喷雾装置或喷雾水枪，将水流分散成粗细不同的水雾。它的喷射面广，吸热量大，对扑救室内和近距离火灾最为合适。对于化学危险货品来讲，雾状水主要用来扑救可燃气体、粉状易燃固体和氧化剂(忌水物质除外)的火灾，以及流散在地上，面积不大，厚度不超过 3～5 cm 的易燃液体的火灾。

2. 泡沫

泡沫分为化学泡沫和空气机械泡沫两种。泡沫比重较轻，且富有黏性，因此在喷射出去后，会覆盖在易燃液体的表面，夺取液体的热量，降低液体的温度，形成隔绝层，使外面空气无法进入，从而阻止燃烧。

泡沫灭火剂是扑救油类火灾比较有效的灭火剂。但是这类泡沫不能施救乙醇、丙酮、醋酸等能使泡沫消失的化学危险品，而必须使用"抗溶性泡沫剂"配制而成的灭火剂。

3. 二氧化碳

二氧化碳是一种无色无臭的不燃气体，也不导电，二氧化碳与水相反，对火场的破坏很小，是一种良好的灭火剂。二氧化碳灭火剂的作用是冷却燃烧物和冲淡燃烧区中氧的含量，使燃烧停止。二氧化碳灭火剂可扑救电气火灾、小范围的油类火灾及某些忌水物质(如电石)和气体的燃烧。而在使用时，二氧化碳会逐渐扩散到空气中代替维持生命所需的氧，因此在使用时要注意空气流通。二氧化碳不宜扑救金属钠、钾、镁粉、铝粉等的火灾，因为它和这些物质会起化学反应。

4. "1211" 灭火剂

"1211" 灭火剂本身为液体，毒性很小，在非密闭的室内使用。使用"1211"灭火剂灭火时，通常只会留下极少的残留物，特别适用于扑灭油类、有机溶剂、精密仪器、纸张、文物档案等的火灾，它的灭火效率比二氧化碳高四倍。在有爆炸性气体存在的仓库或容器中，只要充灌"1211"到占空气体积的 6.75%时，就能够起到抑制爆炸的作用。但是"1211"不宜扑救钠、钾、铷、铯等轻金属的火灾。

5. 干粉灭火剂

干粉灭火剂主要利用碳酸氯钠、碳酸氢钾或磷酸铵盐类，并混以其他化学试剂，使它们具有斥水性以及自由流动性，对扑救易燃液体和轻金属的火灾效果很好。

三、仓库防火措施

1. 严格把关、严禁将火种带入仓库

库区内严禁吸烟、严禁用明火炉取暖。存货仓库内严禁明火作业。库房内不准设置和

使用移动式照明灯具。库房内不得使用电炉、电烙铁等电热器具和电视机、电冰箱等家用电器。库房不得作为办公场所和休息室。

2. 严格管理库区明火

库房外使用明火作业必须按章进行，在消除火灾隐患的前提下，经主管批准，在专人监督下进行，明火作业后应彻底消除明火残迹。库区内的取暖、烧水炉应设置在安全地点，并有专人看管。库区及周围 50 m 范围内，严禁燃放烟花爆竹。

3. 电气设备防火

库区内的供电系统和电器应经常检查，发现老化、损害、绝缘不良时，应及时更换。每个库房应该在库房外单独安装开关箱，保管人员离库时，必须拉开电闸断电。使用低温照明的不能改为高温灯具，防爆灯具不得改用普通灯具。

4. 作业机械防火

进入库区的内燃机械必须安装防火罩，电动车要装设防火星溅出装置，蒸汽机车要关闭灰箱和送风器。车辆装卸货物后，不得在库区、库房、货场内停放，更不得在库内修理。作业设备会产生火花的部位要设置防护罩。

5. 入库作业防火

装卸搬运作业时，作业人员不得违章采用滚动、滑动、翻滚及撬动的方式作业，不得使用容易产生火花的工具。避免跌落、撞击货物。对容易产生静电的作业，要采取消除静电的措施。货物入库前，要由专人负责检查，确定无火种隐患(如无升温发热、燃烧痕迹、焦味等)后，方准入库。对已升温的货物，必须采取降温措施后才能入库。

6. 安全选择货位

货物要分类、分垛储存。会发生化学反应的货物应间隔较远，消防方法不同的货物不得同仓储存。要根据货物的消防特性选择合适的货位，如低温位置、通风位置、光照位置、方便检查位置、干燥位置、少作业位置等。

7. 保留足够安全间距

货垛大小合适，间距符合要求。堆场堆垛应当分类、分堆、分组和分垛，按照防火规范中对防火距离的要求保留间距。库房内按类分垛，每垛占地面积不宜大于 $100\ m^2$，垛间距不小于 1 m，垛与墙间距不小于 0.5 m，垛与梁、柱的间距不小于 0.3 m，货垛与水暖取暖管道、散热器间距不小于 0.3 m，库内主要通道的宽度不小于 2 m。照明灯具下方不得堆放物品，其垂线下方与存货品间距不得小于 0.5 m，电器设备周围间距保留 1.5 m，架空线路下方严禁堆放货物。不得占用消防通道、疏散楼梯存放货物和其他物品，不得围堵消防器材。

8. 货物防火保管

对已入库货物的防火保管是仓库保管的重要工作，仓库管理人员应经常检查仓库内的防火情况，按防火规程实施防火作业。经常检查易燃、自燃货物的温度，做好仓库通风。对货场存放较久的货物应时常掀开部分苫盖通风除湿。气温高时对易燃液体、易燃气体洒水降温。烈日下应苫盖好货物，阻止阳光直射或反射入仓库照射货物。经常查看电气设备工作状态，及时发现不良情况。仓库保管中如发现不安全情况应及时报告，迅速采取有效措施，消除隐患。

9．及时处理易燃杂物

对于仓库作业中使用过的油污棉纱、油手套、油污垫料等沾油纤维、可燃包装、残料等，应存放在库外的安全地点，如封闭铁桶、铁箱内，并定期处理。仓库作业完毕，应当对仓库、通道、作业线路、货垛边进行清理清扫，对库区、库房进行检查，确定安全后，方可离人。

10．危险品仓库的防火

危险品仓库对消防工作有更高的要求，严禁一切火源入库，汽车、拖拉机不得进入，仓库内应使用防爆电气设备，特别危险的危险仓不得接电，人员应穿戴防静电服装作业，且不得在库内停留。

任务三　仓库的其他安全管理

一、防台风

（一）台风的性质与危害

台风是热带风暴的最高形式，是形成在离赤道以北 5 个纬度(南半球在赤道以南 5 个纬度)的热带洋面上的热带气旋，是在热带洋面上发展起来的强烈气旋性涡旋。

台风是移动的气压系统，从形成到衰亡的整个过程都在移动。对我国有影响的台风的移动线路主要有三个方向，分别是：西行路径，在西太平洋生成，向西移动，经南海在我国华南沿海一带或越南登陆；西北路径，在西太平洋生成，向西北移动，在我国东南、华东沿海一带登陆；转向路径，在西太平洋生成，向西北移动，然后转向东北方向在我国华北沿海一带登陆或转到日本。

台风在我国登陆的时间主要分布在 5～10 月，12～4 月基本上不在我国登陆。台风在我国登陆的地点主要集中在华南、华东沿海地区，华北、东北地区极少。西北路径的台风经常在华东沿海登陆后又转回东海，成为转向路径，这种台风的危害较大。一般台风在登陆后会迅速转为热带低气压或者温带低气压，风力减弱，但仍然会随气流向内陆移动。每年在我国沿海登陆的热带气旋大约为 8～10 个，少则几个，多则十几个。

台风一方面给广大的沿海地区带来了充足的雨水，成为与人类生活和生产关系密切的降雨系统，另一方面也总是带来各种破坏。它具有突发性强、破坏力大的特点，是世界上最严重的自然灾害之一。台风的破坏力主要由以下三个因素引起：

(1) 强风。台风是一个巨大的能量库，其风速在 17 m/s 以上，甚至在 60 m/s 以上。据测，当风力达到 12 级时，垂直于风向的平面上每平方米风压可达 230 千克。

(2) 暴雨。台风是非常强的降雨系统。一次台风登陆，降雨中心一天之中可降下 100～300 mm 的大暴雨，有时甚至可达 500～800 mm。台风暴雨造成的洪涝灾害，是最具危险性的灾害之一。台风暴雨强度大，增加了洪水出现的频率，它的波及范围广，来势凶猛，破坏性极大。

(3) 风暴潮。所谓风暴潮，就是当台风移向陆地时，由于台风的强风和低气压的作用，使海水向海岸方向强力堆积，潮位猛涨，大浪排山倒海般向海岸压去。强台风的风暴潮能使沿海水位上升 5～6 m。风暴潮若与天文大潮的高潮位相遇，会产生高频率的潮位，导致潮水漫溢，海堤溃决，冲毁房屋和各类建筑设施，淹没城镇和农田，造成大量人员伤亡和财产损失。

(二) 防台风工作的基本要求

华南、华东沿海地区的仓库，都会受到台风的威胁。处在这些地区的仓库要高度重视防台风工作，避免这种灾难性天气对仓储造成严重的危害。

1. 要建立相应的防台管理组织

仓库应设置专门的防台办公室或专门人员，负责研究仓库的防台工作、制订防范工作计划、接收天气预报和台风警报、与当地气象部门保持联系、组织防台检查、管理相关文件、承担台汛期间防台联络组织工作。

仓库主要负责人应亲自领导或参与防台风工作，组成防台风指挥部。在台汛期到来之前，防台指挥部要组织检查全库的防台准备工作，对仓库的抗台隐患及时予以消除或者制订消除措施，督促各部门准备各种防台工具，制订抗台措施，组织购置抗台物料并落实保管责任。

在台汛期间，建立通信联络、物资供应、紧急抢救、机修、排水、堵漏、消防等临时专业小组，确定各小组成员，并明确责任。

2. 要积极防范、有备无患

台风并不是年年都在一个地区登陆，防台风工作是一项防患未然、有备无患的工作。仓库要对员工，特别是要对管理干部进行防台宣传和教育，要用科学态度、生动事例教育员工，去除麻痹思想，提高员工对台风灾害的认识，并把它作为季节性的仓储工作任务。要表扬防台先进者，对不重视灾害，因失职而造成损失者必须视情节轻重进行认真处理。仓库领导人及防台风组织负责人在台风季节要参加昼夜驻库值班，并组织员工轮流守护仓库。

3. 要全员参与，防范损害

台风不仅损害仓储货品，对仓库建筑、设备、设施、场地、树木以及物料备料、办公设施等一切财产和人身安全也会造成损害，甚至还会造成环境污染危害。防台抗台工作是所有员工的工作，需要全员参与，人人有责。

台风不以人的意志和行为为转移，仓库防台抗台工作的核心是防止和降低台风对仓库财产的损害、避免造成人身伤害。抗台工作就是在台风到达之前，将可能会被狂风暴雨、积水、落物损害的财产进行妥善处理、转移、加固、保护，疏通排水、堵塞仓库入水口等。在台风到达时，切断非必要的电源，将人员转移到安全地带，避免受到伤害。

4. 要不断改善仓库条件

为了使防台抗台工作取得胜利，需要有较好的硬件设施和条件，提高仓库设施设备的抗风、防雨、排水防水浸的能力。减少使用简易建筑，及时拆除危房危建并及时维修加固老旧建筑、围墙，提高仓库、货场的排水能力，注意协调仓库外围，避免对排水的阻碍。

购置和妥善维护水泵等排水设备，备置堵水物料。

(三) 仓库抗台风具体措施

仓库在接到台风来袭的通知后，应迅速采取抗台风措施。具体抗台风措施如下：

(1) 全面检查仓库和货品，确定抗台准备方案。仓库管理者召集各班组长、专岗人员，对仓库设施、仓储货品、场地等进行全面检查，按照抗台指挥部的要求、仓库抗台的制度和实际需要制订抗台措施，并迅速组织执行。

(2) 将存放在可能被风和雨水损害位置的货品、设备转移到安全位置。将散放的货品及时堆垛收存。将简易建筑、移动式苫盖棚中的怕水货品移到合适的仓库中。将临江、河、水沟的货品内移。

(3) 加固仓库的门窗、屋顶、雨棚等，防止漏水和被风吹落，必要时对使用的仓库建筑本身进行加固，收整雨棚或者遮阳棚。

(4) 对会被风吹动、被雨淋湿的货品、设备、设施进行苫盖，固定绑扎，并用地面固定绳桩系牢靠。将不使用的设备收妥，如将吊杆等放下、固定好。

(5) 对仓库、建筑、场地、下水道等排水系统、管系进行疏通，确保畅通。清理泄水口附近的货品、杂物，防止其散落堵塞泄水口。对于年久失修或者一时无法疏通的排水通道，应采取临时措施确保排水畅通。

(6) 台风到来时，应停止生产作业，及时关闭仓库门窗，拴锁妥当，关闭迎风口，必要时钉固封闭，关闭照明等非必要电源，关闭仓库一切火源、热源，将排水泵等所有应急设备启动运行，停止并收整其他作业设备。

(7) 在风力达到 8 级以上，或者抗台指挥部发出通知时，所有人员应按照安排进入预定的安全场所躲避，同时要进行人员的清点登记。选择的安全场所要注意避开树木旁、电缆下、高空设备下、临水边、挡土墙旁，不能躲在货垛旁、集装箱内及车辆旁，同时要避免单人随处躲避，注意与外界保持联系。

(8) 确定风力减弱时，在保证人员安全的前提下，以两人及以上为一小组，迅速进行排水，检查和加固封闭仓库门窗，检查和加固货品苫盖，稳固可能会倒塌的货品。感觉风力加强时，迅速返回安全处所。

(9) 台风过后或者台风警报解除后，仓库人员应迅速返回工作岗位。及时排除仓库、货场的积水；详细检查货品情况，将货品受损情况进行详细记录；发现损失严重时，通报商务部门摄影取证；视天气情况进行通风散热、除湿保管作业。尽快消除台风的影响，恢复正常仓储生产。

二、防雨湿

下雨水湿是造成仓储货品损害的一个重要原因，在我国的南方地区、东南地区以及长江流域，雨水较为充沛，洪水也主要发生在长江、珠江水系，防雨水危害是一项长年的安全工作。华北、西北、东北和西南地区雨水较少，发生水灾的次数也较少，但也不能放松对雨水危害的预防。这些地区正因为雨水少，防水能力差，发生水灾后的危害更大。仓储防雨湿应注意以下几个问题。

1. 仓库应有足够的防雨建筑

仓库规划建设时，就要根据仓库经营的定位预计储存货品的防雨需要，建设足够的室内仓库、货棚等防雨建筑。保证怕水湿货品都能在室内存储。

2. 仓库应具有良好的排水能力

仓库建筑、货场场地都应具有良好的排水能力，不会积水。整个库区有良好的、足够能力的排水沟渠网络，能保证具有一定余量的正常排水需要。加强日常管理，随时保证排水沟渠不堵塞、不淤积。暗渠的入水口周围不能码放货品和杂物。

3. 做好货垛衬垫

室内地势较低的仓库，雨季时仓库入口的货位，都必须垫防水设备。防水湿垫垛要有足够的高度，场地垫垛 30～50 cm，仓库垫垛 10～30 cm。尽可能建设高出地面 30～50 cm 的平台货位。

4. 及时苫盖货品

若仓储的货品需要防湿，在入库作业开始前就要在现场准备好苫盖物料。作业过程中，因下雨和天气不稳定时的停工、休息、作业人员离开时，都要用苫盖材料将货品盖好；天气不好时，已堆好的货垛端头也要及时苫盖；货垛堆好后，堆垛作业人员离开前，必须苫盖妥当。无论天气怎样，怕水湿货品都不能露天过夜。

三、防雷

雷电是大自然中雷云之间或雷云对地之间的大规模放电现象。雷云放电会产生雷电流，雷电流除具有电流的一般特性外，还有发生时间短(微秒级)和幅值高(几百千安培)的特点，因此雷电流的瞬间功率是巨大的。正因为雷电流的特殊性，使得雷电有其特殊的破坏力，常常给人类带来巨大损失。雷击可以把建筑物劈裂，使架空的电线短路，引起森林大火，还会造成人员的直接伤亡。

(一) 雷电的危害

雷电按传播方式的不同可分为直击雷、感应雷和雷电侵入波三种。

直击雷是指带电的云层与大地上某一点之间发生猛烈的放电现象。感应雷也称间接雷电感应或感应过电压，亦可叫做雷电的二次作用。感应雷分为静电感应雷和电磁感应雷两种。

直击雷的危害主要有电效应破坏、热效应破坏和机械效应破坏。

感应雷是在直击雷基础上发生的，在建筑物上设置的避雷针、避雷网、避雷带只能对付直击雷，对感应雷不起作用。

感应雷虽然没有直击雷猛烈，但其发生的几率比直击雷高得多。直击雷只会在雷云对地闪击时才会对地面造成灾害，而感应雷则不论雷云对地闪击或者雷云对雷云之间闪击，都可能发生并造成灾害。此外直击雷一次只能袭击一个小范围的目标，而一次雷闪击却可以在较大的范围内，在多个小局部同时产生感应雷过电压现象，并且这种感应高压可以通过电力线、电话线等传输到很远，致使雷害范围扩大。

雷电侵入波是由于雷电电流有极大的峰值和陡度，在它周围出现瞬变电磁场，处在这一瞬变电磁场中的导体会感应出较大的电动势，这样就会在一定的空间范围内产生电磁作用，因瞬变时间极短或感应的电压很高，以致引起电气设备的过电压。

(二) 防雷措施

仓库是商品储运和检修的场所，一旦受到雷击，就会造成重大损失。因此，必须采取相应的防雷措施，保护仓库的安全。常见的防雷装置有避雷针、避雷线、避雷网、避雷带及避雷器等。

一般应在仓库易受雷击部位安装避雷装置，使被保护仓库和突出库房屋面的物体均处于接闪器的保护范围之内。仓库内的金属制品和突出屋面的金属物应接到防雷电感应的接地装置上。低压架空线宜用长度不小于 50 m 的金属铠装电缆直接埋地引入，入户端电缆的金属外皮应与防雷接地装置相连，电缆与架空线连接处还应装置阀型避雷器。

仓库及通过仓库的输油管线的避雷设施要安装完整。一般避雷网、避雷带及其引下导线的截面积应不小于 50 m^2，埋入地下的接地体面积要达 100 m^2，接地深度不应小于 0.5 m。接地线要有良好的导电作用，必要时，如山地石层处，可经常加些食盐水。接地冲击电阻阻值一般不应小于 10 Ω。

四、防震

为搞好仓库防震，首先在仓库建筑上，要以储存物资的价值大小为依据，审视其建筑物的结构、质量状况，从保存物资的实际需要出发，合理使用物力财力，进行相应的加固。新建的仓库，特别是多层建筑和现代化立体仓库，更要结合当地地质结构类型，预见地震的可能性，在投资上予以考虑，做到有所准备。其次，在情报信息上，要密切关注毗邻地区及地震部门的预测和预报资料。再次，在组织抢救上，要做好充分的准备。当接到有关部门的地震预报时，要建立必要的值班制度和相应的组织机构。临震时，仓库领导要通盘考虑，全面安排，合理分工，各负其责，做好宣传教育工作，动员职工全力以赴做好防震工作。

五、防静电

爆炸物和油品应采取防静电措施。防静电安全管理应由懂相关技术的专人负责，并配备必要的检测仪器，发现问题及时采取措施。

所有防静电设施都应保持干净，防止化学腐蚀、油垢玷污和机械碰撞损坏。每年应对防静电设施进行 1～2 次的全面检查，测试应当在干燥的气候条件下进行。

任务四　作业安全管理

一、作业安全管理一般要求

仓库对安全管理应予以特别的重视，尤其是重视前期的预防管理，尽量避免发生作业事故。

1．加强劳动安全保护工作

劳动安全保护包括直接和间接对员工实行的人身保护措施。仓库要遵守劳动法的劳动时间和休息规定，保证每日 8 小时、每周不超过 44 小时的工时制。依法安排加班，给员工以足够的休息时间，包括合适的工间休息。提供合适和足够的劳动防护用品，如高强度工作鞋、手套、安全服、工作服等，并督促作业人员使用和穿戴。

采用具有较高安全系数的作业机械、作业设备。作业工具应与作业要求相符合，作业场地必须具有合适的照明、通风、防滑、保暖等作业条件。不进行冒险作业，不在不安全环境中作业，遇到大风、雨雪影响作业时应暂缓作业。避免人员带伤病作业。

2．重视作业人员资质管理

应对新参加仓库工作和转岗的员工进行仓库安全作业教育和操作培训，保证上岗员工都能掌握作业技术与规范。从事特种作业的员工必须经过专门培训并取得特种作业资格，才能上岗作业，且只能按证书规定的项目进行操作，不能混岗作业。安全作业宣传和教育是仓库的长期性工作，作业安全检查是仓库安全作业管理的日常性工作，通过严格地检查、不断地宣传，严厉地惩罚违章和忽视安全的行为，强化作业人员的安全责任意识。

3．健全安全操作管理制度

安全作业管理应成为仓库日常管理的重要项目，通过制度化的管理保证管理的效果，制定科学合理的各种作业安全制度、操作规程和安全责任制度，并通过严格的监督，确定员工能够有效并充分地执行管理制度。

二、仓库货品安全管理

1．防失窃

仓库应防卫严密、严防盗窃。仓库大门、窗户应完好，及时锁门、关窗；贵重货品应特别储存，并予加锁。

2．防燃爆

入库人员严禁携带烟火，非货品保管人员、非搬运作业人员随意进入仓库时，货品保管人员应负责制止，否则照章惩罚；仓库内及其附近应设置消防设备，并于适当位置设置消防器材配置图；易爆易燃的危险性货品应与其他货品隔离保管，并于明显处标示"严禁烟火"并办买保险；对长时间存放在库内的货品应定期检查(有无虫害、变形、受潮等)；库内消防设施应齐全；库内的电源线不得裸露，严格用电管理。

3．防杂乱

各项货品应按类别排列整齐，以"料位卡"标明货品名称及编号并绘制各类材料位置图；未经验收和验收中的货品应和验收后的货品分别存放；货品保管部门应凭货品收发单据办理货品收发作业并记入"货品收发记录表"。

4．防贬值

材料库应具备经检定合格的度量、衡量器具，应随时校正度量、衡量器具，以免发生收发料的差异，度量、衡量器具至少每年需做一次总校正。未按规定办理领料手续不得发料，易变质货品应按"先进先出"原则发放。

三、人力操作作业安全管理

1. 只有劳动强度低的作业环节才能使用人力操作，并尽可能采用人力机械作业

男工人搬举货品每件不超过 80 kg，距离不大于 60 m；女工搬举货品每件不超过 25 kg，集体搬运时每个人负荷不超过 40 kg。人力机械承重也有一定的限制范围，如人力绞车、拖车、滑车、手推车等承重不超过 500 kg。

2. 作业环境保障安全

作业前应使作业员工清楚作业要求，让员工了解作业环境，指明危险因素和危险位置。必须有专人在现场指挥和进行安全指导，严格按照安全规范进行作业指挥。人员应避开不稳定货垛的正面，不在散落和塌陷的位置以及运行设备的下方等不安全位置作业；在作业设备调位时暂停作业；如发生安全隐患应及时停止作业，消除安全隐患后方可恢复作业。

3. 按照要求穿戴安全防护用具，使用合适的作业工具

采用安全的作业方法，不采用自然滚动和滑动、挖角、推倒垛、挖井、超高等有危险的作业。人员在滚动货品的侧面作业时，要注意与机械的配合，在机械移动作业时员工必须提前站到高处。

4. 工间休息要安排合理

每作业 2 小时至少安排 10 分钟休息时间，每作业 4 小时安排 1 小时休息时间，并且依照人体生理需要适当进行调整。

四、机械作业安全管理

1. 使用合适的机械、设备进行作业

尽可能采用专用设备或者使用专用工具作业。使用通用设备必须满足作业需要，并进行必要的防护，如货品绑扎、限位等。

2. 所使用的设备应具有良好的工况

设备不得带"病"作业，特别是设备的承重机件，更应无损坏，符合使用的要求。应在设备的允许负荷范围内进行作业，决不超负荷运行。危险品作业时还需减低负荷 25%作业。

3. 设备作业要有专人进行指挥

采用规定的指挥信号，按作业规范进行作业指挥。

4. 汽车装卸时，注意保持安全间距

汽车与堆物距离不得小于 2 m，与滚动货品距离不得小于 3 m。多辆汽车同时进行装卸时，直线停放的前后车距不得小于 2 m，并排停放的两车侧板距离不得小于 1.5 m。汽车装载应固定妥当、绑扎牢固。

5. 载货移动设备上不得载人运行

除了连续运转设备(如自动输送线)外,其他设备需停止稳定后方可作业,不得在运行中作业,更不得载人。

6. 移动吊车必须在停放稳定后方可作业

叉车不得直接叉运压力容器和未包装货品。移动设备在载货时需控制行驶速度,不高速行驶。货品不能超出车辆两侧 0.2 m,禁止两车共载一物。

五、危险品装卸、搬运安全管理

危险品的性质不稳定,仓库的所有作业过程都必须预防燃烧、爆炸、中毒等事故。必须制订化工危险品的安全操作规程,并且严格遵守,使用装卸搬运机具也必须符合安全要求。

(1) 危险品的装卸、搬运必须轻装轻卸,使用不产生火花的工具(用铜制或包铜的器具),禁止滚、摔、碰、撞、重压、震动、摩擦和倾斜。

(2) 对怕热、怕潮的危险品,在搬运时应采取必要的防护措施。

(3) 装卸场地和道路必须平坦、畅通;如果夜间装卸,必须有足够亮度的安全照明设备。

(4) 在装卸、搬运操作时,应根据货品性质和操作要求,穿戴相应的防护服具(如工作服、风镜、口罩、防毒面具、橡皮手套、橡皮围裙、套袖、橡皮鞋、鞋罩等),严防有害物质危害人体健康。

(5) 用过的各种防护用具须及时清洗干净。储存腐蚀性货品的仓库附近应设置水池或冲洗设备,预防操作中万一包装破裂、人身沾染时,便于迅速浸水及冲洗解救。对毒害性、强腐蚀性和放射性危险品进行各项作业过程中,不宜随便饮食,确需饮食和休息时,均应用肥皂擦洗手、脸。

六、电气设备使用安全管理

(1) 库房内不准设置移动式照明灯具。照明灯具下方不得堆放货品,其垂直下方与储存货品间距不得小于 0.5 m;禁止使用电炉、电烙铁、电熨斗等电热器具和电视机、电冰箱等家用电器;库内敷设的配电线路,需穿金属管或用非燃硬塑料管保护。

(2) 储存有危险品的库房的电气装置必须符合国家现行的有关爆炸危险场所电气安全的相关规定。不准使用碘钨灯和 60 W 以上的白炽灯等高温照明灯具。当使用日光灯等低温照明灯具和其他防燃型照明灯具时,应当对镇流器采取隔热、散热等防火保护措施,确保安全。

(3) 库区的每个库房应当在库房外单独安装开关箱,保管人员离库时,必须拉闸断电,禁止使用不合规格的保险装置。

(4) 高压线经过的地方必须有安全措施和警告标志;高大建筑物和危险品库房要有避雷装置。

(5) 仓库电器设备的周围和架空线路的下方严禁堆放货品,对提升、码垛等机械设备易产生火花的部位,要设置防护罩。

(6) 仓库的电气设备必须由持资格证的电工进行安装、检查和维修保养,电工应严格遵守各项电器操作规程；电气设备在使用过程中应有可熔保险器和自动开关；电动工具必须有良好的绝缘装置，使用前必须使用保护性接地。

任务五　仓储质量管理

一、仓储质量的含义与内容

(一) 仓储质量的含义

仓储组织必须向客户及时、齐备地提供数量完整、质量完好的货品。因此，仓储质量可以认为是仓储货品能够满足客户需要的程度。仓储质量特征表现在以下几个方面。

1. 储存多

充分利用仓库、货场增加仓库的有效利用面积，提高仓库场地的利用率，尽可能利用立体空间，合理安排减少场地空置，使仓库能容纳更多的货品。

2. 进出快

进出快有两方面的意思，一方面为货品进出库迅速，作业效率高、时间短，减少运输工具停库时间，货品出入仓库顺畅无阻；另一方面要求货品周转快，缩短货品滞库时间，提高货品流通速度。

3. 保管好

仓库具有适合货品保管的条件，具有科学合理的保管方案和管理制度，有针对性的保管措施，员工认真进行保管作业，货品在仓库内堆垛稳固、摆放整齐、查询方便，账、卡、证、物一致，货品随时能以良好的状态出库。

4. 耗损少

没有发生货品残损和变质等各类保管、作业事故。货品自然耗损控制在最低的程度，意外事故和不可抗力所造成的损失最小。整体货损、货差率达到最低。散落货品能及时良好回收，受损货品能及时得到维护。

5. 费用省

通过节省开支、消除无效作业、充分利用生产要素、开展规模化经营，使仓储成本降低，客户所支付的费用减少。避免不合理的、损害社会效益的费用发生。

6. 风险低

仓储风险包含两个方面，一是仓储保管人承担的风险，如仓储物损害的赔偿；另一个是存货委托人承担的风险，如不可抗力造成的仓储物损害。仓储风险质量目标就是彻底消灭仓储保管操作风险，尽力减少委托人承担风险所造成的仓储物损失。

7. 服务优

服务质量是仓储服务的生命力，是客户接收仓储服务的前提条件，也是其他质量特征在客户面前的综合体现。服务水平是一项软指标，针对不同的服务消费者都有不同的要求，服务具有相对性。要保证仓储的服务水平，必须建立服务标准。对内标准化，以便所有员工照章遵守，从而保证服务水平；对外需采取协议化进行明确。对外服务协议化是为了使客户明确所能享受到的服务水平，让客户知道物有所值；更重要的是针对客户对服务的无止境需求，通过协议进行明确的限定，防止发生服务纠纷。

(二) 仓储质量的内容

1. 储存货品的质量保证与改善

仓储过程并不仅仅是消极地保护仓储对象，还可以采用流通加工等手段改善和提高货品质量。因此，仓储过程在一定意义上也是货品质量的形成过程。

2. 仓储服务质量

仓储业务有极强的服务性质，服务质量因不同用户的要求而不同，因此要掌握和了解用户服务要求。例如：货品质量的保持程度；流通加工对货品质量的提高程度；配送方式的满足程度；成本水平及仓储费用的满足程度；相关服务(如信息提供、索赔及纠纷处理)的满足程度。

当然，对服务的满足不能是消极被动的，因为有时候客户提出的某些服务要求，由于"效益背反"的作用，会增大成本或出现别的问题，这对客户实际是有害的，盲目满足客户的这种要求不是服务质量水平高的表现。

3. 仓储工作质量

仓储工作质量指的是对仓储各环节(如验收、装卸搬运、保管、出库等)的质量的保证。这是相对于企业内部而言的，是在一定标准下的仓储质量的内部控制。

提高仓储工作质量应在搬运方法、搬运设备、设施与器具上狠下工夫，如加工件应固定在工位器具内，以免磕碰。仓储工作质量和服务质量既有区别，又有联系，仓储服务质量水平取决于各个环节工作质量的总和。所以，工作质量是仓储服务质量的某种保证和基础。

4. 仓储工程质量

仓储质量不但取决于工作质量，而且取决于工程质量。在仓储过程中，将对货品质量发生影响的各种因素(人为因素、体制因素、设备因素、工艺方法因素、计量与测试因素、环境因素等)统称为"工程"。很明显，提高工程质量是进行仓储质量管理的基础工作，能提高工程质量，就能做好"预防为主"的质量管理。

二、仓储质量管理的概念与原则

(一) 仓储质量管理的概念

仓储质量管理是为了实现仓储货品的质量特征(经济性、功能性、时间性、安全性、舒适性等)所开展的计划、组织、控制和协调活动。包括制定货品的质量标准，实现质量标准的实施方案，组织力量实施质量的保证方案，在实施过程中开展严格的控制和监督、约束，在实施过程中做好人员与人员、部门与部门、企业内部间的协调和信息沟通，做好质量标准在实施中的调整和优化等。

（二）仓储质量管理的基本原则

1. 全面管理

现代企业质量管理最基本的方法就是开展全面质量管理。仓储的全面质量管理则是以保证仓储货品的质量为中心，以提供最优的质量、最低的消耗、最佳的服务并使客户满意为目标，运用一定的组织体系和科学的管理方法，动员、组织各部门和全体员工共同努力，在仓储的各个环节上对影响仓储质量的因素进行综合处理的行为。全面质量管理包括四个方面：

（1）质量管理的对象是全面的。包括仓库设计规划、仓储计划、仓储作业、仓储管理、商务、财务、人力资源、设备管理等各方面。

（2）质量管理是全过程的管理。从市场宣传、商务磋商到仓储安排、接收货品、作业、包装、交付、客户保持的全过程都实施全面质量管理。

（3）仓储全面质量管理是一种全员的管理。包括直接参与仓储活动的所有部门及人员和支持部门及人员，从企业的高层到底层的员工全部参与，使全体员工具有高度的质量意识，充分发挥主动性和创造性，确保货品质量。

（4）质量管理的方法是系统的。对于整个仓储活动的质量管理，需要依据统一的质量标准和质量体系，对所有部门、人员有相同的质量责任要求。

2. 以防为主

质量管理的基本要求是仓储的一切活动都是为了满足客户的需要。质量管理需要建立有效的质量管理体系，建立严格的质量责任制，通过事先控制、以防为主来保证质量，形成质量管理和保证的系统。以事先的检查、事先的要求、事先的防范进行管理。因而需要充分利用质量控制和管理的现代技术和手段，预先发现问题，提前进行控制，确保达到质量标准。

3. 细节着手

虽然说质量管理是一项系统的工作，要有规划、有系统地进行，从大处着眼，但是在质量管理中更要重视对细节的质量管理。从仓储服务的现场工作入手，通过一系列小改革、小变革，改变小瑕疵，解决小问题，不断进行质量改进的良性循环，促使整体质量的不断提高，且不至于花费极高的质量管理成本。

三、仓库质量管理的基本方法

1. 排列图法

质量管理学家朱兰把 ABC 法应用在质量管理上，提出了排列图分析法，成为寻找影响货品质量因素的一种有效方法。排列图有两个纵坐标、一个横坐标、几个直方形和一条曲线。左边的纵坐标表示频数（件数、金额等），右边的纵坐标表示频率；横坐标表示影响质量的各个因素，并按影响程度的大小从左到右依次排列；直方形的高度表示某个因素影响力的大小，曲线表示各个影响因素大小的累计百分数，称帕累特曲线。通常按累计百分数将影响因素分为 3 类:0～80% 为 A 类,累计百分数在 80% 以内的各项因素显然是主要因素;

累计百分数在 80%～90%的为 B 类，是次要因素；累计百分数在 90%～100%的为 C 类，是一般因素。

例如：某仓库对所储存货品由于发生丢失、损坏等质量事故而产生的赔偿费做了统计，各类赔偿费数据如表 7.1 所示，其排列如图 7.1 所示。

表 7.1 各类赔偿费的相关数据

赔偿费类别	代号	赔偿金额/千元	单项百分比/%	累计百分比/%
金属锈蚀降价	A	7.5	32.6	32.6
装卸损坏	B	6	26.1	58.7
差错事故损失	C	5	21.7	80.4
丢失	D	3	13.1	93.5
其他	E	1.5	6.5	100.0
合计		23	100.0	

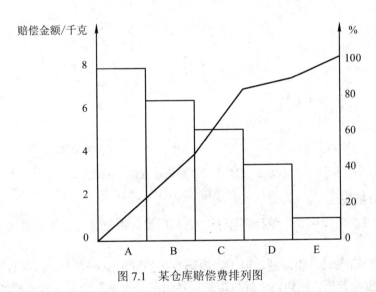

图 7.1 某仓库赔偿费排列图

由图 7.1 可以看出：影响储存货品质量的主要因素是锈蚀、装卸损坏和差错事故，这三个因素占累计百分数的 80.4%，这样就找出了影响该库质量问题的主要因素，应及时采取措施，重点加以控制。

2. 相关图法

相关图又称散布图，是表示两个变量之间关系的图，用于分析两个测定值之间的相关关系。将两种有关数据列出，并用坐标点填在坐标纸上，对数据的相关性进行直观的观察分析，可以得到定性的结论。

(1) 强正相关。当因素的数值增大时，质量特性值也显著提高，相关点的分布呈直线状，表示因素和质量之间有强的正相关关系。

(2) 弱正相关。当因素的数值增大时，质量特性值也有提高，但相关点的分布比较分散，表示因素和质量之间有弱的正相关关系。

(3) 不相关。当因素的数值增大时，货品质量特性值不一定增大，也不一定下降，相关点的分布很分散，表示这种因素和货品质量没有相关关系。

(4) 弱负相关。当因素的数值增大时，质量特性值下降，但相关点的分布比较分散，表示因素和质量之间有弱的负相关关系。

(5) 强负相关。当因素的数值增大时，质量特性值显著下降，相关点的分布呈直线状，表示因素和质量之间有强的负相关关系。

(6) 非线性相关。当因素的数值增大时，质量特性值开始提高，后来却下降，相关点的分布呈曲线状，表示因素和质量特性值之间是曲线相关关系。

在仓储管理中，进出库成本与作业量之间、仓储成本与维护量之间、空气温度与易挥发货品损耗之间，一般都存在较强的相关关系。图 7.2 表示空气温度变化与某些化工品挥发损耗量之间的关系。

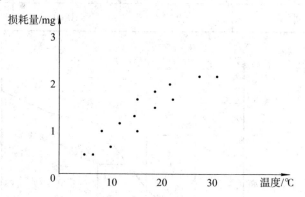

图 7.2　温度与化工品损耗散布示意图

3. 统计分析表

统计分析表又名检查表、统计调查表，是利用统计报表来进行数据整理和粗略原因分析的一种工具。

使用统计分析表时，将问题、原因、缺陷等按类别记录在表上，标明数量，然后按类别、数量进行汇总分析。例如，"货品维护保养情况月报表"分别对除锈喷油、直接喷油、苫垫、翻垛等项目进行记录和汇总，从统计表中直接反映仓库对库存货品的各种维护情况；又如"储运业务货损、货差事故月报表"分别按事故类别(少发、多发、串发、验错、丢失、串装、保管事故、装卸搬运损坏等)进行记录和汇总，从中找出造成储运业务货损、货差的主要原因，为改进工作指出了方向。

4. 因果分析图

因果分析图又称特性因素图、5M 因素法、石川图、树枝图或鱼刺图。在生产过程中出现的质量问题，往往是多种因素综合影响的结果。用此方法可以对影响问题的一些较重要因素加以分析和分类，弄清因果关系。基本的分析思路可从人、机、料、法、环五个方面入手，例如某仓库金属锈蚀的因果分析情况如图 7.3 所示。

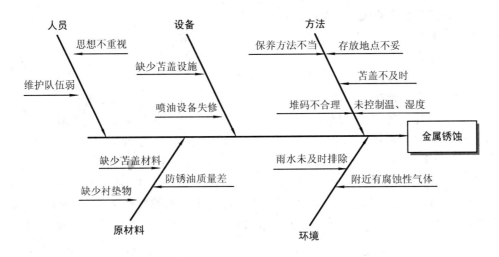

图 7.3 某仓库金属锈蚀的因果分析

✦✦✦✦✦ 模 块 小 结 ✦✦✦✦✦

　　仓储安全管理包括人身安全、货品安全和设备安全管理，是开展仓储生产经营业务的基本保障。仓库治安保卫管理通过建立健全治安保卫管理组织、治安保卫管理制度，落实各项治安防范措施等来保护仓库财产安全。仓库消防安全管理是对仓库火灾的管理，必须坚持"以防为主，防治结合"的消防方针。防火或灭火工作的基本原理就是要使可燃物、助燃物、着火源三者分离，不相互发生作用。台风和雨湿是造成仓库货品损害、特别是南方地区仓库货品损害的重要因素，企业应建立一定组织和采取一定措施加以防范。仓库作业安全涉及货品安全、人身安全、作业设备和仓库设施等的安全，仓库作业安全管理应遵循相应的安全管理规定。仓储质量管理是为了实现仓储产品的质量特征所开展的计划、组织、控制和协调活动，仓储质量管理要遵循全面管理、以防为主、细节着手的基本原则，并采取适当的质量管理方法。

关键概念

　　治安保卫；防火；防台风；防雨湿；防雷；防震；防静电；作业安全；仓储质量管理

✦✦✦✦✦ 练 习 与 思 考 ✦✦✦✦✦

一、单选题

1. 在安全管理中，(　　)是重点。

　　A. 防火　　　　　　　　　　　B. 防盗

　　C. 防虫害　　　　　　　　　　D. 防腐蚀

2. 仓库消防的主要灭火剂是(　　)。

    A. 砂土   B. 水

    C. 干粉   D. 松香水

3. 以下哪种隐患属于储存方面的火险隐患(　　)。

    A. 在库区吸烟   B. 库区擅自使用明火

    C. 在库区停放、修理汽车   D. 易燃液体挥发渗漏

4. 仓库中安装的火灾自动报警系统属于风险管理的哪种措施(　　)。

    A. 回避措施   B. 风险转移措施

    C. 损失控制   D. 自担风险

5. (　　)是指以存放在固定场所并处于相对静止状态的财产及其有关利益为保险标的，由保险人承担被保险财产遭受保险事故损失的经济赔偿责任的一种财产损失保险(　　)。

    A. 火灾保险   B. 财产保险

    C. 人身保险   D. 安全保险

二、多选题

1. 火灾的三要素是(　　)。

    A. 可燃物   B. 助燃物   C. 着火源

    D. 汽油   E. 氧气

2. 仓库灭火的基本方法有(　　)。

    A. 通风法   B. 隔离法

    C. 冷却法   D. 窒息法

3. 仓库的着火源主要有(　　)。

    A. 明火   B. 电火   C. 化学火

    D. 保管好   E. 爆炸性火灾

4. 在仓库治安检查制度中，仓库检查的形式有(　　)。

    A. 内部自查   B. 上级检查下级   C. 外部抽查

    D. 定期检查   E. 内外部联合检查

5. 以下哪些物质属于常用的灭火剂(　　)。

    A. 盐水   B. 水

    C. 氯化钠   D. 干粉

三、判断题

1. 仓库治安保卫管理的原则为坚持预防为主、防治结合的方针。(　　)

2. 燃烧须其三要素共同作用才能发生，缺少一个要素都不能形成火灾。(　　)

3. 仓库治安保卫管理的原则为：坚持预防为主、确保重点、严格管理、保障安全和谁主管谁负责。(　　)

4. 毒害性商品失火一般可用大量水扑救，液体有毒的宜用雾状水或沙土、二氧化碳灭火器。(　　)

5. 用泡沫作为灭火剂，其主要是起隔离作用，同时也有一定的冷却作用。(　　)

四、简答题

1. 简述火灾产生的原因。
2. 简述不同类型的火灾应采取的应对方法。

✦✦✦✦✦　**实 训 实 践**　✦✦✦✦✦

熟悉常见的灭火药剂和器材。模拟仓库失火状况，组织学生扑救火灾。通过实训，让学生掌握常见类型的火灾所采用的灭火方法。

✦✦✦✦✦　**案 例 分 析**　✦✦✦✦✦

案例1　济南仓储物流中心大火事件

2011年3月8日凌晨2时42分，济南小清河北路白鹤仓储物流中心一仓库发生火灾，经过两个多小时的紧急扑救，火势被基本控制。据了解，着火物为仓库内存放的板材、装修建材及鞋帽等物品。初步估计过火面积约7000余平方米，火灾原因及损失情况正在调查中。

白鹤仓储物流中心仓库火灾已过去两天，2011年3月10日上午，记者再次来到现场，发现仍有少量余火在燃烧。一场普通的火灾，为何持续了近9个小时才基本被扑灭？记者走访了白鹤仓储物流中心及消防部门的相关负责人。

保安：灭火器够不着火点

白鹤仓储物流中心一位不愿透露姓名的保安告诉记者，当晚仓库周围共有3人值班。当天凌晨两点多，他们突然发现位于物流中心B区仓库靠中间一侧的二楼冒起了烟，他们立即打电话报警，并找到灭火器。但当他们推着灭火器赶到冒烟处附近时，却发现灭火器根本够不着火点。

看到形势不妙，3人骑上摩托车，通知位于A区及C区仓库的人。

保安一边砸门一边喊："着火了，快跑吧。"A仓库东头一家物业公司的湖南籍业主告诉记者，当时她并未在意，但随后滚滚黑烟就涌进住处，火光也开始显现，"吓得我只穿条秋裤就跑出去了"。

熟睡中的人们相继被叫醒，通过B、C仓库中间一条十几米宽的路，惊慌失措地向B仓库前面的高处跑去。

水枪：仓库封闭使不上

"大概2点40分前后我们接到指挥中心通知，马上派出了三辆消防车"，位于天桥区的济南消防第18中队副中队长王兵告诉记者。到了现场进行观察后，消防队员发现他们面临同样的问题："当时整个仓库处于密闭状态，根本无法使用水枪灭火"。

就在消防队员准备强行打开冒烟点下方的卷帘门时，突然"砰砰砰"几声巨响，"仓库二层的玻璃窗被高温烤炸了"，18中队战斗一班班长张海洋说，几乎就在一瞬间，大火"呼"地一下蹿了出来。

"窗户一开，密闭的仓库一下子灌进去很多空气，就像风箱使劲推进去一样，一下把火引得更大了"，王兵很形象地解释道。

当晚刮着西北风，短短几分钟之内，大火就扩散到 B 仓库西边、A 仓库北面的几个仓房附近，很快就把 A 仓库引燃了。

消防车：附近找不到水源

看到形势不妙，第 18 中队马上调整对策，来到 A 区西边，开始喷水。

此时，市区其他中队消防车辆也先后到达，并开始灭火。

据商户们说，大批消防车赶到后，却发现面临一个问题：仓库所在地没水！

据了解，该仓库所在地即将拆迁，"年前就已经停水了"，该处一位王姓业主告诉记者。无奈之下，消防水罐车只能从清河北路等地接水，从离仓库 200 米外的大路上将水送入现场。"路太窄，车不能进去太多，只能从外面把水接进来"，一位商户告诉记者。

而此时，B 区上下两层开始完全燃烧，"很难再控制了"。

易燃物：层层浇水难扑灭

记者了解到，B 区二层全部是某运动品牌的服装鞋帽，一层则堆满板材。"都是易燃物，而且板材燃烧之后很难完全被扑灭"，济南市消防支队司令部战训科科长朱亚军告诉记者。消防人员将这些材料一层层摊开，再浇水，逐层进行扑救。

但是，"板材的性质是，即使你灭掉表面的火，内部的火也很难完全熄灭，而它们堆积达到一定时间后，聚集起来的能量很快就会把板材重新点燃，着火之后，我们只能再次浇水"，朱亚军解释道。而此时，火借风势，已经越来越大。大火着起来后，顶部钢架的倒塌使得扑救难度增大，也在一定程度上助长了火势。

这样一直到 8 日凌晨 5 点左右大火才被控制，而直到当天上午 11 点左右才被基本扑灭。

大火赔偿需提供进货出货单据

济南白鹤仓储物流中心的大火，使商户们损失惨重，现在两天三夜过去了，火灾的原因查明了吗？损失到底由谁来赔偿呢？

今日，记者再次来到火灾现场，虽然大火已被扑灭，可是消防人员还坚守在这里，防止死灰复燃。另外，没有被大火殃及的店铺已经开始将自家的货物向外转移，但是在大火中受损的商户，他们最关心的是接下来会得到什么样的赔偿。

然而最让商户们上火的还是昨日物流中心给他们下发的一项通知，需要提供进货单和出货单才能得到赔偿。但是，商户们表示，这些东西火灾前都被锁在办公室，大火都烧没了。

随后记者来到物流中心的办公室，此时里面正在开会。一位工作人员接受了记者的采访，他表示，火灾原因还未查清楚，只能够确定起火点。需要清理完现场再由物价部门进行核定，经过业主和市场的确定，最后进行赔偿的相关事宜。而对于不少商户的账目被烧毁的问题，工作人员表示会从实际情况出发考虑，建议商户从进货厂家开具证明，以此作为赔偿参考。

（案例选编自万联网 http://info.10000link.com/newsdetail.aspx?doc=610135978）

案例2　中储系统安全事故——司机视线被挡，盲目行驶作业致人重伤

一、事故简介

1. 事故梗概

事故名称：某仓库"2.17"设备伤害事故。

时间：2月17日晚。

地点：某库房2号门前。

事故造成的伤害：一人骨盆骨折，多处肋骨骨折，胸腔内出血。

2. 事故发生经过

2月17日晚，该仓库理货员Q负责一批到货胶合板的验收入库工作。晚8点半，理货员Q由卸车现场准备进入库房内查看货物堆码情况，行至2号门时，遇叉车司机L驾驶载有两箱叠加胶合板(每箱重约1吨)的叉车也经由2号门进库。由于叉车司机L的视线被前方货叉上的胶合板遮挡，加上现场光照度不足，没有看到正在前方行走的理货员Q(Q当时也没有留意身后行进中的叉车)，司机L驾车进入库房时从身后将Q撞倒，并将其上半身压在叉车下，导致理货员Q骨盆骨折，多处肋骨骨折，胸腔内出血。

3. 事故认定结果

相关单位对该事故进行调查、分析认定，叉车司机L作业中存在如下违规行为：

(1) 为提高作业效率使得货叉上货物过高，造成无法观察到前方情况，作业中存在安全隐患。

(2) 在夜间现场光照度不足、货物遮挡视线的情况下，没有注意观察和确认前方路面和行人情况，贸然驾车行驶导致事故发生。

(3) 进出库门前也未按规定减速行驶并鸣笛示警。理货员Q安全意识淡薄，在作业现场及进出库房大门时，未注意观察身边作业叉车的行驶状态，未主动靠边行走或采取避让措施。

这是一起人为因素导致的安全事故，两人在事故中均有过失和责任。

二、事故分析

1. 直接原因

(1) 叉车司机L为提高作业效率而忽视作业安全，违反安全操作规程将两箱胶合板叠加装载，高度遮挡了视线，在装卸操作、载货行驶中无法全面观察作业环境和前方路面情况；当进入库房大门时不减速转弯，也未按规定发出警示信号。

(2) 理货员Q安全意识淡薄，忘记自身所处作业环境的高度危险性，不注意行走路线和所处位置，没有注意观察附近叉车的行驶状态并保持安全距离。

2. 间接原因

(1) 现场四台叉车往返密集作业，两箱胶合板叠加后的装载高度遮挡司机视线，使司机在作业、行驶过程中根本无法看清前方情况，致使现场作业中存在严重的安全隐患。

(2) 夜间作业视线不良，现场光照度不足，不利于作业人员、车辆全面观察道路及作业现场周围的安全状态。

(3) 有关部门对作业现场管理、协调不到位，对作业环境及作业过程中存在的高危险性认识不足，缺乏有效的防范应对措施。较小区域内不应安排四台叉车密集作业，没有解决夜间作业现场视线不良的隐患。

(4) 作业管理部门对叉车司机作业中违反规定，货物装载高度明显遮挡司机视线的严重作业隐患没有及时制止和纠正。

(5) 设备操作人员缺乏安全生产的意识教育，安全操作规程的岗前培训效果较差，没有达到规范操作、安全驾驶的要求。

(6) 安全管理部门对作业中的"三违"现象监督检查不到位，没有及时发现和提醒现场叉车司机和理货员的不安全行为，消除现场和作业过程中的安全隐患。

三、事故教训

通过这起事故，我们应当深刻反思事故发生的原因，从中吸取教训、引以为戒：

(1) 在夜间靠灯光作业、视线不清的情况下，尤其要做到：遵守规程，谨慎装卸，注意观察，小心行驶。

(2) 现场理货作业大多处于起重机密集的高危险环境中，应时刻密切注意周围的安全情况，既要在思想上增强安全意识，更应当具备识别隐患、发现危险的敏锐眼光，掌握防范事故的技能，才能保障自身安全，提醒他人避开危险。

四、针对此类事故的预防措施和建议

(1) 切实抓好叉车司机的岗前培训，认真落实考核合格、持证上岗的管理要求。

(2) 进一步加强安全生产的意识教育，让员工认识到身边存在的危险，主动增强自我保护意识。

(3) 安全监管部门在安全巡查中，既要查禁作业中的"三违"现象，又要关注排查现场中的安全隐患。

(4) 当叉车所叉载的货物超过视线时，必须倒车行驶，不得在前方视线不清的情况下盲目行驶。

(5) 理货员在作业现场要选择正确的站位，与作业或运行中的机械设备保持足够的安全距离。

(6) 加强作业管理协调。合理调配人员，杜绝疲劳作业。

(案例选编自百度文库 http://wenku.baidu.com/view/0f6bfeffaef8941ea76e0576.html)

结合案例回答问题：

导致上述安全事故的主要原因是什么？如何避免此类事故的发生？

模块八　库存控制

学习目标

1. 理解库存的种类、功能及库存合理化的内容
2. 掌握 EOQ 库存控制法、ABC 库存管理法、定量与定期订购管理法、MRP 与 JIT 库存控制法

案例导入

安科公司的库存 ABC 管理

安科公司是一家专门经营进口医疗用品的公司，2001 年该公司经营的产品有 26 个品种，共有 69 个客户购买其产品，年营业额为 5800 万元人民币。对于安科公司这样的贸易公司而言，其进口产品交货期较长、库存占用资金大，库存管理显得尤为重要。

安科公司按销售额的大小将其经营的 26 种产品排序，划分为 ABC 类。排序在前 3 位的产品占到总销售额的 97%，因此，把它们归为 A 类产品；排名第 4、5、6、7 位的产品每种产品的销售额占总销售额的 0.1%～0.5%，把它们归为 B 类；其余的 21 种产品(占总销售额的 1%)归为 C 类。

对于 A 类的 3 种产品，安科公司实行了连续性检查策略，即每天检查库存情况，随时掌握准确的库存信息，并对其进行严格的控制，在满足客户需要的前提下维持尽可能低的安全库存量。通过与国外供应商协商，并且对运输时间进行了认真分析，算出了该类产品的订货提前期为两个月，即预测在 6 月份销售的产品，应该在 4 月 1 日下订单给供应商，才能保证产品在 6 月 1 日出库。由于该公司的产品每个月的销售量都不稳定，因此，每次订货的数量都不同，要按照实际的预测数量进行订货。为了预防预测的不准确及工厂交货时间的不准确，还要保持一定的安全库存，安全库存是下一个月预测销售数量的 1/3。该公司对该类产品实行连续检查的库存管理，即每天对库存进行检查，一旦手中实际的存货数量加上在途的产品数量等于下两个月的销售预测数量加上安全库存时，就下订单订货，订货数量为第 3 个月的预测数量。因其实际的销售量可能大于或小于预测值，所以，每次订货的间隔时间也不相同。这样进行管理后，这 3 种 A 类产品库存的状况基本达到了预期的效果。由此可见，对于货值高的 A 类产品应采用连续检查的库存管理方法。

对于 B 类产品的库存管理，该公司采用周期性检查策略。每个月检查库存并订货一次，

目标是每月检查时应有以后两个月的销售数量在库里(其中一个月的用量视为安全库存)，另外在途还有一个月的预测量。每月订货时，再根据当时剩余的实际库存数量决定需订货的数量，这样就会使 B 类产品的库存周转率低于 A 类。对于 C 类产品，该公司则采用了定量订货的方法。根据历史销售数据，得到产品的半年销售量，作为该种产品的最高库存量，并将其两个月的销售量作为最低库存。一旦库存达到最低库存时就订货，将其补充到最低库存量。这种方法比前两种更省时间，但是库存周转率更低。

该公司实行了产品库存的 ABC 管理以后，虽然 A 类产品占用了最多的时间和精力进行管理，但得到了满意的库存周转率。而 B 类和 C 类产品虽然库存的周转率较低，但相对于其很低的资金占用和很少的人力支出来说，这种管理也是个好方法。

在对产品进行 ABC 分类以后，该公司又对其客户按照购买量进行了分类。发现在 69 个客户中，前 5 位的客户购买量占全部购买量的 75%，将这 5 个客户定为 A 类客户；到第 25 位客户时，其购买量已达到 95%，因此，把第 6 到第 25 位客户归为 B 类，其他的第 26 到第 69 位客户归为 C 类。对于 A 类客户，实行供应商管理库存，一直与他们保持密切的联系，随时掌握他们的库存状况；对于 B 类客户，基本上可以用历史购买纪录，以需求预测作为订货的依据；而对于 C 类客户，有的是新客户，有的一年也只购买一次，因此，只在每次订货数量上多加一些，或者用安全库存进行调节。这样做一方面可以提高库存周转率，另一方面也提高了对客户的服务水平，尤其是 A 类客户对此非常满意。

通过安科公司的实例，可以看到将产品及客户分为 ABC 类以后，再结合其他库存管理方法，如连续检查法、定期检查法等，就会收到很好的效果。

 思考题

1. ABC 分类的依据是什么？
2. 安科公司如何对 A 类、B 类、C 类产品进行库存控制？
3. 如何利用客户的 A、B、C 分类管理提高库存周转率以及客户服务水平？
4. ABC 分类以后，安科公司库存管理的效果如何？

任务一 库存与库存合理化

一、库存的概念

处于储存状态的商品叫做库存，它是储存的表现形态。广义的库存还包括处于制造加工状态和运输状态的物品。通俗地说，库存是指企业在生产经营过程中为了将来的耗用或者在销售过程中为了将来的销售而储备的资源。制造型企业的库存一般包括原材料、备件、低值易耗品、在制品、产成品；流通型企业的库存指用于销售的有形商品及用于管理的低值易耗品。

库存从属性上看具有两重性：一方面，库存是生产和生活的前提条件，没有库存人们就不能维持正常、均衡的生产和生活；另一方面，库存又是生产和生活的负担，是一种资金的占用，要支付多种费用，不仅要负担常规的货物保管费用，还要承担库存损失和库存风险。因此，库存不能没有，也不能过多，应当在满足社会需要的前提下越少越好。

二、库存的分类

1. 按经济用途分类

(1) 商品库存。企业购进后供转售的货物称为商品库存。其特征是在转售之前保持其原有实物形态。

(2) 制造业库存。购进后直接用于生产制造的货物称为制造业库存。其特点是在出售前需要经过生产加工过程，改变其原有的实物形态或使用功能。具体分类如下：

① 材料。材料指企业通过采购或其他方式取得的用于制造并构成实体的物品，以及取得的供生产耗用但不构成产品实体的辅助性材料等。外购半成品一般也归于此类。企业也可按照其他用途再细分为原材料、辅助材料、燃料和外购半成品等若干小类。

② 在制品。在制品指企业正处于加工过程中的、有待进一步加工制造的物品。

③ 半成品。半成品指企业部分完工的产品，它在销售以前还需要进一步加工，但也可作为商品对外销售。

④ 产成品。产成品指企业已经全部完工，可以销售的制成品。

(3) 其他库存。指除了以上库存外，供企业一般消耗的用品和为生产经营服务的辅助性物品均归为其他库存。其主要特点是满足企业的各种消耗性需要，而不是为了将其直接转售或加工制成产品后再出售。为生产经营服务的辅助性物品，是指企业进行生产经营必不可少、服务于企业生产经营的物品，如包装物和低值易耗品等。

2. 按存放地点分类

库存按其存放地点可分为库存存货、在途库存、委托加工库存和委托代销库存四类。

(1) 库存存货。已经运到企业，并已经验收入库的各种材料和商品，以及已经验收入库的半成品和制成品称为库存存货。

(2) 在途库存。在途库存包括运入在途库存和运出在途库存。运入在途库存是货款已经支付或虽未付货款但已取得所有权、正在运输途中的各种外购库存。运出在途库存是指按照合同规定已经发出或送出，但尚未转化所有权，也未确认销售收入的库存。

(3) 委托加工库存。企业已经委托外单位加工，但尚未加工完成的各种库存称为委托加工库存。

(4) 委托代销库存。企业已经委托外单位代销，但按照合同规定尚未办理代销货款结算的库存称为委托代销库存。

3. 按库存来源分类

库存按其来源可分为外购库存和自制库存两类。外购库存是企业从外部购入的库存，如外购材料等。自制库存是由企业内部制造的库存，如自制材料、在制品和制成品。

4. 从经营过程的角度分类

从经营过程的角度可将库存分为以下七大类：

(1) 经常库存。企业在正常的经营环境下为满足日常需要而建立的库存称为经常库存。这种库存随着每日的需要不断减少，当库存降低到某一水平(如订货点)时，就要进行订货来补充库存。这种库存补充按照一定的规律反复进行。

(2) 安全库存。为了防止由于不确定因素(如大量突发性订货、交货期突然延期等)而准备的缓冲库存称为安全库存。

(3) 生产加工和运输过程的库存。生产加工库存指处于加工状态以及为了生产需要暂时处于储存状态的零部件、半成品或制成品。运输过程库存指处于运输状态或为了运输的目的而暂时处于储存状态的物品。

(4) 季节性库存。季节性库存指为了满足特定季节的特定需要(如冬天对暖气的需要)而建立的库存,或指季节性出产的原材料(如大米、棉花、水果等农产品)在出产季节大量收购所建立的库存。

(5) 促销库存。促销库存指为了应对企业的促销活动产生的预期销售增加而建立的库存。

(6) 投机库存。投机库存指为了避免因货物价格上涨造成损失或为了从商品价格上涨中获利而建立的库存。

(7) 沉淀库存和积压库存。因物品品质变坏不再有效用的库存称为沉淀库存,因没有市场销路而卖不出去的商品库存称为积压库存。

三、库存的功能

(一) 库存的积极作用

(1) 防止发生缺货。缩短从接受订货到送达货物的时间,快速满足用户期望,缩短交货期,以保证优质服务,同时又要防止脱销。

(2) 按照经济订货批量组织订货,从而保证适当的库存量,节约库存费用。

(3) 降低物流成本。用适当的时间间隔补充与需求量相适应的合理的货物量,以降低物流成本,消除或避免销售波动的影响。

(4) 保证生产的计划性、平稳性,以消除或避免销售波动的影响,并保证各生产环节的独立性。

(5) 储备功能。在价格下降时大量储存,以应灾害等不时之需,减少损失,增强企业抵御原材料市场变化的能力。

(二) 库存的消极作用

(1) 占用了大量的流动资金。

(2) 增加了企业的产品成本与管理成本。

(3) 掩盖了企业众多的管理问题。

四、库存合理化

库存合理化是指以最经济的方法和手段从事库存活动,并发挥其作用的一种库存状态及其运行趋势。库存合理化包括以下几个方面:

(1) 基础设施配置合理化。

(2) 组织管理科学化。

(3) 库存结构符合生产力的发展需要。

从微观上看,合理的库存结构是指在总量和存储时间上,库存货物的品种和规格的比例关系基本协调；从宏观上看，库存结构符合生产力发展的要求，意味着库存的整体布局、仓库的地理位置和库存方式等有利于生产力的发展。在社会化大生产条件下，为了发展规模经济和提高生产、流通的经济效益，库存适当集中是库存合理化的一个重要标志。库存适当集中，不仅有利于采用机械化、现代化方式进行各种操作，而且可以降低存储费用和运输费用以及在提高保障能力等方面取得优势。

任务二　库存控制技术

库存控制对于从事仓储业的人来说是一个非常重要的环节，有良好的控制系统才能有稳定的物流操作流程。因此对于库存控制必须予以重视。本节介绍几种库存控制技术。

一、经济订货批量(EOQ)库存控制技术

物流领域存在着很多"效益背反"现象，例如企业每次订货的数量大小直接关系到库存量的水平，同时也关系到库存总成本的大小，然而订货数量的减少却会使订货次数增加，订货成本相应增加。因此，企业希望有一个科学的方法帮助企业对库存做出正确的决策。经济订货批量模型可以制定出一个科学的订货批量，使保管仓储成本与订货成本的和最小。

(一) 经济订货批量模型的含义

经济订货批量模型就是通过平衡订货成本和保管仓储成本，确定一个最佳的订货批量来实现最低总库存成本的方法。它可以根据需求和订货、到货间隔时间等条件是否处于确定状态，分为确定条件下的模型和概率统计条件下的模型。由于概率统计条件下的经济订货批量模型较为复杂，因此只介绍确定条件下的经济订货批量模型。

(二) 经济订货批量模型的假设条件

确定条件下的经济订货批量模型需要设立的假设条件有：
(1) 企业能及时补充存货，即需要订货时能立即取得存货。
(2) 不允许缺货，无缺货成本。
(3) 需求量确定，每天的需求量为常数。
(4) 不存在商业折扣，不考虑现金折扣，存货单价不变。
(5) 能集中到货，而不是陆续到货。
(6) 订货提前期已知，且为常量。

(三) 经济订货批量模型的分析

与物资仓储有关的成本可分为两大类，即订货成本和仓储保管成本。物资订货成本与其订购的次数成正比，与每次购买物资量的多少关系不大；仓储保管成本则与每次购置物资的数量成正比关系，与订购的次数关系不大。在一定时期内所需订购的物资一定，订货成本会随着订货批量增大而减少，而储存费用却随着订货批量增大而增加，在两者相加所

构成的总成本中，存在着一个订货成本和仓储成本之和的最低点，这一点所对应的物资订购数量即经济订购批量。

订货成本和存储成本的关系如图 8.1 所示，图中两条实线的交叉点对应的订货量就是所说的经济订货批量。

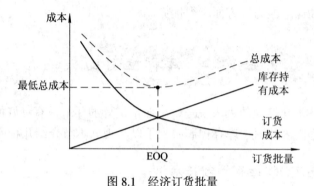

图 8.1　经济订货批量

假设 A 为全年物资的需要量；C 为每次订货成本，单位：元/次；H 为单位商品年保管成本，单位：元/年；TC 为年总库存成本；P 为单位商品的购置成本；Q 为批量或订货量。

(1) 订货成本。订货成本主要包括订购物资而发生的差旅费、电话费及物资采购中的运输、验收、搬运等与订货次数有关的费用。

$$年订货成本 = 年订货次数 \times 每次订货成本 = \frac{A}{Q} \times C$$

(2) 仓储保管成本。仓储保管成本主要包括库存物资占用货款的利息，仓储设施、装卸搬运设备、专用工具等维修、折旧及相关的管理费用。

$$年储存成本 = 平均库存量 \times 单位物资的年储存费用 = \frac{Q}{2} \times H$$

(3) 存货的总成本。

$$年存货总成本 = 年储存成本 + 年订货成本$$

$$TC = \frac{Q}{2} \times H + \frac{A}{Q} \times C$$

当 H、A、C 为常数量时，TC 的大小取决于 Q，我们的目的是使总成本 TC 最低，为了求出 TC 的极小值，利用微分原理对其进行演算，可得出下列公式：

$$Q = \sqrt{\frac{2AC}{H}}$$

这就是著名的经济订货批量公式，简称 EOQ 模型。相应的总成本为

$$TC = \sqrt{2ACH}$$

单位物资存储费用直接搜集较繁琐，一般运用单位物资储存费用率求得。令 I 为年单位物资储存费用率，则经济订购批量公式就变为

$$Q = \sqrt{\frac{2AC}{PI}}$$

例如：某公司年度需耗用乙材料 36 000 千克，该材料采购成本为 200 元/千克，年度储存成本为 16 元/千克，平均每次进货费用为 20 元。

要求：

(1) 计算本年度乙材料的经济进货批量。

(2) 计算本年度乙材料经济进货批量下的相关总成本。

(3) 计算本年度乙材料经济进货批量下的平均资金占用额。

(4) 计算本年度乙材料最佳进货批次。

【答案及解析】

(1) 本年度乙材料的经济进货批量 $= \sqrt{\dfrac{2 \times 36\,000 \times 20}{16}} = 300$(千克)

(2) 本年度乙材料经济进货批量下的相关总成本 $= \sqrt{2 \times 36\,000 \times 20 \times 16} = 4800$(元)

(3) 本年度乙材料经济进货批量下的平均资金占用额 $= 300 \div 2 \times 200 = 30\,000$(元)

(4) 本年度乙材料最佳进货批次 $= 36\,000 \div 300 = 120$(次)

二、ABC 库存管理法

仓库中的商品种类繁多，它们在企业生产中所起的作用是不同的。据调查发现，对仓储经营活动起主导作用的往往是其中的少数商品。因此，对仓库中的商品进行分类管理是十分必要的。

(一) ABC 分类法的原理

ABC 分类法是以帕累托曲线分析法为基础的。帕累托曲线分析法是意大利经济学家在研究财富的社会分配时得出的一个重要结论：80%的财富掌握在 20%人的手中，即"关键的少数和次要的多数"规律，有人称之为 20-80 定律。事实上，这一规律存在于社会的各个领域，称为帕累托现象。

将 ABC 分类法引入库存管理就形成了 ABC 库存分类管理法。一般来说，企业的库存物资种类繁多，每个品种的价格不同，库存量也不相等。有的物资品种不多但价值很高，而有的物资品种很多却价值不高。ABC 库存分类管理法就是强调对物资进行分类管理，根据物资的不同价值采取不同的管理方法。其基本原理就是按照一定的分类标准，将物品划分为若干类型，分类管理，既突出重点，又照顾了一般，以实现最经济、最有效的管理，使企业取得较好的经济效益。

(二) 对商品进行 ABC 分类

ABC 分类法就是将库存商品按照品种和占用资金的多少划分为三个等级，特别重要的库存为 A 类，一般重要的为 B 类，不重要的库存为 C 类，然后针对不同等级的商品进行分别管理和控制。其中 A 类商品品种少但占用资金多，B 类商品品种较多但占用资金一般，C 类商品品种多但占用资金少。

按照 ABC 分类法对商品进行分类时，可以遵照以下步骤，具体如图 8.2 所示。

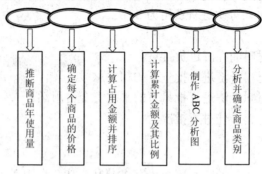

图 8.2　ABC 法分类步骤

(1) 推断商品年使用量。仓管员可以根据企业的生产计划、某类商品的往年入库与出库数量推断出该类商品的年使用量。

(2) 确定每个商品的价格。确定商品价格时，要选用统一的计量方法，对全部商品都以进货价格或出货价格计算。

(3) 计算占用金额并排序。利用商品单价乘以商品年使用量计算出每种商品的年占用金额，并按年占用金额的大小顺序排列全部品种的商品。

(4) 计算累计金额及其比例。按照商品占用金额的大小，将其编号、使用量、单价、占用金额等填入商品 ABC 分析表(见表 8.1)，并进一步计算出库存累计占用的总金额及各种商品占用库存金额的比例。

表 8.1　商品 ABC 分析表

序号	累计品目百分数	商品编号	使用量	单价	金额	占用金额比例(%)	累计占用比例(%)
1							
2							
3							
⋮							

(5) 制作 ABC 分析图。以累计品目百分比为横坐标，累计占用金额百分比为纵坐标，根据 ABC 分析表中的相关数据绘制出 ABC 分析图，具体如图 8.3 所示。

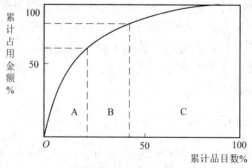

图 8.3　ABC 分析图

(6) 分析并确定商品类别。一般来说，A 类商品品种只占存货总数的 15%，但它的库存金额却占总数的 70%～80%；B 类商品品种只占存货总数的 30%，其价值占总金额的

15%~25%；C 类商品品种占存货总数的 55%，但其价值只占总金额的 5%。

(三) 掌握各类商品控制要点

根据商品的分类，仓管员要对其分类控制，如重点加强对 A 类商品存货的控制，以降低其存货储备成本，避免积压大量资金。

对各类商品存货的具体管理方法如表 8.2 所示。

表 8.2　ABC 类商品控制要点

商品类别 项目	A 类	B 类	C 类
管理方式	将库存量压缩到最低	按消耗时松时紧控制库存	以比较高的库存来节省订货费用
订货方式	定期订货	定量订货	双堆法
库存计划	详细计划	统计计算	随时进货
盘查方式	经常盘查	一般盘查	按年/季度盘查
库存记录	详细记录库存数量金额	主要记录数量	主要记录金额
安全库存量	低	较高	允许较高

三、定量订购与定期订购管理法

(一) 定量订购管理法

1. 定量订购管理法的原理

所谓定量订货法是指当库存量下降到预定的最低库存量(订货点)时，按规定数量(一般以经济订货批量(EOQ)为标准)进行订货补充的一种库存控制方法。实施定量订购法主要靠控制两个参数：一个是订货点，即订货点库存量；另一个是订货批次的数量，即经济订货批量(EOQ)，这样既可以最好地满足库存需要，又能使总费用最小化。

2. 定量订购管理法解决的问题

(1) 订货批次的数量，即经济订货批量(EOQ)的确定(前文已述)。

(2) 订货点的确定。

通常订货点的确定主要取决于需要量、订货提前期和安全库存三个因素。在需要量固定均匀、订货提前期不变的情况下，订货点的计算公式为

$$订货点 = 平均每天需要量 \times 订货提前期 + 安全库存$$

$$安全库存 = (预计日最大耗用量 - 平均日需要量) \times 订货提前期$$

注：在需求和订货提前期确定的情况下，不需要设安全库存，可直接求出订货点，公式如下：

$$订货点 = 订货提前期的需求量 = 平均每天需要量 \times 订货提前期$$

例如：企业某种物资的订购批量为 2000 个，平均提前期时间为 10 天，平均每日正常需用量为 50 个，预计日最大耗用量为 80 个，则

$$安全库存 = (80 - 50) \times 10 = 300(个)$$

$$订货点 = 50 \times 10 + 300 = 800(个)$$

这就是说，当实际库存量超过 800 个时，不考虑订购；而当库存量降低到 300 个时，就应及时按规定的订购批量 2000 个提出订购。

3. 定量订购管理法的模型

定量订购管理法的模型如图 8.4 所示。图中，最高库存量 OG 为每次订购批量 BG 与安全库存量 OB 之和，D 为订购点。

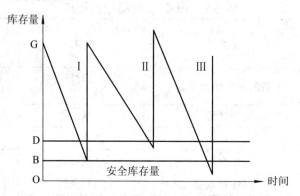

图 8.4   定量订购管理法模型

图中 I 为库存量按预计需求速度均匀消耗的情况。当达到 D 时即提出订购，当库存量降至安全库存量 B 时刚好得到补充，补充量为 BG。II 为当需求速度减慢时的情形。当库存量降至 D 点时即提出订购，订购量为 BG，但由于需求速度减慢，库存量还未降至 B 点即到货，补充以后超出最高库存量。III 为需求加快时的情形。当库存量降至 D 点时，提出订购，由于需求加速，当库存量降至 B 点时，订购的货还未到来，动用了安全库存，当补充后，库存未达到最高储备量。

4. 定量订购管理的优缺点

定量订购管理的优点如下：

(1) 定量订货法数量固定，便于采用经济订货批量进行订货，可以降低库存成本，节约费用，提高经济效益。

(2) 控制参数一经确定，则实际操作就变得不困难了。实际中经常采用"双堆法"来处理，即将某商品库存分为两堆，一堆为经常库存，另一堆为订货点库存，当经常库存被用完就开始订货，并使用订货点库存，不断重复操作。这样可以减少盘点库存的次数，方便可靠。

(3) 当订货量确定之后，商品的验收、入库、保管和出库业务可以利用现有规格化器具和计算方式，节约了搬运、包装等方面的作业量。

定量订购管理的缺点如下：

(1) 要随时掌握库存动态，对安全库存和订货点库存进行严格控制占用了一定的人力和物力。

(2) 订货模式过于机械，缺乏灵活性。

(3) 订货时间不能预先确定，对于人员、资金、工作业务的计划安排具有消极影响。

(4) 受单一订货的限制，使用多品种联合订货采用此方法时还要灵活进行处理。

5. 定量订购管理法的适用范围

(1) 单价比较便宜，不便于少量订货的产品，如螺栓、螺母等。

(2) 需求预测比较困难的维修材料。

(3) 品种、数量繁多，库房管理事务量大的物品。

(4) 消费量计算复杂的产品。

(5) 通用性强、需求量比较稳定的产品等。

(二) 定期订购管理法

1. 定期订购管理法的原理

定期订货控制模式又称为订货间隔期法，是一种以固定检查和订货周期为基础的库存控制法。它是基于时间的订货控制方法，基本原理是：预先确定一个订货周期和最高库存量，周期性地检查库存，根据最高库存量、实际库存和在途订货量，计算出每次订货批量，发出订货指令，组织订货。

2. 定期订购管理法解决的问题

订货间隔期的长短直接决定最高库存量的多少，即库存水平的高低，库存成本的多少进而也被决定。所以，订货周期不能太长，否则会增加成本；也不能太短，否则会使订货次数增加，使得订货费用增加，进而增加库存总成本。从费用方面来看，如果要使总费用达到最小，订货周期可以采用经济订货周期的方法来确定，其公式是

$$订货间隔期 = \sqrt{\frac{2 \times 单次订货成本}{单位商品年储存成本 \times 单位时间内库存商品需求量}}$$

$$最高库存量 = 平均每日需用量 \times (订购时间 + 订购间隔期) + 保险储备定额$$

$$订购批量 = 平均每日需用量 \times (订购时间 + 订购间隔期) + 保险储备定额$$
$$- 实际库存量 - 在途订货量 + 待出库商品数量$$

3. 定期订购管理法的模型

定期订购管理法模型如图 8.5 所示，图中，$t = t_2 - t_1 = t_3 - t_2$。OB 为安全库存量，OG 为最高库存量。

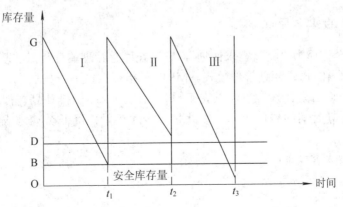

图 8.5 定期订购管理法模型

图 8.5 中 I 为正常需求情况下的情形。当库存量达到订购期(D 点)时提出订购，当库存量降至 B 点时，所订货物运到，补充库存至最高库存量。图中 II 为需求放慢时的情形。当库存量达到订货期时提出订购，但因需求放慢，库存量还未降至 B 点时即得到补充，同样也补充库存至最高储备量。图中 III 为需求加快时的情形。由于需求加快，盘点时库存量已较低，使得所订货物到库时库存降至安全库存 B 点以下，动用了安全库存。

4. 定期订购管理法的优缺点

定期订购管理法的优点如下：

(1) 不必每天检查库存(定量订货法需每天盘存)，只在订货周期这一天检查即可，简化了工作内容。

(2) 可以使用多品种联合订货，减少了订货费用。

定期订购管理法的缺点如下：

(1) 安全库存量不能设置得太少，因为它的保险周期(订购时间+订购间隔期)较长，需求量较大，需求标准偏差也较大，因此需要设置较大的安全库存量来保障需求。

(2) 每次订货的批量不一致，无法制定出经济订货批量，因而运营成本高居不下，经济性较差。

5. 定期订购管理法的适用范围

(1) 消费金额高、需要实施严格管理的重点物品，如常见的 A 类商品。

(2) 需要根据市场状况和经营方针经常调整生产或采购数量的物品。

(3) 需求量变动幅度大，但变动具有周期性，而且可以正确判断其周期性的物品。

(4) 建筑工程、出口等时间可以确定的物品。

(5) 受交易习惯的影响，需要定期采购的物品。

四、物料需求计划(MRP)库存控制法

MRP 库存控制法是依据市场预测需求和顾客订单的数量制定产品生产计划，然后再根据产品生产进度计划、组成产品库存状况和物料结构表，使用计算机计算出所需物料的需求时间和需求量各是多少，从而确定物料的加工、订货日程和进度。它是一种比较新的仓储管理实用技术。

(一) MRP 的基本原理

MRP 英文全称译为"物料需求计划"，它是在库存管理的订货点法基础上提出来的一种工业制造企业内的物资计划管理模式。MRP 是指根据产品结构层次、物品的从属和数量关系，以每个物品为计划对象，以完工日期为时间基准倒排计划，按提前期长短区别各个物品下达计划时间的先后顺序。以此来减少库存量，降低劳动力成本，提高按时发货率。

MRP 的主要内容如下：

• 需要什么？

• 需要多少？

• 什么时候需要？

MRP 的基本原理：由主生产进度计划(MPS)、主产品结构文件(BOM)和产品库存文件(PIF)逐个求出主产品所有零部件的生产时间和生产数量，把这个计划叫做物料需求计划。其中企业内部生产的零件，需根据各自生产时间的长短来提前安排投产时间，形成零部件投产计划；如果零部件需要从外部买进，则需要根据各自的订货提前期来决定各自订货的时间与订货数量，形成采购计划。按照这个投产计划进行生产和按照采购计划进行采购，就可以实现所有零部件的生产计划，在能够保证产品交货期的同时，降低原材料的库存量，减少资金占用。MRP 的逻辑原理如图 8.6 所示。

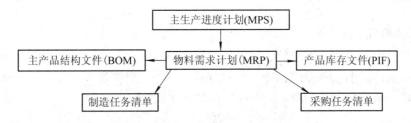

图 8.6　MRP 逻辑原理图

输入完毕后，现有库存量、净需求量、计划订货量和计划发出订货量会由系统自动计算出来。

(二) MRP 系统的运行

1. MRP 的输入

(1) 主生产进度计划(MPS)。主生产进度计划是确定最终产品在每一个具体时间生产的产品数量，在一般情况下具体时间的单位为周，也可以是日、旬和月。主生产进度计划一般处理的是最终物料，有时处理的是主要的部件。

(2) 主产品结构文件(BOM)。主产品结构文件由各物料、零件和部件等组成，反映一个完整的生产产品的描述，BOM 也称为产品结构树。

(3) 库存文件(也叫库存状态文件)。库存文件反映的是企业有什么，是对企业的原材料、零部件、在制品等库存状态的一种反应。其主要参数如下：

① 总需求量：部件或原材料等在要求的时间内的需求数量，它不考虑当前库存。

② 预计入库量：已经确定的、在规定时间内到达的采购货物的数量。

③ 现有库存量：企业仓库中可用的货物库存数量。

④ 净需求量：各具体的时间实际需求数量。

⑤ 已分配量：目前保存在企业仓库中，但已分配计划了的货物数量。

⑥ 计划订货量：根据需求时间计算出的货物需求到达的数量。

⑦ 计划下达量：企业根据订货提前期应当发出订单的货物数量。

2. MRP 的输出

(1) 净需求量。净需求量是指系统需要外界在给定的时间内提供的给定物料的数量。这是物资资源配置最需要回答的问题。不是所有零部件每一周都有需求的，只有缺货的周才发生净需求量。如果本期期初库存量(上期期末库存量)加上本期计划到货量小于本期的总需求量就称为缺货。

$$本周净需求量 = 本周总需求量 - 本周计划到货量 - 本周周初库存量$$

(2) 计划接受订货量。为满足净需求量的需求，应该计划从外界接受订货的数量和时间称为计划订货量。

(3) 计划发出订货量。发出采购订货单进行采购或发出生产任务单进行生产的数量和时间称为计划发出订货量，它在数量上等于计划接受订货量，时间上比计划接受订货量提前一个提前期。

(三) MRP 的计算方法

1. 产品结构与零件分解

产品结构是将最终产品的组件、部件、零件按组装成品顺序合理地分解为若干个等级层次，从而构成产品的完整系统。产品结构越复杂，等级层次越多，零部件和材料明细表就越复杂。以一个简单产品为例，其产品结构如图 8.7 所示。

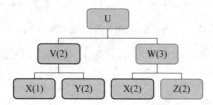

图 8.7 产品结构树状关系图

从图 8.7 可以看出，U 是最终产品，共有三个等级层次。第一层次，U 由 2 个单位 V 和 3 个单位 W 组成。第二层次，部件 V 由一个单位 X 和 2 个单位 Y 构成；部件 W 由 2 个单位 X 和 2 个单位 Z 构成。其中 X 是 V 和 W 的通用件。

零部件分解是指根据企业在规定时期内应生产的产品种类和数量，分析计算产品所需各种零部件的种类和数量，并计算出每一种零部件所需准备、加工及采购过程的全部时间。

2. 零部件需要量的计算方法

以图 8.7 的产品结构为例，已知 U 是最终产品，属于独立需求，其需求量是由客户和市场所决定的。若已知其需求量为 100 个，而其他各种零部件都属于相关需求，其需求量受 U 产品的数量影响，根据所有产品及零部件的库存量，可以计算出它们的实际需求量，计算结果如下：

部件 V：$2 \times U$ 的数目 $= 2 \times 100 = 200$(个)

部件 W：$3 \times U$ 的数目 $= 3 \times 100 = 300$(个)

部件 X：$1 \times V$ 的数目 $+ 2 \times W$ 的数目 $= 1 \times 200 + 2 \times 300 = 800$(个)

部件 Y：$2 \times V$ 的数目 $= 2 \times 200 = 400$(个)

部件 Z：$2 \times W$ 的数目 $= 2 \times 300 = 600$(个)

3. MRP 采购订货的确定方法

当需求量确定以后，就要进一步明确各种货物的进货总量、每一次的进货批量以及订货周期，一般可用表格法计算确定。

例如：假定已知某产品或零部件在一段时间内每周的总需求量分别如表 8.3 第二行所示，每次订货批量为 40 件，订货周期或采购提前期为 3 周。

表 8.3 MRP 采购订货计算表

时间/周	1	2	3	4	5	6	7	8	9	10	…
总需求量	20	33	25	16	18	19	20	6	2	20	
计划到货量		40		40		40				40	
库存量(40)	20	27	2	36	8	29	9	3	1	21	
计划订货量	40		40				40				

在表 8.3 中，第 1 行表示时间间隔为 1 周，第 2 行为总需求量。如果是最终产品，总需求量主要根据客户和市场确定；如果是零件和物料，应区分独立需求的零件与相关需求的零件。前者按市场预测确定，后者由最终产品数量确定。本例中，每周总需求量是不等的，因此它的订货时间和到货时间应根据需求量的变化而变化。第 3 行为计划到货量，一般是根据实际需要时间来确定的，第二周到货 40 件，因订货周期为 3 周，所以它是上周发出订货到期进厂的零件；第 4 周到货 40 件，是第 1 周订货到期进厂的零件；第 6 周和第 10 周各到货 40 件，分别是第 3 周和第 7 周订货进厂的零件。第 4 行为库存量，第 1 周的库存量是上周库存量 40 − 20 = 20；第 2 周库存量是 20 + 40 − 33 = 27，即每周库存量 = 本周收货量 + 上周库存量 − 本周需要量，本例不考虑最高和最低储备量。第 5 行为计划订货量，主要是根据计划到货期决定的，本例按每次计划到货期提前 3 周发出采购通知单，是定量不定期；而在实际工作中，也可以是定期不定量。

(四) MRP 与订货点法的区别

1. 基本概念

MRP 是一种以计算机为基础编制生产作业计划与实行控制的系统，它不仅是一种新的计划管理方法，而且也是一种新的组织生产方式。企业怎样才能在规定的时间、规定的地点、按照规定的数量得到真正需要的物料，换句话说，库存管理怎样才能符合生产计划的要求，这就是物料需求计划所解决的。MRP 是根据总生产进度计划中规定的最终产品的交货日期，规定必须完成各项作业的时间，编制所有较低层次零部件的生产进度计划，对外计划各种零部件的采购时间与数量，对内确定生产部门应进行加工生产的时间和数量。一旦作业不能按计划完成，MRP 系统可以对采购和生产进度的时间和数量加以调整，使各项作业的优先顺序符合实际情况。

订货点法指的是：对于某种物料或产品，由于生产或销售的原因而使库存量逐渐减少，当库存量降低到某一预先设定的点时，即开始发出订货单(采购单或加工单)来补充库存，直至库存量降低到安全库存时，发出的订单所定购的物料(产品)刚好到达仓库，补充前一时期的消耗，此一订货的数值点即称为订货点。订货点法也称为安全库存法。

2. 产生发展

MRP 最初出现在美国，是由美国生产与库存管理协会倡导而发展起来的。订货点法又称订购点法，始于 20 世纪 30 年代，是传统的库存管理理论与方法。

初期的 MRP 即物料需求计划，是以库存管理为核心的计算机辅助管理工具。而 20 世纪 80 年代发展起来的 MRP II，已延伸为制造资源计划(Manufacturing Resource Planning)。它从市场预测、生产计划、物料需求、库存控制、车间控制进一步延伸到产品销售的整个生产经营过程以及与之有关的所有财务活动中，从而为制造业提供了科学的管理思想和处理逻辑以及有效的信息处理手段。到了 20 世纪 90 年代，又出现了 ERP(Enterprise Resource Planning)的概念，进一步发展了 MRP II 的理论和方法。MRP II/ERP 的发展经历了五个阶段，即 20 世纪 40 年代的库存控制订货点法、20 世纪 60 年代的时段式 MRP、20 世纪 70 年代的闭环 MRP、20 世纪 80 年代发展起来的 MRP II 及 20 世纪 90 年代出现的 ERP。

在计算机出现之前，发出订单和进行催货是一个库存管理系统在当时所能做的一切。库存管理系统发出生产订单和采购订单，但是，确定对物料的真实需求却是靠缺料表，该表中所列的是马上要用、但却发现没有库存的物料。订货点法是在当时的条件下，为改变这种被动的状况而提出的一种按过去的经验预测未来的物料需求的方法。这种方法有各种不同的形式，但其实质都是着眼于"库存补充"的原则。"补充"的意思是把库存填满到某个原来的状态。库存补充的原则是保证在任何时候仓库里都有一定数量的存货，以便需要时随时取用。当时人们希望用这种方法来弥补由于不能确定近期内准确的必要库存储备数量和需求时间所造成的缺陷。订货点法依据对库存补充周期内需求量的预测，并保留一定的安全库存储备，来确定订货点。安全库存的设置是为了应对需求的波动。一旦库存储备低于预先规定的数量，即订货点，则立即进行订货来补充库存。

可见，订货点法本身具有一定的局限性。MRP 是在解决订货点法缺陷的基础上发展起来的。

MRP 的出现和发展，引起了生产管理理论和实践的变革。例如，某种物料库存量虽然降低到了订货点，但是可能在近一段时间企业没有收到新的订单，所以近期内没有新需求产生，暂时可以不用考虑补货。故此订货点法也会造成一些较多的库存积压和资金占用。

MRP 与订货点法的区别有三点：

一是通过产品结构将所有物料的需求联系起来。订货点法是彼此孤立地推测每项物料的需求量，而不考虑它们之间的联系，从而造成库存积压和物料短缺同时出现的不良局面。MRP 则通过产品结构把所有物料的需求联系起来，考虑不同物料的需求之间的相互匹配关系，从而使各种物料的库存在数量和时间上均趋于合理。

二是将物料需求分为独立需求和非独立需求并分别加以处理。MRP 把所有物料按需求性质分为独立需求项和非独立需求项，并分别加以处理。如果某项物料的需求量不依赖于企业内其他物料的需求量而独立存在，则称为独立需求项；如果某项物料的需求量可由企业内其他物料的需求量来确定，则称为非独立需求项或相关需求项。如原材料、零件、组件等都是非独立需求项，而最终产品则是独立需求项，独立需求项有时也包括维修件、可选件和工厂自用件。独立需求项的需求量和需求时间通常由预测和客户订单、厂际订单等外在因素来决定，而非独立需求项的需求量和时间则由 MRP 系统来决定。

三是对物料的库存状态数据引入了时间分段的概念。所谓时间分段，就是给物料的库存状态数据加上时间坐标，即按具体的日期或计划时区记录和存储库存状态数据。在传统的库存管理中，库存状态的记录是没有时间坐标的，记录的内容通常只包含库存量和已订货量。当这两个量之和由于库存消耗而小于最低库存点的数值时，便是重新组织进货的时间。因此在这种记录中，时间的概念是以间接的方式表达的。

五、准时制生产(JIT)库存控制法

(一) JIT 简介

JIT(Just in Time)的中文意思是准时制，如将其与生产管理与库存管理联系起来，意为"准时到货"，在库存管理中主要应用于订货管理，即采购管理中形成的一种先进的采购模式——准时制采购。JIT 的产生缘于 1973 年爆发的全球石油危机及由此所引起的日益严重的自然资源短缺，这对于当时靠进口原材料发展的日本冲击最大。生产企业为提高产品利润，增强公司竞争力，在原材料成本难以降低的情况下，只能从物流过程寻找利润源，降低采购、库存、运输等方面所产生的费用。这一思路最初由日本丰田汽车公司提出并应用，并取得了意想不到的效果，使丰田公司的经营绩效与其他汽车制造企业拉开了距离，其产品质量和交货期也处于世界领先地位。随后，其他许多日本公司也采用了这一技术，为日本经济的发展和崛起做出了重要贡献。

JIT 反映了生产制造业追求优秀的一种理念，与 MRP "推动系统"不同，它是通过工厂的"拉动系统"进行管理，涉及产品设计、过程设计、设备选择、物料管理、质量保证等一系列的活动。其基本点是有计划地消除所有的浪费，持续不断地提高生产率。消除从原材料到产成品的所有过程中的一切浪费，强调零库存，以零缺陷为目标改善产品质量，通过减少准备时间、队列长度和批量达到缩短提前期和改进操作过程的目的，并且以最小成本来实现这些目标。应用 JIT 理念管理库存不但可以减少库存，还可以加快库存周转，缩短提前期，提高进货量，取得满意的交货效果。

(二) JIT 的基本原理

JIT 的基本原理是以需定供，即供方按照需方要求的品种、规格、质量、数量、时间、地点等，将物品配送到指定的地点。不多送也不少送，不早送也不晚送，所送品种个个保证质量，不能有任何废品。

众所周知，传统的生产系统采用的是由前向后推动式的生产方式，即由原材料仓库向第一道生产工序供应原材料，进行加工和生产，由此向后推，直到制成成品转入产成品仓库，等待销售，在这种生产系统中，大量原材料、在制品、产成品的存在，必然导致大量生产费用的占用和浪费。而 JIT 的基本思想正好与传统的生产系统相反，它是以顾客(市场)为中心，根据市场需求来组织生产。JIT 是一种拉动式的管理，即逆着生产工序，由顾客需求开始，订单→产成品→组件→配件→零件和原材料，最后到供应商。JIT 要求企业的供、产、销各环节紧密配合，大大降低了库存，从而降低了成本，提高了生产效率和效益。

JIT 不仅是一种旨在降低库存、消除整个生产过程中的浪费、优化利用企业资源、全面提高企业生产率的管理哲学，更是一种先进的生产组织方式，它一环扣一环，不允许有任何一个环节出差错。JIT 对浪费的解释与我们通常意义上讲的浪费不同，它认为凡是不增加价值的活动都是浪费，如搬运、库存、质量检查等，或者说凡是超出增加产品价值所必需的物料、机器和人力资源的部分都是浪费。

零库存和零缺陷是 JIT 生产追求的目标。JIT 认为，一个企业中所有的活动只有当需要进行的时候再进行，才不至于造成浪费。

JIT 不仅是库存管理的一场革命，也是整个企业管理思想的一场革命：

(1) 它把物流、商流、信息流合理组织到一起，成为一个高度统一、高度集中的整体。

(2) 体现了以市场为中心，以销定产，牢牢抓住市场的营销观念，而不是产品先生产出来再设法向外推销的销售观念。

(3) 生产活动组织严密、平滑，没有多余的库存，也没有多余的人员。

(4) 实现库存成本大幅度下降。

(三) JIT 的特点

在恰当的时间、合适的地理位置，以恰当的数量、恰当的质量提供恰当的物品是 JIT 生产的基本思想。与传统的采购方式比较，JIT 生产方式采购的主要特点如表 8.4 所示。

表 8.4　JIT 生产方式采购与传统采购的区别

项　目	JIT 采购	传统采购
采购批量	小批量、送货频率高	大批量、送货频率低
供应商选择	长期合作、单源供应	短期合作，多源供应
供应商评价	质量、交货期和价格	质量、价格和交货期
检查工作	逐渐减少，最后消除	收货、点货、质量验收
协商内容	长期合作、质量和合理价格	获得最低价格
运输	准时送货、买方市场	较低的成本、卖方负责安排
文书工作量	文书工作量少，需要的是有能力改变交货时间和质量	文书工作量大，改变交货期和质量的订单多
产品说明	供应商革新，强调性能宽松要求	买方关心设计，供应商没有创新
包装	小、标准容器包装	普通包装，无特定说明
信息交流	快速、可靠	一般要求

1. 供应商的数目减少，甚至单源供应

JIT 采用有别于传统供应商多源的供应方式，与供应商建立长期的合作伙伴关系，而不是传统的交易关系，这样可以享受长期的、规模的低成本效益，并且在原材料和外购零部件等的质量上得到保证。由于长期的合作伙伴关系，JIT 把质量的保障责任放在供应商处，而不需要企业部门来把关。供应商须参与生产企业从产品设计到生产管理的整个过程，而不仅仅是按指令供货。从源头上保证供货质量，将供应商所供的货直接送到生产线上，减少了一系列的传统中间环节，从而达到降低成本的目的。

2. 小批量供货和较短的备货时间

小批量供货是 JIT 的特点之一，以保证按时、保质、保量供货。由于小批量供货要求较短的备货时间，因此在采用 JIT 模式时，供应商及仓储设施等就在生产企业的周围建立起来。

3. 高效的信息共享

要达到消除浪费、降低成本和零库存的目的，从供应商供货到产品的生产及产品销售等整个供应链就需要依赖高效的信息来协调整个系统。及时、准确的信息可以使产供销之间的时间差、地区差和空间差降低到最低程度，以达到降低成本和提高企业效益的目的。

(四) JIT 生产系统的目标

1. 减少损亏时间

换产时间与生产提前期使整个生产过程发生了延长，然而产品价值没有发生任何增值。除此之外，较长的换产时间和较长的生产提前期还会对系统的柔性产生消极影响。因此，减少换产时间和生产提前期非常重要，需要不断地进行改进。

2. 使中断不复存在

有很多原因都能造成生产中断：质量的低劣、设备故障、进度安排改变、送货延迟等。中断会对系统产生不好的影响，因此应尽可能地消除。

3. 消灭浪费现象

存货是一种资源闲置，占用空间也会使系统成本得到增加，应该尽可能地使存货最小化。

在 JIT 理念中，下列情况均属浪费：

(1) 生产过多，包括制造资源的过度使用。

(2) 等候时间。需要等待的时间不能发生增值。

(3) 不必要的运输。这会增加处理成本，增加在制品存货。

(4) 存货。使资源被闲置，隐藏质量问题，属于无效生产。

(5) 废品。不必要的生产步骤与废料往往由此形成。

(6) 低效工作方法。由糟糕的生产布局与物料移动模式所导致，还会增加在制品存货。

(7) 产品缺陷。需要返工成本，以及由于顾客不满意使销售受到损失。

4. 使系统具有柔性

柔性系统是一种生产系统，它充满活力，足以进行多种产品生产，通常以日为计时单位，产出水平的变化由它控制，同时也能保持平衡的生产速度。它能使整个系统更好地面对一些不断变化的因素。

(五) JIT 实施条件

在理想的 JIT 系统中，不存在提前进货的情况，因而使库存费用降至最低点。JIT 获得成功需要以下条件：

(1) 完善的市场经济环境和发达的信息技术。

(2) 可靠的供应商，按时、按质、按量地供应，通过电话、传真、网络即可完成采购。

(3) 生产区域的合理组织，建立符合逻辑、易于产品流动的生产线。

(4) 生产系统要有很大的柔性，为改变产品品种而进行的生产设备调整时间接近于零。

(5) 要求平时注重设备维修、检修和保养，避免设备失灵。

(6) 完善的质量保证体系，无返工，无次品、不合格品。

(7) 人员生产高度集中，各类事故发生率为零。

(六) JIT 生产系统的主要管理方法

JIT 发明了大量具有特色的管理方法，其中看板管理方法影响最深、作用最大。

1. 看板管理

(1) 看板管理的基本概念。按市场的需求安排生产，生产的产品能马上销售，强调准时，达到即产即销，这就是看板管理的概念。反之，如果需求不确定，生产就不要进行。看板管理方法把后工序看成用户，只有需求被后工序提出，前工序才能被允许生产，看板充当了传递指令的角色。看板管理能够控制准时化生产的生产进度，能实现随时对作业计划作微调。

(2) 看板的形式。看板就是记载生产信息的一种卡片，分为取货看板和生产看板两种。它们分别具有不同的用途：取货看板具有取货指令的作用，一旦接到"取货看板"，应该根据看板上的数量立即发货；生产看板具有生产指令的作用，前工序应该生产的数量被标记在上面，后工序向前工序发来生产看板，前工序就应该按照指令立即生产看板上规定数量的零件。

(3) 看板的使用。在实际的生产过程中，不同的看板发送方式被应用在不同场合，有单板方式和双板方式，它们的流程也不尽相同。如果一条生产线上通常需要生产各种产品，则针对不同的产品要设计不同的看板。生产时，根据需求发出某种产品的看板。具体方式可以多种多样，但实行的原则必须相一致：

① 不见看板不发料，按看板规定的数量发料，看板发料要以零件为标准；

② 按看板规定数量生产，当生产的品种多样化时，必须按看板送来的次序生产；

③ 后工序不准接收不合格产品；

④ 看板使用的张数要随时间的推移逐步减少。

2. 平准化生产

这个新名词是丰田公司创造的，它的含义是同一条生产线上制造各种产品但必须均匀混合。因为按照准时制生产要求，市场需要什么产品，就应该生产什么产品。市场不可能今天只需要 A 产品，而不需要其他产品，明天只需要 B 产品，而不需要 A 产品，后天又只需要 C 产品。市场每天对产品的需求肯定不是单一的，所以生产也不能是单一的。可以说实现准时制生产的必要条件就是平准化生产。它也是减少库存量的一项重要举措。

准时制生产采用对象专业化的生产组织方式，使用高效专用设备。为了对混合生产实行平准化，设备应该具有通用性。

实行平准化生产必须由生产计划予以保证。一般采用两阶段的月生产计划：第一步要制定初步的产品品种与数量计划，需提前两个月进行；详细修订生产计划，需提前一个月进行。这两份计划资料都要及时传送给各制作厂。第二步进入执行计划阶段，根据月计划制定日生产计划(A 型车的月生产计划是 5000 辆，月工作日是 20 天，那么 A 型车的日生产计划是 250 辆，其他车型也是如此平均分配)。投产顺序排程必须在投产前两个工作日制定，并立即按投产顺序下达给主要部件厂商和总装配线。执行平准化生产的计划要采用看板方式。

3. 零库存管理

库存在生产中的作用十分重要，为了保证生产过程能够持续，往往设立许多在制品库存。在财务报表上，库存作为企业财产的一部分被列出，换个角度看，它占用了流动资金，也可以被认为是企业债务的一部分。如果认为它是财产，库存多一些并非不是好事；如果从债务的角度看，就应当减少库存。库存被准时化生产看成是债务，所以尽可能降低库存是必须的。

准时化生产认为库存量增加以后管理中的大量问题就被库存所掩盖了，例如，因质量管理不善，过量的废品使生产进度受到影响，以增加库存的办法进行应对，质量管理上的问题就被掩盖了；因设备故障影响了生产，也用增加库存的办法进行应对，设备管理上的问题也被库存掩盖了，如此等等。总之，传统的生产管理强调设备必须不停运转，生产必须不能被中断，对付种种影响生产的因素只靠增加库存一条措施来解决问题，所以系统效率比较低下。准时化生产主张减少库存，最好实现零库存。当然，零库存的理想状态是不可能达到的，但零库存的目的是通过降低库存，发现管理中的问题，妥善解决这些问题，使生产系统得到改善；再使库存进一步减少，再发现新的问题，再进行解决，这样生产系统就得到了进一步的改善。改善的过程是一个循环的过程，在这个过程中，生产系统不断改善。零库存管理体现出准时化生产管理的思想是追求尽善尽美。

4. 少人化管理

降低成本的重要手段是少人化。在丰田公司看来，如果一项改进仅仅是提高工作效率，而不能使人员减少是不可取的。他们认为应该在提高生产率的同时也必须达到减少人员的目的。少人化管理具体有两个含义。一是生产工人数量随生产而变动。严格按需求生产是准时化的原则所要求的，不提前、不过量。只要需求发生波动，产量就会有高低，生产人数应该做相应的调整。产量大，应该多配备一些员工，反之，员工的人数就应该减少。二是通过作业改进使作业人数不断减少，达到提高效率、降低成本的目的。为达到这个目的，下面两条重要措施常常被采用。

(1) 培养多面手。培养多面手就可以达到便于随时调整生产线上的作业，灵活自如地安排工人任务的目的。工人掌握技能的多少与生产线作业的灵活性同方向变化。

(2) 小组工作。企业的生产组织以小组为单位进行。小组功能被强化，小组内的工人除了承担生产任务之外，还参与管理。小组要承担参与物耗控制、对质量负责、设备调整的任务，负责设备保养和简单修理，还要对现场的工作进行改进完善。小组工作是劳动组织上的一项改变和革新，它是实现精益生产的核心思想——杜绝一切浪费的组织保证。

小组工作强调协作与团队精神，它坚持以人为本，本组内的事情大家共同关心、共同解决。每个成员都要掌握多种技能，能够胜任本组内每个岗位的操作，在需的时候可以相互支援帮助。

小组工作具有十分深远的意义。它对人力资源的开发十分有利，在小组内每位工人都得到了表现自己的舞台，他们也得到了发挥才智的机会；小组工作把部分权力下放，使权利和责任在小组中结合，管理层次得到减少，工作程序得到简化，使小组可以创造地、独立自主地完成任务；小组工作有利于拉近员工之间的距离，各成员之间相互尊重、上下信任、团结协作，企业的凝聚力随之得到提高。

5. 缩短生产周期

生产周期是指从零件投料到成品产出所需要的时间。一件产品所有的加工工序都同步进行就是生产同步化。生产同步化要求装配线和机械加工几乎平行作业，这样可以缩短生产周期。达到同步非常困难，完全的同步化是不可能做到的。看板管理在这里将要装配的计划从总装配线通过看板传递到各条零件生产线，使得零件生产线保证能在总装线生产需要的时刻，提供需要的零部件。

(1) 一物一流生产。库存不在工序间设立，前工序加工完毕，立即进入下一工序，这就是所说的一物一流生产。实质上，这是指工序间采用平行传送方式，生产周期可以达到最短。

(2) 小批量生产。铸造、锻造、压制等都必须成批生产。为了使生产周期缩短，应当减少生产批量。要减少批量，应采取措施使设备调整时间减少，随着设备调整时间的缩短，批量也成比例地减少。例如假定调整时间为 2 小时，在制品的单位加工时间是 2 分钟，批量是 3600 件，则总生产时间为：调整时间 + 总加工时间 $= 2 + (2 \times 3600 \div 60) = 122$ 小时。如果把调整时间缩短到 6 分钟，即原来的 1/20，那么生产批量也可以减少到原来的 1/20，即 180 件，生产效率不变。因为反复生产 20 次，生产 3600 件所需的总时间仍然是 122 小时($(6 + 2 \times 180) \times 20 \div 60$)。但由于批量减少到原来的 1/20，因此生产周期可以大大地减少。

(3) 快速更换工装。生产过程中使用的各种工具的总称就是工装，如夹具、刀具、模具、量具等。当转换产品时，往往工装也需要更换，更换工装消耗的时间不能产生任何价值，如果时间很长，是一种极大的浪费。所以多换工装的办法一般不被企业采纳，宁可加大批量。但出于准时化生产的目的，不许减少批量，频频转换产品，要解决这对矛盾只有通过快速更换工装的办法。实践证明，快换工装是可以做到的。

(七) JIT 存货管理实现的基本步骤

1. 创建准时化采购班组

准时化采购班组要求由对 JIT 采购方法有充分了解和认识的人组成，其主要的职责是寻找资源、商定价格、发展并不断改进与供应商的协作关系。通常采购班组可分为两个小组：一组专门负责处理有关供应商的事物，比如认定和评估供应商的信誉、能力，与供应商谈判，签订合同，向供应商发放免检证等；另一组负责监督准时化采购过程，不断消除采购过程中的浪费。

2. 制定采购策略

这是实施准时化采购的关键一步，只有采购策略制定合理，才能充分发挥准时化采购的优势。在这一过程中要结合企业现状，应用准时化采购策略的核心思想，制定新的适合企业的采购策略，从而改进原有的采购方式。在这一过程中还要与供应商保持信息交流与沟通，一起商定目标和相关措施。

3. 精选少数几家供应商建立伙伴关系

要对供应商进行能力评估，尽可能减少供应商的数量。选择供应商时应考虑供应商的产品质量、供货能力、应变能力、地理位置、企业规模、财务状况、技术、价格以及其他供应商的可替代性等，选定后要注意维护和供应商之间的战略联盟关系，建立良好的商业伙伴关系。

4. 进行试点工作

选择公司的一种或两种原材料，运用新制定的采购策略进行试点，观察运行结果，通过和预想结果进行比对，总结经验教训，待新策略能够顺畅运行时再正式对所有原材料实施 JIT 采购。

5. 搞好供应商的培训、确定共同目标

为得到供应商的支持和配合，需要对供应商进行有关 JIT 采购策略和运作方法的培训，使供应商能够了解 JIT 运作过程对双方的好处，让供需双方树立共同目标，从而能够更好地协作开展 JIT 采购。

6. 给供应商颁发免检签证

对供应商提供的产品进行质量检查和评定，向能够提供质量合格产品并且信誉好的供应商颁发免检签证，这样就可以对拥有免检签证的企业产品省去繁琐的检验过程。

7. 实现配合节拍进度的交货方式

为了使 JIT 采购最终满足 JIT 生产方式的要求，交货方式要从预测交货向 JIT 交货方式转变，最终实现当需要某物资时，该物资刚好到达并被生产所利用。

8. 继续改进，不断完善

为保证 JIT 采购的不断完善，在实施过程中要不断总结经验教训，要从降低运输成本、提高交货准时化和产品质量、降低供应商库存等各个方面进行改进，从而不断提高准时化采购的运作业绩。

❖❖❖❖❖ **模 块 小 结** ❖❖❖❖❖

库存管理也称库存控制，是企业根据外界对库存的要求与订购的特点，预测、计划和执行一种补充库存的行为，并对这种行为进行控制。库存管理的目的是在满足顾客服务要求的前提下通过对企业的库存水平进行控制，尽可能降低库存水平，提高物流系统的效率，不断提高企业的竞争力。

根据对待库存物资的态度不同，可以将库存管理分成先进先出、后进先出以及零库存三种基本方式。库存管理模式主要包括 ABC 重点管理模式、经济订货批量控制管理模式、定期订货管理模式、定量订货管理模式、MRP 与 JIT 模式。

关键概念

库存的功能；库存合理化；经济订货批量；ABC 库存管理法；定量订货法；定期订货法；MRP 库存控制法；JIT 库存控制法

✦✦✦✦✦　　**练 习 与 思 考**　　✦✦✦✦✦

一、单选题

1. (　　)称为分存控制法，又称双堆法，即将储备的物资分为两堆，一堆为订购点库存量，另一堆是经常库存量。

　　A. 定量订购法　　　　　　　　B. 定期订购法

　　C. 经济订购批量法　　　　　　D. ABC 控制法

2. "关键的少数和次要的多数"是(　　)方法在库存管理方面的应用。

　　A. 经济订购法　　　　　　　　B. ABC 分类管理法

　　C. MRP 法　　　　　　　　　 D. JIT 法

3. 在仓库商品保管中，根据 ABC 分类规划原则，A 类产品应该(　　)。

　　A. 放在角落　　　　　　　　　B. 靠近门口

　　C. 靠门口较远　　　　　　　　D. 放在使用梯子才能取到的上层位置

4. 库存控制管理的定量订货法中，关键的决策变量是(　　)。

　　A. 需求速率　　　　　　　　　B. 订货提前期

　　C. 订货周期　　　　　　　　　D. 订货点和订货量

5. JIT 方法与 MRP 方法的不同之处是(　　)。

　　A. 减少库存　　　　　　　　　B. 降低成本

　　C. 有库存　　　　　　　　　　D. 没有库存

6. 某公司每年需消耗 A 材料 36 吨，每吨材料年存储成本为 30 元，平均每次进货费用为 240 元。根据经济订货批量模型，该公司购进 A 材料的经济订货批量是(　　)。

　　A. 6 吨　　　　　B. 12 吨　　　　　C. 18 吨　　　　　D. 24 吨

7. 定期订货法每个周期的订货量的大小应等于(　　)。

　　A. 当时的实际库存量与最高库存量的差值

　　B. 当时的实际库存量与最高库存量之和

　　C. 当时的实际库存量与最低库存量的差值

　　D. 当时的实际需求量与最高库存量的差值

8. 下列对定期订货法描述正确是(　　)。

　　A. 订货间隔期变化

　　B. 随时进行货物库存状况检查和记录

　　C. 订货成本较高

　　D. 在整个订货间隔期内以及提前订货期间内均有可能发生缺货

9. 定期订货法中订货周期的制定应遵循的原则为(　　)。

　　A. 时间最短　　　　　　　　　B. 效率最高

　　C. 总费用最省　　　　　　　　D. 服务能力最强

10. 下列属于制造企业的"零库存"管理形式的是(　　)。

　　A. 委托保管方式　　　　　　　B. 协作分包方式

　　C. 准时制方式　　　　　　　　D. 不能确定

二、多选题

1. ABC 分类法中的 A 类物资(　　)。

　　A. 品种多　　　　　　B. 价值大　　　　　　C. 勤进货
　　D. 少进货　　　　　　E. 尽量减少库存

2. 订购点法的适用范围包括(　　)。

　　A. 单价比较便宜，而且不便于少量订购的物品
　　B. 需求预测比较困难的物品
　　C. 品种数量多、库存管理事务量大的物品
　　D. 消费量计算复杂的物品
　　E. 通用性强、需求总量比较稳定的物品

3. 下列对定量订货法描述正确是(　　)。

　　A. 订货间隔期变化
　　B. 随时进行货物库存状况检查和记录
　　C. 订货成本较高
　　D. 缺货情况只是发生在已经订货但货物还未收到的提前订货期

4. 下列与经济订货批量有关的表述中，正确的有(　　)。

　　A. 经济订货批量是指企业存货成本达到最小时的每次采购数量
　　B. 与经济订货批量相关的存货成本包括采购成本、储存成本和订货成本
　　C. 随着采购量变动，储存成本和订货成本呈反向变化
　　D. 储存成本的高低与采购量的多少成正比
　　E. 订货成本的高低与采购批次的多少成反比

5. 下列对定期订货法描述正确的是(　　)。

　　A. 每次订货数量变化
　　B. 订货成本较低
　　C. 多品种统一进行订货
　　D. 在整个订货间隔期内以及提前订货期间内均有可能发生缺货
　　E. 订货成本较高

三、判断题

1. 订购成本是指企业向外部的供应商发出采购订单的成本，是企业为了实现一次订购而进行的各种活动费用的总和。它与订购次数无关，所以它属于固定成本。(　　)

2. 合理组织库存对生产部门来说，就是要有超量的生产原料库存作为生产连续进行的保证。(　　)

3. 与定量库存控制方法相比，定期库存控制方法不必严格跟踪库存水平，减少了库存登记费用和盘点次数。(　　)

4. 通常使用的库存控制系统有以下两种类型：定量订货系统(固定订货数量，可变订货间隔)；定期检查系统(固定订货间隔，可变订货数量)。(　　)

5. 定量库存控制也称订购点控制，是指库存量下降到一定水平(订购点)时，按固定的订购数量进行订购的方式。(　　)

四、简答题

1. 什么是库存管理？库存管理有何作用？

2. 库存管理的基本方式有哪些？

3. 简述 ABC 分类管理模式，并说明各类商品控制的要点。

4. 定期订购法与定量订购法分别适用于哪种类型材料的管理？

五、计算题

1. 某汽车公司需要 6110 型发动机，预计年需求量为 250 000 台，每台的价格为 32 000 元，平均每次的订购成本为 256 元，每台每年的保管费用为单价的 10%，根据 EOQ 模型，计算最佳订货批量。

2. 某仓库准备实行 ABC 库存管理方法，根历史数据显示，该仓库有 10 种物资，在过去一段时间内，这 10 种物资的吞吐量分别是 1、3、5、40、12、35、2、4、10、3 单位，请分析应如何进行 ABC 分类，并简要说明如何进行管理。

3. 某仓库平均每日消耗某种零件 20 个，订货提前期为 3 天，每年耗用零件 7200 件，该零件单位成本 10 元，单位存储成本 4 元，一次订货成本 25 元。问该仓库若采用定量订货法管理库存，应如何操作？

4. 某仓库每年耗用零件 7200 件，该零件单位成本 10 元，单位存储成本 4 元，一次订货成本 25 元。平均每日消耗该零件 20 个，订货提前期为 3 天，安全库存量 100 件。问该仓库若采用定期订购法管理库存，应如何操作？

5. 某仓库 M 商品年需求量为 16 000 箱，单位商品年保管费用为 20 元，每次订货成本为 1600 元，用定量订货法求经济订购批量(EOQ)；用定期订货法求经济订货周期(T)。

6. 某仓库 M 商品订货周期为 18 天，平均订货提前期为 3 天，平均库存需求量为每天 120 箱，安全库存量 360 箱。另某次订货时在途到货量 600 箱，实际库存量 1500 箱，待出库货物数量 500 箱，试计算该仓库商品最高库存量和该次订货时的订货批量。

◆◆◆◆　　实 训 实 践　　◆◆◆◆

1. 走访当地的物流企业，通过对企业物流全过程的实地跟踪考察，掌握库存的经济订购批量法的计算与运用，掌握定量订货法和定期订货法的确定和计算方法。

2. 观察 ABC 分类法在企业管理中的应用。

◆◆◆◆　　案 例 分 析　　◆◆◆◆

奥康：物流管理零库存

1998 年以前，奥康沿用以产定销营销的模式。当时整个温州企业的物流形式都是总部生产什么，营销人员就推销什么，代理商就卖什么。这种模式导致生产与市场需求脱离，库存加大、利润降低。

1999 年，奥康开始实施产、销两分离，全面导入订单制，即生产部门生产什么，不是生产部门说了算，而是营销部门说了算。营销部门根据市场的信息、分公司的需求、代理商的订单进行信息整合，最后形成需求，向生产部门下订单。这样，奥康的以销定产物流运作模式慢慢形成。

2004 年以前，奥康在深圳、重庆等地外加工生产的鞋子必须通过托运部统一托运到温州总部，经质检合格后方可分销到全国各个省级公司，再由省级公司向各个专卖店和销售网点进行销售。没有通过质检的鞋子需要重新打回生产厂家，修改合格以后再托运到温州总部。这样一来既浪费人力、物力，又浪费了大量的时间，加上鞋子是季节性较强的产品，错过上市最佳时机，很可能导致这一季的鞋子积压。

经过不断探索与实践，奥康运用将别人的工厂变成自己仓库的方法，解决了这一问题。具体操作方法是：奥康在深圳、重庆生产加工的鞋子无需托运回温州总部，只需温州总部派出质检人员前往生产厂家进行质量检验，质量合格后生产厂家就可直接从当地向奥康各省级公司进行发货，再由省级公司向各营销点进行分销。

奥康集团总裁王振滔表示，当时机成熟时，奥康完全可以撤销省级的仓库，借用别人的工厂和仓库来储存奥康的产品，甚至可以直接从生产厂家将产品发往当地直销点。这样既节省大量人力、物力、财力，又节省了大量时间，使鞋子紧跟市场流行趋势。同时，可以大量减少库存甚至保持零库存。按照这样的设想，奥康在 30 多家省级公司不需要设置任何仓库，温州总部也只需设一个中转仓库就可以了。

(案例选编自百度文库 http://wenku.baidu.com/view/45cfc7c58bd63186bcebbc0e.html)

结合案例回答问题：

奥康将别人的工厂变成自己仓库的做法有无弊病？为什么？

❯❯❯❯❯❯❯❯❯❯❯❯❯❯❯❯

模块九 仓储成本管理

 **学习目标**

1. 掌握仓库经营的成本构成，能够对仓储成本进行控制和开展成本管理
2. 掌握降低仓储成本的途径
3. 掌握仓储管理指标体系
4. 了解仓储成本的计算及影响因素

 **案例导入**

美国布鲁克林酿酒石物流成本管理案例

1. 布鲁克林酿酒厂对运输成本的控制

布鲁克林酿酒厂于 1987 年 11 月将它的第一箱布鲁克林拉格运到日本，并在最初的几个月里使用了各种航运承运人。最后，日本金刚砂航运公司被选为布鲁克林酿酒厂唯一的航运承运人。金刚砂公司之所以被选中，是因为它向布鲁克林酿酒厂提供了增值服务。金刚砂公司在其国际机场的终点站交付啤酒，并在飞往东京的商务航班上安排运输，金刚砂公司通过其日本报关行办理清关手续。这些服务有利于保证产品完全符合保鲜要求。

2. 布鲁克林酿酒厂对物流时间与价格的控制

啤酒之所以能达到新鲜的要求，是因为这样的物流作业可以在啤酒酿造后 1 周内将啤酒从酿酒厂直接运送到顾客手中，而海外装运啤酒的平均订货周期为 40 天。新鲜啤酒能超过一般价值定价，高于海运装运的啤酒价格的 5 倍。虽然布鲁克林拉格在美国是一种平均价位的啤酒，但在日本，它是一种溢价产品，获得了极高的利润。

3. 布鲁克林酿酒厂对包装成本的控制

布鲁克林酿酒厂将改变包装，通过装运小桶装啤酒而不是瓶装啤酒来降低运输成本。小桶重量与瓶的重量相等，同时减少了玻璃破碎而使啤酒损毁的机会。此外，小桶啤酒对保护性包装的要求也比较低，这将进一步降低装运成本。

◉ **思考题**

结合美国布鲁克林酿酒厂的物流成本管理现状，谈谈降低仓储成本对企业的重要性。

任务一　仓储成本的构成与计算

一、仓储成本概念

仓储成本是发生在商品储存期间的各种费用支出。其中，一部分是用于仓储的设备、设施投资和维护以及商品本身的自然损耗，另一部分则是用于仓储作业所消耗的物化劳动和活劳动，还有一部分是商品存量增加所消耗的资金成本和风险成本。这些在商品存储过程中的劳动消耗是商品生产在流通领域中的继续，是实现商品价值的重要组成部分。

二、仓储成本构成

由于不同仓储商品的服务范围和运作模式不同，其内容和组成部分也各不相同，这里将成本分为仓储运作成本和仓储存货成本两大类，除此之外还包括缺货成本和在途存货成本。

仓储成本分为以上两类的原因是：在组织管理中，仓储与存货控制是两个不同的部门。仓储运作成本发生在仓储部门，并且由仓储部门来控制，而商品存货成本发生在存货控制部门，由存货控制部门来控制。仓储管理与存货控制是紧密相关的，要联系起来进行分析和控制。

(一) 仓储运作成本

1. 仓储运作成本的构成

仓储运作成本是发生在仓储过程中，为保护商品合理储存、正常出入库而发生的与储存商品运作有关的费用。仓储运作成本包括房屋、设备折旧，库房租金，水、电、气等费用，设备修理费用，人工费用等一切发生在库房中的费用。仓储运作成本可以分为固定成本和变动成本两部分。

仓库固定成本是在一定的仓储存量范围内，不随出入库变化的成本。主要包括库房折旧、设备折旧、库房租金及库房固定人员工资。

仓库变动成本是仓库运作过程中与进出库存量有关的成本。主要包括水、电、气费用，设备维修费用，工人加班费用，货品损坏成本。

2. 仓储运作成本的计算

仓储固定成本在每月的成本计算时相对固定，与日常发生的运作、消耗没有直接的关系，在一定范围内与库存数量也没有直接关系。固定成本中的库房折旧、设备折旧、外租库房租金和固定人员工资从财务部可以直接得到。库房中的固定费用可以根据不同的作业模式有不同的内容，包括固定取暖费、固定设备维修费、固定照明费用等。

仓储变动成本的统计和计算是根据实际发生的运作费用进行的。包括按月统计的实际运作中发生的水、电、气消耗，设备维修费用，由于货量增加而发生的工人加班费和货品损坏成本等。

(二) 仓储存货成本

仓储存货成本是由于存货而发生的除仓储运作成本以外的各种成本，包括订货成本、资金占用成本和存货风险成本。

1. 订货成本

订货成本是指企业为了实现一次订货而进行的各种活动的费用，包括处理订货的差旅费、办公费等支出。订货成本中有一部分与订货次数无关，如常设机构的基本开支等，称为订货的固定成本；另一部分与订货的次数有关，如差旅费、通信费等，称为订货的变动成本。具体来讲，订货成本包括与下列活动相关的费用：

(1) 检查存货的费用。

(2) 编制并提出订货申请的费用。

(3) 对多个供应商进行调查比较，选择合格的供应商的费用。

(4) 填写并发出订单的费用。

(5) 填写并核对收货单的费用。

(6) 验收货物的费用。

(7) 筹集资金和付款过程中产生的各种费用。

2. 资金占用成本

资金占用成本是为购买商品和保证存货而使用的资金的成本。资金成本可以用公司投资的机会成本或投资期望值衡量，也可以用资金实际来源的发生成本来计算。为了简化和方便，一般资金成本用银行贷款利息来计算。

3. 存货风险成本

存货风险成本是发生在货品持有期间的，由于市场变化、价格变化、货品质量的变化所造成的企业无法控制的商品贬值、损坏、丢失、变质等成本。

(三) 缺货成本

缺货成本不是仓库发生的成本支出项目，而是一项评价库存大小，从而进行库存决策的成本比较方法。缺货成本是指由于库存供应中断而造成的损失，包括原材料供应中断造成的停工损失、产成品库存缺货造成的延迟发货损失和丧失销售机会的损失(还应包括商誉损失)。如果生产企业以紧急采购代用材料来解决库存材料的中断之急，那么缺货成本表现为紧急额外购入成本(紧急采购成本与正常采购成本之差)。当一种产品缺货时，客户就会购买该企业的竞争对手的产品，这就会对企业产生直接利润损失，如果失去客户，还可能给企业造成间接或长期损失。另外，原材料、半成品或零配件的缺货，意味着机器空闲，甚至停产。

缺货成本主要包括以下两个方面。

1. 安全库存的存货成本

为防止因市场变化或供应不及时而发生存货短缺的现象，企业会考虑保持一定数量的安全库存或缓冲库存，以应对需求方面的不确定性。但是，困难在于确定何时需要保持多少安全库存。安全库存太多意味着多余的库存，而安全库存不足则意味着缺货或失效。

增加安全库存会减少商品短缺的可能性，同时也会增加仓储成本。仓储安全库存决策就是寻求一个缺货成本和安全库存成本两者的综合成本最小值。

2. 缺货成本

缺货成本是由于外部和内部中断供应所产生的。当企业的客户得不到全部订货时，叫做外部缺货；当企业内部某个部门得不到全部订货时，叫做内部缺货。

如果发生外部缺货，将导致以下情况的发生：

(1) 延期交货。延期交货有以下两种形式：缺货商品可以在下次规则订货时得到补充，或者利用快递延期交货。如果客户愿意等到下一次规则订货，那么企业实际上没有什么损失。但如果经常缺货，客户可能就会转向其他供应商。

商品延期交货会产生特殊订单处理费用和运输费用。延期交货的特殊订单处理费用要比普通处理费用高。延期交货经常是小规模装运，运输费用相对较高，而且，延期交货的商品可能需要从一个地区的一个工厂的仓库供货，进行长距离运输。另外，可能需要利用速度快、收费较高的运输方式运送延期交货的商品。因此，延期交货成本可根据额外订单处理费用的额外运费来计算。

(2) 失销。由于缺货，可能造成一些用户会转向其他供应商，也就是说，许多公司都有生产替代产品的竞争者，当一个供应商没有客户所需的商品时，客户就会从其他供应商那里订货，在这种情况下，缺货导致失销，对于企业来说，直接损失就是这种商品的利润损失。因此，可以通过计算这批商品的利润来确定直接损失。

除了利润的损失，失销还包括当初负责相关销售业务的销售人员所付出的努力的损失，这就是机会损失。需要指出的是，很难确定在一些情况下失销的总损失。例如，许多客户习惯用电话订货，在这种情况下，客户只是询问是否有货，而未指明要订多少货，如果这种产品没货，那么，客户就不会说明需要多少，企业也就不会知道损失的总量。此外，很难估计一次缺货对未来销售的影响。

(3) 失去客户。由于缺货而失去客户，也就是说，客户永远转向另一个供应商。如果失去了客户，企业也就失去了未来一系列收入，这种缺货造成的损失很难估计，需要用管理科学的技术以及市场营销的研究方法来分析和计算。除了利润损失，还有由于缺货造成的商誉损失。

(四) 在途存货成本

在途存货成本的发生与选择的运输方式有关。如果企业以目的地交货价销售商品，就意味着企业要负责将商品运达客户，当客户收到订货商品时，商品的所有权才转移。从财务的角度来看，商品仍是销售方的库存。因为这种在途货物在交给客户之前仍然属于企业所有，运货方式及所需的时间是储存成本的一部分，企业应该对运输成本与在途存货持有成本进行分析。

在途库存的资金占用成本一般等于仓库中库存资金的占用成本。仓储运作成本一般与在途库存不相关，但要考虑在途货物的保险费用。选择快速运输方式时，一般货物过时或变质的风险要小些，因此，仓储风险成本较小。

一般来说，在途存货成本要比仓库中的存货成本小。在实际中，需要对每一项成本进行仔细分析，才能准确计算出实际成本。

三、仓储成本的计算

仓储成本是伴随着物流仓储活动而发生的各种费用。仓储成本是企业物流成本中的重要组成部分，其高低直接影响企业的利润水平。因此，合理控制仓储成本，加强仓储成本管理是企业物流管理的一项重要内容。

(一) 仓储成本的计算目的

仓储成本是指物流活动中消耗的物化劳动和活劳动的货币表现，一般将仓储活动的成本分为以下三个部分：

(1) 伴随货物的物理性活动而发生的费用，以及从事这些活动所必需的设备、设施成本。

(2) 伴随物流信息的传送与处理活动而发生的费用，以及从事这些活动所必需的设备、设施成本。

(3) 对上述活动进行综合管理的成本。

仓储成本是客观存在的。但是，由于仓储成本的计算内容和范围没有一个统一的计算标准，加之不同企业的运作模式也各不相同，因此不同的企业有不同的计算方法。但从企业经营的总体需求来讲，仓储成本的计算和信息的收集主要为了满足以下五个方面的需要：

(1) 为各个层次的经营管理者提供物流管理所需的成本资料。

(2) 为编制物流预算以及进行预算控制提供所需的成本资料。

(3) 为制定物流计划提供所需的成本资料。

(4) 为监控仓储管理水平而收集各种成本信息。

(5) 提供价格计算所需的成本资料。

为达到以上目的，仓储成本除了按物流活动领域、支付形态等分类外，还应根据管理的需要进行分类，而且要通过不同期间成本的比较、实际发生费用与预算标准的比较，结合仓储周转数量和仓储服务水平，对仓储成本进行分析比较。

(二) 仓储成本的计算范围

在计算仓储成本之前，需要明确仓储成本的计算范围。计算范围取决于成本计算的目的，如果要对所有的仓储物流活动进行管理，就需要计算出所有的仓储成本。同样是仓储成本，由于所包括的范围不同，计算结果也不一样。如果只考虑库房本身的费用，不考虑仓储物流等其他领域的费用，也不能全面反映仓储成本的全貌。每个企业在统计仓储费用时的方法不一样，往往缺乏可比性。因此，在分析仓储成本时，首先应该明确成本计算所包括的范围。

在计算仓储成本时，原始数据主要来自财务部门提供的数据。因此，应该把握按支付形态分类的成本。在这种情况下，对外支付的保管费可以直接作为仓储物流成本全额统计，但企业内发生的仓储费用是与其他部门发生的费用混合在一起的，需要从中剥离出来，例如材料费、人工费、物业管理费、管理费、营业外费用等。计算方法如下：

(1) 材料费。与仓储有关的包装材料、消耗工具、器具备品、燃料等费用，可以根据材料的出入库记录，将此期间与仓储有关的消耗量计算出来，再分别乘以单价，便可得出仓储材料费。

(2) 人工费。人工费可以从物流人员的工资、奖金、补贴等报酬的实际支付金额得到，以及由企业统一负担部门按人数分配后得到的金额计算出来。

(3) 物业管理费。物业管理费包括水、电、气等费用，可以根据设备上所记录的用量来获得相关数据，也可以根据建筑设施的比例和物流人员的比例简单推算。

(4) 管理费。管理费无法从财务会计方面直接得到相关的数据，可以按人头比例简单计算。

(5) 营业外费用。营业外费用包括折旧、利息等。折旧费根据设备的折旧年限、折旧率计算；利息根据物流相关资产的贷款利率计算。

(三) 仓储成本的计算方法

1. 购进存货成本的计算

库存商品购进是指流通企业为了出售或加工后出售，通过货币结算方式取得商品或商品所有权的交易行为。

存货的形成主要有外购和自制两个途径。从理论上讲，企业无论是从何种途径取得的存货，凡与存货形成有关的支出，均应计入存货的成本。流通企业由于行业的特殊性，在购进商品时，应按照进价将按规定应计入商品成本的税金作为实际成本，采购过程中发生的运输费、装卸费、保险费、包装费、仓储费等费用，运输途中发生的合理损耗、入库前的挑选整理费等，直接计入当期损益。

流通企业加工的商品，以商品的进货原价、加工费用和按规定应计入成本的税金作为实际成本。

2. 仓储成本的不同计算方法

为了达到合理计算仓储成本，有效监控仓储过程中发生费用来源的目的，可以按仓库支付形式、仓储运作项目或适用对象等不同方法计算仓储成本。

把仓储成本分为仓储搬运费、仓储保管费、材料消耗费、人工费、仓储管理费、仓储占用资金利息等支付形态，就可以计算出仓储成本的总额。这样可以了解花费最多的项目，从而确定仓储成本管理的重点。这种计算方法是从月度损益表中"管理费用、财务费用、营业费用"等各个项目中，取出一定数值乘以一定的比率(物流部门的比率是分别按人数平均、台数平均、面积平均、时间平均等计算出来的)算出仓储部门的费用，再将仓储成本总额与上一年度的数值做比较，弄清楚增减的原因并制定整改方案。

按仓储运作项目计算仓储成本是将仓库中的各个运作环节发生的成本分别统计，例如入库费用、出库费用、分拣费用、检查费用、盘点费用等。在仓库众多的情况下，采用按运作项目计算仓储成本的方法比较容易进行相互之间的比较，从而达到有效管理的目的。

仓储成本的计算也可以按照仓库商品所适用的对象，按产品、地区的不同分别计算，这就是一般所说的按适用对象计算仓储成本。按照不同地点的仓储发生成本，计算出各单位仓储成本与销售金额或毛收入所占比例,及时发现仓储过程中存在的问题,并加以解决。

3. 销售存货的成本计算

仓储管理中销售存货的成本计算是比较复杂的。对于种类众多、销售时间敏感的商品,必须选用正确的存货计算方法。所谓的商品销售是指企业以现金或转账结算的方式,向其他企业销售商品,同时商品的所有权转移的一种交易活动。

1) 确认销售商品收入的条件

流通企业销售商品时,从财务角度出发如同时符合以下三个条件,即确认为收入实现:

(1) 企业已将商品所有权上的主要风险和报酬转移给买方。风险主要指商品的贬值、损坏、报废等造成的损失;报酬是指商品中包含的未来经济利益,包括升值等给企业带来的经济利益。判断一项商品所有权上的主要风险和报酬是否已转移给买方,需要视不同情况而定:在大多数情况下,所有权上的风险和报酬的转移伴随着所有权凭证的转移或实物的交付而转移;但在有些情况下,企业已将所有权凭证或实物交付给买方,但商品所有权的主要风险和报酬并未转移。

(2) 与交易相关的经济利益能够流入企业。与交易相关的经济利益即为企业销售商品的价款,销售商品的价款是否能够收回,是确认收入的一个重要条件。如收回的可能性大,则可作为收入确认;如收回的可能性不大,则不能确认为收入。

(3) 相关的收入和成本能够被可靠地计量。根据收入与费用配比原则,与同一项销售有关的收入和成本,应在同一会计期间予以确认。因此,如果成本不能被可靠地计量,相关的收入也无法确认。

2) 存货销货成本的计算

物流企业在将商品销售出去以后,既要及时反映商品的销售收入,也要计算已售存货的成本,以便据此计算商品的销售成果。正确计算存货发出的成本,不仅影响当期的经济损益,而且也影响期末存货价值的真实性。

实行数量进价金额核算的物流企业,商品发出的计价方法主要有:

(1) 个别认定法。个别认定法也称个别计价法、分批认定法、具体辨认法,是指以某批货物购入时的实际单位成本作为该批货物发出时的存货的实际成本的计价方法。这种方法适用于大件货物、贵重货物。它使存货的成本流动与实物流动完全一致,因而能准确地反映销货的成本和期末存货的成本。其优点是能正确计算存货的实际成本和耗用存货的实际成本;其缺点是需要分别记录各批的单价和数量,工作量大,进货批次较多时不宜采用。

(2) 加权平均法。加权平均法是指期末用期初结存和本期入库存货的实际成本之和,据此计算加权平均成本作为期末存货成本和销货成本的存货计价方法。

$$加权平均单价 = \frac{期初结存金额 + 本期进货金额合计}{期初结存数量 + 本期进货数量合计}$$

$$期末存货成本 = 加权平均单价 \times 期末存货数量$$

$$本期销货成本 = 期初存货成本 + 本期进货成本 - 期末存货成本$$

(3) 移动加权平均法。移动加权平均法是指平时入库存货就根据当时库存存货总成本与总数量计算平均单位成本,作为下一次收入存货以前发出存货时的单位成本的存货计价方法。

采用移动加权平均法时，存货的计价和明细账的登记在日常进行，可以随时了解存货占用资金的动态，但日常核算工作量较为繁琐。

$$移动加权平均单价 = \frac{新购进金额 + 原结存金额}{新购进数量 + 原结存数量}$$

(4) 先进先出法。先进先出法，是指假设先购进的存货先耗用或先销售，期末存货就是最近入库的存货，因此，先耗用或先销售的存货按先入库存货的单位成本计价，后耗用或后销售的存货，按后入库存货的单位成本计价的存货计价方法。

这种方法的特点是，期末存货的账面价值反映最近入库存货的实际成本。

(5) 后进先出法。后进先出法，是指假定后入库的存货先耗用或先销售，因此，耗用或销售的存货按最近入库存货的单位成本计价，期末存货按最早入库存货的单位成本计价的存货计价方法。

后进先出法在实地盘存制和永续盘存制下均可使用。但是采用不同的方法在不同的盘存制下，计算出的期末存货成本和本期的销售成本是不同的。

任务二　仓储成本控制

一、仓储费用影响因素

构成仓储成本的重要部分是仓储存货成本，仓储存货增加，既增大了仓库的占用面积和运作量，同时也占用了大量的资金。货物的存量多少是仓储费用的决定因素，那么决定货物的存量就成了控制成本的重要一环。对于不稳定的商品，如易燃、易爆、易变质和时尚性强的商品，库存量要小一些，以避免在仓储过程中发生质量变化和商品贬值。对时尚性不强的商品和耐储存的商品，库存量可以高一些。从货物管理方面来看，运输条件的便利与否也是影响因素之一。从交通方面来看，运输周期短的商品，可以保持较小的库存量；反之，运输不便、运输周期长的商品，应保持较高的库存量。从货物的使用和销售方面来看，一般销售量增加，相应的库存量也要增加；反之，销售量减少，库存量也要减少。总之，决定采购批量和存货数量应从以下几方面因素出发来考虑。

1. 商品的取得成本

商品的取得成本主要包括在采购过程中所发生的各种费用的总和。这些费用大体分为两类：一是随采购数量的变化而变化的变动费用；二是与采购数量多少关系不大的固定费用。

2. 商品储存成本

生产、销售使用的各种货物，在一般情况下，都应该有一定的储存量。只要储备就会有成本费用的发生，这种费用也可以分为两大类：一是与储备资金多少有关的成本，如储备资金的利息、相关的税金、仓储货物合理损耗成本等；二是与仓储货物数量有关的成本，如仓库设施维护修理费、货物装卸搬运费、仓库设施折旧费、仓库管理人员工资、福利费、办公费等。

3. 缺货成本

由于计划不周或环境条件发生变化，导致企业在仓储中发生了缺货现象，从而影响了生产的顺利进行，由此造成的生产或销售上的损失和其他额外支出称为缺货损失。为了防止缺货损失，在确定采购批量时，必须综合考虑采购费用、储存费用等相关因素，以确定最佳的经济储量。

4. 运输时间

在商品采购过程中，要做到随要随到是有条件的。在一般情况下，从商品采购到企业仓库总是需要一定的时间的。所以，在商品采购时，需要将运输时间考虑在相关因素中。

二、仓储成本的控制

(一) 仓储成本控制的重要性

仓储成本控制是企业增加盈利的"第三利润源"，直接服务于企业的最终经营目标。增加利润是企业的目标之一，也是社会经济发展的原动力，无论在什么情况下，降低成本都可以增加利润。在收入不变的情况下，降低成本可使利润增加；在收入增加的情况下，降低成本可使利润更快增长；在收入下降的情况下，降低成本可抑制利润的下降。

仓储成本控制是加强企业竞争力、求得生存和发展的主要保障。企业在市场竞争中，降低各种运作成本，提高产品的质量，创新产品设计和增加利润是保持竞争力的有效手段。降低仓储成本可以提高企业价格竞争力和安全边际率，使企业在经济萎缩时得以继续生存，在经济增长时得到较高的利润。

仓储成本控制是企业持续发展的基础。只有把仓储成本控制在同类企业的先进水平上，才有迅速发展的条件。仓储成本降低了，可以削减售价以扩大销售，销售扩大了，经营基础稳定了，才有力量去提高产品质量，创新产品设计，寻求新的发展。同时，仓储成本一旦失控，就会造成大量的资金沉淀，严重影响企业的正常生产经营活动。

(二) 仓储成本控制的原则

1. 政策性原则

处理好质量和成本的关系。不能因为片面追求降低储存成本，而忽视储存货物的保管条件和保管质量。

处理好国家利益、企业利益和消费者利益之间的关系。降低仓储成本从根本上说对国家、企业和消费者三者都有利，但是如果在仓储成本控制过程中，采用不适当的手段损害国家和消费者的利益，就是错误的，应予以避免。

2. 全面性原则

仓储成本涉及企业管理的方方面面，因此，控制仓储成本要进行全员、全过程和全方位的控制。

3. 经济性原则

(1) 推行仓储成本控制而发生的成本费用支出，不应超过因缺少控制而丧失的收益。

同销售、生产、财务活动一样，任何仓储管理工作都要讲求经济效益，为了建立某项严格的仓储成本控制制度，需要产生一定的人力或物力支出，但这种支出要控制在一定范围之内，不应超过建立这项控制所能节约的成本。

(2) 只在仓储活动的重要领域和环节上对关键的因素加以控制，而不是对所有成本项目都进行同样周密的控制。

(3) 要求仓储成本控制具有实用、方便、易于操作的特点，能起到降低成本、纠正偏差的作用。

(4) 遵循重要性原则，将注意力集中在重要事项上，对一些无关大局的成本项目可以忽略。

三、降低仓储成本的途径

(一) 降低仓储成本的策略

就具体仓库而言，配送活动可能会增加到达客户的物流成本，最佳的结果是在一定的配送成本下尽可能提高客户服务水平，或在一定的客户服务水平下使配送成本最小。现代物流活动不能将各物流功能割裂开来，仓储活动与运输、配送、客户的满意度都有直接关系。

仓库或物流中心的配送活动是按用户的订单要求，在物流中心进行分拣、配货工作，并将配好的商品送达客户的过程。它是流通、加工、整理、拣选、分类、配货、装配、运送等一系列活动的集合。通过配送，才能最终使物流活动得以实现，并且，配送活动是供应链整体优化的过程，它给整个供应系统带来了效益，提高了客户服务水平。

1. 差异化

差异化策略的指导思想是：产品特征不同，客户群服务需求也不同。当仓库拥有不同客户组合时，不能对所有的商品和所有客户都按同一标准的客户服务水平来配送，而应按产品的特点、销售水平来设置不同的库存、不同的运输方式以及不同的储存地点，按客户需求特点设置不同的订货周期、不同的到店方式。忽视产品的差异性会增加不必要的配送成本。例如，某企业对商品进行 ABC 分类管理，按各种商品的销售量比重进行分类：A 类商品的销售量占总销售量的 70% 以上，B 类商品的销售量占总销售量的 20% 左右，C 类商品销售量占总销售量的 10% 左右。对 A 类商品，企业在各销售网点都备有库存，B 类商品只在地区分销中心备有库存，而在各销售网点不备有库存，C 类商品在地区分销中心都不设库存，仅在工厂的仓库才有存货。

2. 混合法

混合法策略是指配送业务一部分由企业自身完成。这种策略的基本思想是：尽管采用单一配送方法(即配送活动要么全部由物流中心自身完成，要么全部外包给其他运输公司)易形成一定的规模经济，并使管理简单化，但由于商品品种多变、规格不一、销量不等等情况，采用单一配送方式超出一定程度不仅不能取得规模效益，反而还会造成规模不经济。而采用混合法，合理安排物流中心自己完成的配送和外包给运输公司完成的配送，能将配送成本降至最低。

3. 延迟法

在传统的配送计划安排中，大多数库存是按照对未来市场需求的预测量设置的，这样就存在着预测风险，当预测量与实际需求量不符时，就出现库存过多或过少的情况，从而增加了配送的成本。延迟法的基本思想是：对商品的外观、形状及其生产、组装、配送要求应尽可能推迟到接到客户订单后再确定。一旦接到订单就要快速反应，因此，采用延迟法的一个基本的前提是信息传递速度要非常快。

一般来说，实施延迟法的企业应具备的基本条件包括：

(1) 产品特征：生产技术非常成熟，规范化程度高，产品密集程度高，有特定的外形，产品特征易于表述，定制后可改变产品的容积或重量。

(2) 生产技术特征：产品设计规范化，设备智能化程度高，定制工艺与基本工艺差别不大。

(3) 市场特征：产品生命周期短，销售波动性大，价格竞争激烈，市场变化大，产品的提前期短。

实施延迟法常采用两种方式：一是生产延迟(或称形成延迟)，二是物流延迟(或称时间延迟)，而配送中往往存在着加工活动。例如，某家具生产企业将配漆过程放在仓库中进行，这既大大减少了不同产品的存货数量，又增加了产品的保质期限。

4. 合并法

(1) 配送方法上的合并。物流中心在安排车辆完成配送任务时，要充分利用车辆的容积和载重量，做到满载满装，这是降低成本的重要途径。但是，由于产品品种繁多，不仅包装外形、储运性能不一，而且在容重方面也往往相差甚远。一车上如果只装容重大的货物，往往是达到了载重量，但容积空余很多；只装容重小的货物则相反，看起来车装得很满，实际上并未达到车辆载重量。这两种情况实际上都造成了浪费。实行合理的轻重配装、容积大小不同的货物搭配装车，就可以在载重方面达到满载，也能充分利用车辆的有效容积，从而取得最优效果，最好是借助电子计算机计算货物配车的优化解。

(2) 共同配送。共同配送是一种产权层次上的共享，也称为集中协作配送。它是几个企业联合，集小量为大量共同利用同一配送设施的配送方式，其标准运作形式是：在中心机构的统一指挥和调度下，各配送主体的经营活动联合行动，在较大的地域内协调运作，共同对某一个或几个客户提供系列化的配送服务。

5. 标准化

标准化策略就是尽量减少因品种多变而导致的附加配送成本，尽可能多地采用标准零部件、模块化产品。如服装制造商按统一规格生产服装，直到客户购买时才按客户的身材调整尺寸大小。采用标准化策略要求厂家从产品设计开始就要站在消费者的立场去考虑怎样节省配送成本，而不要等到产品定型生产出来了才考虑采用什么技巧降低配送成本。

(二) 降低仓储成本的对策

降低仓储成本首先要对仓储费用的组成要素进行分析，有针对性地找出对费用影响最大的因素加以控制，以达到对症下药的目的。例如，在国外先进国家的仓储费用中，人工费用占到 50% 以上，而我国目前仓储费用中的资产费用占据了相当大的一部分。控制仓储费用首先采取的措施是从快速见效的部分入手。

1. 降低存货发生成本

(1) 排除无用的库存。定期核查仓库中的货品，将长期不用、过期、过时的货品及时上报清理。无用的库存既占用空间，又浪费库房运作费用，要建立制度对无用库存货品进行及时处理。

(2) 减少库存量。仓储费用的发生与库存数量成正比关系，在满足存货保证功能的前提下，将存货数量减到最少，无疑是减少仓储成本的最直接办法。库存数量的减少既要靠存货控制部门的合理计划、与客户和供应商的良好沟通，也要依靠仓储部门的良好管理。仓储部门快速的信息传递、账物的准确，都能为降低库存提供良好的帮助。

(3) 重新配置库存时，有效、灵活地运用库存量。

2. 降低产品包装成本

降低产品包装成本可从以下几个方面入手：使用价格低的包装材料、使包装作业机械化、使包装简单化、采用大尺寸的包装。

3. 降低装卸成本

降低装卸成本可通过两种途径：一是使用集装箱和托盘，通过机械化来实现省力化；二是减少装卸次数。

这些合理的对策可以单独实施，也可以同时实施。实施时，要充分掌握费用的权衡关系，必须在降低总的物流费用的前提下研究其合理化。

任务三　仓储绩效管理

一、仓储管理指标体系概述

仓储的各项生产经营活动都与其经济效益有着密切的联系，同时，现代仓库的各项经济技术考核指标也是其经营管理成果的集中体现，是衡量现代仓库管理水平高低的尺度，是考核各项工作成绩的重要手段。因此，建立和健全一整套行之有效的考核指标体系，对于加强现代仓储管理、提高经济效益有着十分重要的意义。

(一) 建立仓储管理指标体系的意义

1. 有利于提高仓储的经营管理水平

经济核算中的每个指标均反映了现代仓储管理中的一个侧面，而一个有效、完整的指标体系能反映管理水平的全貌，通过对比分析就能找出工作中存在的问题，从而提高管理水平。随着物流业的大发展，仓储行业的竞争也日益激烈，要使所经营的现代仓储企业始终立于不败之地，就必须优化管理，增强自身的竞争力，加强经济核算。

2. 有利于落实仓储的经济责任制

经济核算的各项指标是实行现代仓储经济核算的依据，也是衡量各岗位工作好坏的尺度。要推行现代仓储管理的经济责任制，就必须实行按劳取酬，建立并完善经济核算制度。

3. 有利于加快仓储企业的现代化建设

经济核算会促进现代仓储企业优化劳动组织，改变人浮于事、机构臃肿的状况，从而提高劳动效率，降低活劳动的成本。经济核算又能促进企业改进技术装备和作业方法，找出仓储作业中的薄弱环节，对消耗高、效率低、质量差的设备进行革新、改造，并有计划、有步骤地采用先进技术，提高仓储机械化及自动化水平，逐步实现现代化。

4. 有利于增加仓储的经济效益

现代仓储是自负盈亏、独立核算的企业，其经济效益的好坏已成为直接关系到其能否生存的大事。因此，加强经济核算，找出管理中存在的问题，降低成本，提高效益，应成为现代仓储企业的首要任务之一。

经济核算是现代仓储企业一项长期的重要工作，需常抓不懈、不断提高。

(二) 建立仓储管理指标体系的原则

为了使现代仓储管理的考核工作能顺利进行，确保各项考核指标的合理性和有效性，在制定指标体系时，必须遵循以下原则。

1. 科学实用

仓库考核指标体系要具有科学性和实用性。科学性原则是指考核指标应能客观、真实地反映仓储管理的水平，符合经济规律。实用性原则是指考核、评价指标体系的方法、内容应与仓库现实情况相适应，能如实反映仓库实际经营水平。

2. 标准规范

考核的内容、核算的指标标准规范，才能使评价结果具有公开性，约束人为因素和随意性，也才能激励仓库职工比、学、赶、帮、超，力争上游。

3. 全面协调

仓储管理考核指标体系的内容应综合、全面，各指标之间应相互联系、相互制约，从而达到相互协调、相互补充的要求。考核评价的指标必须把影响仓储管理的各种因素全面系统地反映出来。

4. 可比稳定

严格保持对比指标的可比性是计算和分析指标的基本原则。所谓指标的可比性，就是对比的两个指标是否符合所研究任务的要求，也就是说应比得合理；对比的结果，要能说明问题。同一空间的对比指标，其计算内容、方法、范围、单位等应相同；不同空间的对比指标，其所属时期或时点应统一。指标体系一旦确定，应在一段时间内保持相对稳定，不宜经常变动或频繁修改，以便进行不同时间、同一指标的对比分析。

(三) 仓储管理指标体系的内容

1. 劳动消耗的考核指标

现代仓储管理中的劳动消耗包括两大方面，即物化劳动的消耗和活劳动的消耗。物化劳动的消耗主要包括商品保管、养护过程中的各种物资消耗、包装物、固定资产折旧、仓库作业工人的劳动防护用品等。活劳动的消耗主要是仓库从业人员为仓储经营工作付出的各种劳动。这部分内容是以仓储成本方式进行核算的，是经济核算中的基本内容。

2. 经营成果的考核指标

现代仓储企业经营成果主要包括：商品仓储的数量、质量；作业人员的工作质量、效率；企业的收入、成本、利润、上缴利税等。这部分内容是经济核算中的重要部分，常作为衡量现代仓储企业管理水平、效益好坏的重要标准。

3. 资金运用的考核指标

现代仓储企业要能正常运营，资金的合理使用是关键的重要问题之一。因此，必须认真核算企业固定资金和流动资金的使用情况，进行对比分析，找出问题，及时改进，努力提高固定资产的使用效率，加快流动资金的周转，从而提高企业的效益。

二、仓储管理指标体系具体内容

现代仓储企业管理指标体系可分为六大部分，即商品仓储数量指标、商品仓储质量指标、商品仓储效益指标、商品仓储资金运用指标、职工工作量指标和商品储存安全性指标。这六大类指标相互联系，又从不同侧面、用不同的方法，全面、系统地反映了现代仓储企业经济技术管理水平的全貌，从而构成了一个完整的管理指标体系。

(一) 商品仓储数量指标

1. 商品储存总量

商品储存总量是指在一定时期内(通常为月度或年度)入库商品的总量，它是考核和评价仓库经营管理成果的最基本指标之一，其计量单位是 t(吨)。

计算公式：

$$商品储存总量 = 实重商品吨数 + \frac{轻泡商品体积}{2}$$

其中：实重商品是指重量达 1000 kg，而体积不足 2 m³ 的商品。计算商品储存总量时，实重商品吨数按其实际重量吨数计算。轻泡商品指的是体积达 2 m³，而重量不足 1000 kg 的商品。计算商品储存总量时，轻泡商品吨数按其体积数的一半计入商品储存总量，即每 2 m³ 计算为 1000 kg。

例如：某公司某月入库储存的甲商品 1200 kg，体积 90 m³；入库储存的乙商品 50 000 kg，体积 40 m³。计算该公司该月商品储存总量。

解：
$$商品储存总量 = \frac{90}{2} + 50 = 95(t)$$

因为，甲商品平均每 1000 kg 的体积(75 m³)大于 2 m³，属于轻泡商品，所以用其体积数的一半计入商品储存总量。而乙商品平均每 1000 kg 的体积(0.8 m³)小于 2 m³，属于实重商品，所以按乙商品实际的重量 50 t 计入商品储存总量。

计算结果表明，该仓库该月的商品储存总量为 95 t。

2. 每平方米储存量

每平方米储存量是指仓库每平方米使用面积每日储存商品的数量，这是一个综合评价仓库利用程度和经营管理水平的重要指标。计量单位是 t/m^2。

计算公式：

$$每平方米储存量 = \frac{日平均储存量(t)}{仓库使用面积(m^2)}$$

$$日平均储存量 = \frac{报告期商品储存总量}{报告期日历天数}$$

其中：报告期商品储存总量等于报告期每天的库存商品数量之和。仓库使用面积等于仓库中货场(货棚)、库房的使用面积之和。

货场(货棚)使用面积是指货场中可以用来储存商品所实有的面积之和，即货场地坪的总面积扣除排水明沟、灯塔、水塔等剩余的面积之和。计量单位为 m^2。

库房的使用面积为库房建筑面积减去外墙、内柱、间隔墙及固定设施等所占的面积。

3. 期间商品吞吐量

商品吞吐量也叫商品周转量，它是指期间内进出库商品的总量，一般以吨或者箱表示，期间商品吞吐量指标常以年吞吐量计算。期间商品吞吐量是反映仓库工作的数量指标，是仓储工作考核中的主要指标，也是计算其他指标的基础和依据。

计算公式：

$$期间商品吞吐量 = 期间商品总进库量 + 期间商品总出库量 + 期间商品直拨量$$

(二) 商品仓储质量指标

商品仓储质量指标是用来考核仓库经营管理工作质量高低，评价仓库管理人员工作质量好坏的重要指标。主要包括仓库利用率、平均保管损失、商品的损耗率、平均收发时间、收发货差错率等指标。

1. 仓库利用率

仓库利用率是衡量仓库利用程度的重要指标，是反映仓库管理工作水平的主要经济指标之一，它为分析仓库的实际利用效率高低及挖潜多储提供了依据，它可以用仓库面积利用率和仓库容积利用率两个指标来表示。

(1) 仓库面积利用率。

计算公式：

$$仓库面积利用率 = \frac{报告期商品实际堆放面积(m^2)}{报告期仓库总面积(m^2)} \times 100\%$$

其中：报告期商品实际堆放面积是指报告期仓库中商品储存堆放所实际占据的有效面积之和。报告期仓库的总面积是指从仓库围墙线算起，整个围墙所占有的面积。

(2) 仓库容积利用率。

$$仓库容积利用率 = \frac{报告期平均每日实际使用的容积(m^3)}{报告期仓库的有效容积(m^3)} \times 100\%$$

$$报告期平均每日使用的容积 = \frac{报告期储存商品体积之和(m^3)}{报告期日历天数}$$

报告期储存商品体积之和等于报告期仓库中每天储存的商品的体积之和。

2. 平均保管损失

平均保管损失是指一定时期内，平均每吨储存商品的保管损失金额。它是衡量和考核仓库保管人员工作质量的重要标志。计量单位：元/吨。

计算公式：

$$平均保管损失 = \frac{保管损失金额(元)}{平均储存量(吨)}$$

其中：保管损失的计算范围包括因保管养护不当而造成商品的霉变残损、丢失短缺、超定额损耗及不按规定验收、错收错付而发生的损失等。有保管期的商品，经仓库预先催办调拨，但存货单位未能及时调拨出库而导致的损失，不能算作仓库的保管损失。商品保管损失是仓库的一项直接损失，应尽量避免和减少。

通过核算保管损失，可以进一步追查保管损失的事故原因，找出管理中的漏洞，加强保管人员的岗位责任制。该指标在计算时应注意，分子分母的计算时期必须统一，内容也应一致。

3. 商品的损耗率

商品损耗率又称库存商品自然损耗率，是指在一定的保管条件下，某商品在储存保管期间，其自然损耗量与入库商品数量的比率，以百分数或千分数表示。

计算公式：

$$商品损耗率 = \frac{商品损耗量(t或kg)}{商品在库总量(t或kg)} \times 100\%$$

或

$$商品损耗率 = \frac{商品损耗量(元)}{商品在库总量(元)} \times 100\%$$

商品损耗率指标主要用于那些易干燥、风化、挥发、失重或破碎商品保管工作的考核。为了核定商品在保管过程中的损耗是否合理，一般对不同的商品规定相应的损耗率标准，又称为标准损耗率。若仓库的实际商品损耗率低于该标准损耗率为合理损耗；反之，为不合理损耗。商品损耗率是一个逆指标，指标越小说明商品保管工作做得越好。企业应力争使商品的损耗率降到最低点。商品损耗率不仅是考核仓库保管工作质量的指标，也是划清仓库与存货单位商品损失责任界限的重要指标。

4. 平均收发时间

平均收发时间是指仓库保管员收发每一笔商品(即出入库单据上的每一种商品)平均所用的时间。它是反映仓库工作人员劳动效率的重要指标。计量单位：小时/笔。

计算公式：

$$平均收发时间 = \frac{收发货的总时间(小时)}{收发货的总笔数(笔)}$$

收发货时间的一般界定为：收货时间指自单货到齐开始计算，商品经验收入库后，把入库单据送交保管会计登账为止；发货时间指自仓库接到发货单(调拨通知单)开始，经备货、包装、填制装运清单等，直到办妥出库手续为止，在库待运时间不列为发货时间。

制定和考核平均收发时间指标的目的是为了缩短仓库的收发货时间，提高服务质量，加速在库商品与资金的周转，提高经济效益。

5. 收发货差错率

收发货差错率是以收发货所发生差错的累计笔数占收发货总笔数的比率来计算的，常用千分率来表示。

计算公式：

$$收发货差错率 = \frac{报告期收发货差错累计笔数}{报告期收发货总笔数} \times 1000‰$$

该指标是仓库管理中的工作质量考核指标，能反映仓库保管人员收发货的准确性，可以作为竞争上岗、考核奖金的依据。

(三) 商品仓储效益指标

1. 商品仓储收入指标

商品仓储收入水平的高低直接影响企业的效益，综合地反映了现代仓储企业管理的经营成果。计算和考核该指标，对于扩大商品仓储业务，提高效益，都有十分重要的意义。

1) 商品仓储收入指标的构成及计算

确定现代仓储业务的收入，首先应明确收入的组成，然后才能分别计算出各种收入，最后加以考核。商品仓储收入主要由三大部分构成：商品进出库装卸收入、商品储存保管收入、商品加工等收入。

(1) 商品进出库装卸收入。商品进出库装卸收入一般根据装卸商品的重量及该种商品的装卸费率(元/吨)进行计算。商品的装卸费率主要是考虑装卸商品的难易程度确定的，通常可以从有关费率表中查得。

(2) 商品储存保管收入。仓库的保管收入是主营业务收入，其核算方法正确与否，直接关系到企业的利益。商品储存保管收入根据商品储存保管的数量、时间、商品价值、保管要求等确定。

商品储存保管收入通常是以"日储存吨"为基本核算单位，再乘以相应的储存费率(根据商品的价值及保管要求等确定)，即为应收的储存保管费用。其中，"日储存吨"包括三部分内容：

第一，商品实际储存的吨天数。指在储存保管账本上，按商品储存期间逐日记载的储存吨的累计数。

商品储存日期的计算：入库时间是以商品到库时间为准计算。若是本市到货，而且单据与商品同时送达仓库，并当天送齐入库的商品，入库时间以当天为准；若是分批入库的商品，应以第一批商品入库的时间为准；若是外地到达的商品，单据和商品又不是同时到达的，应以第一件商品到达的时间为准。出库时间以商品最后出清的时间为准计算。分批出库的商品以最后一批商品出清的时间为准；整批出库的商品，并且单据与出库商品同行的，以当天出库的时间为准。

第二，其他折合的吨天数。指在仓库保管账上虽未作为累计吨数计算，但同样应计入储存费用的项目，如待进仓商品的吨天数、按实占摊用面积折算的吨天数等。

待进仓吨天数是指商品已送达仓库中，因为种种原因当天未能验收入库，而需要保存在待验区等待验收入库的商品吨天数。虽然在到达当天的保管账上未能及时反映出来，但商品存放在待验区，同样需要保管和养护，因而也需要按规定收取仓储保管费用。

按实占摊用面积折算的吨天数是指在仓库内无法直接按进仓、出仓、结存等项目进行核算，但实际上又占用了一定的仓库面积存放商品，也应按规定计算仓储保管费用。

第三，合同差额吨天数。若储存方与委托方已签订了正式的仓储保管合同，但委托方因种种原因无法履行合同时，为了维护合同的严肃性，应由委托方承担储存费用。所谓"合同差额"是指实际储存吨天数加上待进仓吨天数，再加上实占摊用面积折算的吨天数之和，小于仓储保管合同签订的吨天数的差额吨天数。若合同上规定合同差额吨天数可实行折扣，则可按规定的折扣比例计算。

商品储存保管总收入的计算公式：

$$储存保管总收入 = \sum 储存的吨天数(账面上实际记录的吨天数 + 其他折合吨天数$$
$$+ 合同差额吨天数) \times 相应的储存费率(元/吨天数)$$

其中，储存费率是根据各种储存商品的计划成本确定的。不同商品的性质、保管难易程度、价值大小、装卸方式等都各不相同，因而可将商品分成若干等级，每个等级制定一个储存费率，以最低的等级为成本级，在成本级上逐级递增，每个等级的级差约为 10%左右。根据各种储存商品的具体情况，再确定其属于哪个储存费率等级。

账面上实际记录的吨天数，可按仓库储存统计日报上每天储存吨的累计数计算，也可按每 10 天为一期，不足 10 天的按 10 天计算的方法。每个月末，可按统计日报上的记录，计算出当月各种商品应收的储存保管费用。

(3) 商品加工等收入。商品挑选、整理、包装、简单加工等收入，应根据商品的种类、规格、数量、加工要求等确定收费标准。现代仓储企业中的这类收入近年来有逐年上升的趋势，是现代仓储企业有别于传统仓储企业的一大特点。仓储企业一般可从事的加工有：商品的拣选、整理、修补、包装、集装、熏蒸、代验、计量、刷标、清洗、搭配、更换包装、代收代发、代办保险、代办运输、简单装配等。

除此以外，还有集装箱辅助作业收入，如拆装箱费、存箱费、洗箱费及维修费等。如果仓储企业拥有自己的集装箱供用户租用，还可以收取租箱费。部分仓储企业常将自己富余的设备，甚至整个库房或库区按面积和技术条件租赁给用户，并收取租金。

总之，在一定时期内，商品仓储营业收入=商品进出库装卸收入+商品储存保管收入+商品加工等收入

2) 平均仓储收入

平均仓储收入是指在一定时期内仓储保管一吨商品的平均收入，该指标常以月度为时间计算单位。平均仓储收入的计算单位是元/吨。

计算公式：

$$平均仓储收入 = \frac{商品仓储营业收入(元)}{平均储存量(吨)}$$

该指标是现代仓库主要的经济核算指标之一，它综合地反映了仓库的生产经营成果、劳动生产率、保管费用的节约情况、管理水平等。

2. 商品仓储成本指标

1) 商品仓储成本的构成及计算

商品仓储的成本主要包括两大部分：一是物化劳动的消耗，主要是用于仓储设施和设备的投资、改造、维修、折旧等，以及商品储存过程中保管养护的物质消耗等；二是活劳动的消耗，主要包括仓库从业人员的工资、奖金、各种津贴等。这些仓储过程中的劳动消耗是商品生产在流通领域中的继续，它使商品的价值得到增加，表现为附加价值。商品的仓储成本主要分为以下几个部分：

(1) 保管费：为储存商品而支出的养护、保管费用。主要包括养护商品的材料费，货架、货柜等设备的费用摊销，库房、场地的房地产税等。

(2) 折旧费：仓库固定资产按期限或按工作量提取的折旧费。为使仓库的技术水平更具竞争力，有些企业采用加速折旧法，尽快回收投资，用于更新改造。

(3) 修理费：仓库的设施、设备和搬运工具可按一定的修理费率每年(月)提取修理费，主要用于这些设施、设备的定期大修理。每年的大修理费可按设施、设备投资额 3%～5% 的比率提取。

(4) 电力、燃料和润料费：现代仓储作业用的电力、燃料费用可按作业量(一般按吨，有时也可按件)计算分摊。照明用电则根据照明面积和亮度确定。用于设备的润滑材料可按使用设备的不同要求计算。

(5) 工资与福利费：工资部分应包括各类仓储人员的基本工资、奖金、各种津贴、生活补贴等。福利费可按标准提取，主要包括住房基金、医疗基金、退休养老基金等。

(6) 铁路线、码头租用费：若现代仓储企业中使用的铁路线和码头不属于自己，则应按合同规定支付这些设施的租赁费用。

(7) 商品仓储保险费：为应付现代仓储企业在责任期间内发生意外使商品灭损所造成的经济损失，对仓储的商品按其价值和储存期限进行投保所发生的费用。商品仓储保险费已成为现代仓储企业降低风险的一件必要工作，这笔费用也成为现代仓储成本中的重要组成部分。

(8) 其他业务开支：除上述各项成本外，现代仓储成本中还包括管理费用(办公费、管理人员工资、业务处理费、培训费等)、营销费(企业宣传广告费、促销费等)、水煤电话费等。

2) 平均仓储成本

平均仓储成本是指一定时期内平均仓储一吨商品所需支出成本额，常以月度或年度为时间计算单位。该指标的计算单位为元/吨。

计算公式：

$$平均仓储成本 = \frac{商品仓储成本(元)}{平均储存量(吨)}$$

3) 仓储收入成本率

仓储收入成本率是指一定时期内商品仓储收入中成本支出所占的比率。

计算公式：

$$仓储收入成本率 = \frac{商品仓储收入}{商品仓储成本费用} \times 100\%$$

3. 商品仓储利润指标

仓储企业经营追求的目标是利润，它直接关系到企业能否生存发展，同时利润又是考核、评价其生产经营管理最终成果的重要指标。

评价仓储利润的指标主要有：利润总额、每吨保管商品利润、资金利润率、收入利润率、人均实现利润等。

(1) 利润总额。

利润总额是指仓储企业在一定时期内已实现的全部利润。它等于仓库实现的营业收入扣除储存成本、税金，加上营业外收支净额后的差额。所以，利润总额又称为实现利润。

计算公式：

利润总额 = 仓库营业利润 + 投资净损益 + 营业外收入 − 营业外支出

仓库营业利润 = 仓库主营业务利润 + 其他业务利润 − 管理费用 − 财务费用

仓库营业利润是指仓储企业利用各种资源在企业内获得的利润，包括仓库储存保管利润、仓库保管材料销售利润、出租包装物等取得的利润。而投资净损益则是仓库用各种资源在企业外投资取得的收益或损失。营业外收入是指与仓储企业生产经营无直接联系的收入，如逾期包装物的押金没收收入、罚款收入、其他收入等。营业外支出是指与仓储生产经营无直接关系的一些支出，如企业搬迁费、编外人员的生活费、停工损失、呆账损失、生活困难补助等。

(2) 每吨保管商品利润。

每吨保管商品利润是指在报告期内储存保管每吨商品平均所获得的利润。计量单位：元/吨。

计算公式：

$$每吨保管商品利润 = \frac{报告期利润总数(元)}{报告期商品储存总量(吨)}$$

其中，报告期商品储存总量一般是指报告期间出库的商品总量而非入库的商品总量。

(3) 资金利润率。

资金利润率是指仓储企业在一定时期实现的利润总额占全部资金的比率。它常用来反映仓储企业的资金利用效果。

计算公式：

$$资金利润率 = \frac{利润总额}{固定资金平均占用额 + 流动资金平均占用额} \times 100\%$$

资金利润率与全部资金平均占用额成反比关系，与利润总额成正比关系。因而，企业提高资金利润率的途径有两条：一是在资金占用额一定的条件下努力增加利润总额；二是在利润总额一定的前提下，妥善管理，挖掘潜力，节约材料，尽可能减少资金的占用额。

(4) 收入利润率。

收入利润率是指仓储企业在一定时期内实现的利润总额占营业收入的比率。

计算公式：

$$收入利润率 = \frac{利润总额}{仓储营业收入} \times 100\%$$

该指标可以分析仓储企业营业收入与利润之间的关系，它受储存商品的费率、储存商品结构、储存单位成本等因素的影响。

(5) 人均实现利润。

人均实现利润是指报告年度仓储企业平均每人实现的利润，它是利润总额与仓库中全员人数之比。计量单位：元/人。

计算公式：

$$人均实现利润 = \frac{报告期利润总额(元)}{报告年度全员平均人数(人)}$$

其中，报告年度全员平均人数应采用根据时点数列计算序时平均数的方法来计算，全年利润总额采用时期累计数的方法计算。

该指标是考核现代仓储企业劳动生产率的重要指标。

(四) 商品仓储资金运用指标

为了反映仓库资金的运用情况，反映资金使用的经济效果，有必要计算和分析资金运用指标。仓库资金运用的指标主要有两大类：一类是固定资金占用量指标，另一类是流动资金周转速度指标。

固定资金是指固定资产所占用的资金。仓库固定资产是指在仓库经营管理中正在发挥作用的各种劳动资料(如库房、叉车、堆垛机等)和可供长期使用的职工生活福利设施(如职工宿舍、俱乐部等)。流动资金是指用于购买材料、燃料，用于支付工资和其他费用的资金。流动资金与固定资金相比较，主要特点是：它不会长久地停留在一种使用形态上，而是随着出入库、储存保管作业的不间断进行，由一种形态转化为另一种形态。如流动资产的最初形态是货币资金，一部分用于购买保管材料、燃料，另一部分用于支付工资和其他费用。保管材料正常投入仓储保管、养护活动后，改变了实物形态，其价值也一次性地全部转移到保管商品的价值中去了，从仓储保管营业收入中得到补偿。当下一次进仓商品保管养护时，又需重新购买材料投入仓储活动。流动资金就是这样，周而复始，永远处于往复流动的状态，流动资金每周转一次会给企业带来利润，因而它周转速度的快慢，直接关系到企业的利益。

1. 固定资金占用量

固定资金占用量是指一定时期内，仓库每储存保管一吨商品所需占用的固定资金数额。计量单位：元/吨。

计算公式：

$$固定资金占用量 = \frac{固定资金平均占用额(元)}{商品储存总量(吨)}$$

该指标常以年度为单位计算。其中，固定资金平均占用额为根据时点数列计算的序时平均数，全年固定资金平均占用额可以用年初、年末的固定资金的平均数来计算。

2. 流动资金周转速度

流动资金从货币资金的形态开始，到仓库获得营业收入又回到货币资金形态为止，就算完成了一次周转。因此，报告期的营业收入可以表明流动资金完成的周转总额。流动资金周转的快慢称为流动资金周转速度。加快流动资金的周转速度，就是要缩短流动资金每周转一次的时间。体现流动资金周转速度的指标有两个：流动资金周转次数和流动资金周转天数。流动资金周转次数的计量单位：次，流动资金周转天数的计量单位：天。

(1) 流动资金周转次数。

流动资金周转次数是指报告期内仓储的营业收入总额与流动资金平均余额的比值。它反映了报告期内流动资金完成了几次周转，表明流动资金周转速度的快慢，是考核仓库流动资金利用效果的重要指标之一。

计算公式：

$$流动资金周转次数 = \frac{报告期仓储营业收入总额}{报告期流动资金平均余额}$$

其中，报告期流动资金平均余额的计算公式：

$$月度流动资金平均余额 = \frac{月初流动资金余额 + 月末流动资金余额}{2}$$

$$季度流动资金平均余额 = \frac{季内三个月度流动资金平均余额之和}{3}$$

$$本月止累计流动资金平均余额 = \frac{本月止累计各月流动资金平均余额}{本月止累计月数}$$

$$年度流动资金平均余额 = \frac{全年各季度流动资金平均余额之和}{4}$$

$$或 = \frac{全年各月度流动资金平均余额之和}{12}$$

从流动资金周转次数的计算公式可以看出：报告期仓库在占用一定数量流动资金的条件下，仓储营业收入总额越大，流动资金的周转次数就越多；同理，为了取得一定的仓储营业收入总额，流动资金周转次数越多，所需占用的流动资金就越少。

(2) 流动资金周转天数。

$$流动资金周转天数 = \frac{报告期日历天数}{报告期流动资金周转次数}$$

$$= \frac{报告期日历天数 \times 报告期流动资金平均余额}{报告期仓储营业收入总额}$$

$$= \frac{报告期流动资金平均余额}{报告期平均每天仓储营业收入额}$$

在一定的前提下，流动资金周转次数越多，则每周转一次所需的天数就越少。为了计算方便且使资料具有可比性，国家财政部统一规定，年度一律按360天计算，季度一律按90天计算，月度一律按30天计算。

分析研究流动资金周转速度的同时，还可以计算由于加快(或减慢)流动资金的周转速度而节约(或增加)的流动资金数额。计算时既可用报告期流动资金周转天数与计划周转天数对比分析,也可与历史资料对比分析。

计算方法(计算结果负数表示节约,正数表示增加):

流动资金数额 = 报告期平均每天仓储营业收入额 × (报告期流动资金周转天数
− 计划或基期流动资金周转天数)

例如:某仓库 2011 年全年仓储营业收入总额为 720 万元,年初流动资金余额为 37 万元,年末流动资金余额为 35 万元,计划流动资金周转天数为 23 天,2010 年流动资金周转天数为 28 天。计算:(1)2011 年流动资金周转次数和周转天数;(2)由于流动资金周转速度加快(或减慢)而节约(或增加)的流动资金数额。

解:(1)

$$2011 \text{ 年流动资金周转次数} = \frac{720}{(37 + 35)/2} = 20(\text{次})$$

$$2011 \text{ 年流动资金周转天数} = \frac{360}{20} = 18(\text{天})$$

(2) 由于加快(或减慢)流动资金周转而节约(或增加)的流动资金数额:

$$\text{与计划资料对比:} \frac{720}{360} \times (18 - 23) = -10(\text{万元})$$

$$\text{与 2010 年资料对比:} \frac{720}{360} \times (18 - 28) = -20(\text{万元})$$

从计算可知,该仓库 2011 年度流动资金的周转次数为 20 次,平均周转天数为 18 天,由于加快了流动资金周转,与计划相比节约流动资金 10 万元,与 2010 年相比节约流动资金 20 万元。

(五) 职工工作量指标

职工工作量能正确反映仓库职工的劳动生产率。劳动生产率的高低,是反映仓储企业经营管理水平的重要指标。企业管理者的能力,广大职工的精神面貌,人员安排的合理程度,机械化的利用情况等,都是影响劳动生产率的重要因素。此外,计算职工工作量指标,便于与同行业仓库及历史先进指标进行对比、分析,找出差距,改进提高。

仓库职工工作量考核的指标很多,其中较重要的指标有保管员平均每人工作量和全员平均工作量。

1. 保管员平均每人工作量

保管员平均每人工作量是指在一定时期内,平均每个保管员储存养护商品的作业量。它反映了商品仓储及进出库数量与劳动力消耗的比值,属于劳动生产率指标。该指标根据保管员考核工作内容的不同,可以有多种计算方法:

(1) 按保管商品的品种计算工作量:

$$\text{保管员平均每人工作量} = \frac{\text{报告期保管商品的品种数(种)}}{\text{报告期保管人员的平均人数(人)}} \tag{1}$$

(2) 按保管商品的总量计算工作量:

$$\text{保管员平均每人工作量} = \frac{\text{报告期保管商品的总量(吨)}}{\text{报告期保管人员的平均人数(人)}} \tag{2}$$

(3) 按收发商品的笔数计算工作量：

$$保管员平均每人工作量 = \frac{报告期收发商品的笔数(笔)}{报告期保管人员的平均人数(人)} \tag{3}$$

(4) 按收发商品的数量计算工作量：

$$保管员平均每人工作量 = \frac{报告期收发商品的数量(吨)}{报告期保管人员的平均人数(人)} \tag{4}$$

(5) 按保管商品的收入计算工作量：

$$保管员平均每人工作量 = \frac{报告期保管商品的总收入(元)}{报告期保管人员的平均人数(人)} \tag{5}$$

其中，报告期保管人员的平均人数是一个序时平均数，可用时点数列计算序时平均数的方法求得。保管人员是指仓库中的保管员、保管工人以及从事验收、发货等工作的所有人员，但不包括专职的记账员、核算员。

仓储企业具体采用哪种方法计算保管人员每人的工作量，可以根据各个仓库的具体情况及考核重点而定。一般而言，若保管的商品是少品种、大批量、流通量又较大的，可根据上文公式(4)计算；若保管的商品是多品种、小批量的，可根据公式(1)、(3)计算；若为储存型仓库，主要考核保管的数量，可根据公式(2)计算；若保管不同商品的难易相差很大，可根据公式(5)计算。

2. 全员平均工作量

全员平均工作量是指在一定时期内，仓库中平均每个职工承担的仓储作业的数量。因考核仓储作业的内容不同，也可以用不同的方法计算，主要的计算方法有：

(1) 按保管商品的数量计算：

$$全员平均工作量 = \frac{报告期保管商品的数量(吨)}{报告期仓库平均职工人数(人)}$$

(2) 按收发商品的数量计算：

$$全员平均工作量 = \frac{报告期收发商品的数量(吨)}{报告期仓库平均职工人数(人)}$$

其中，仓库平均职工人数是报告期仓库全部职工人数的序时平均数。仓库全部职工包括直接从事保管业务的工作人员、行政管理人员、后勤服务工作人员等所有的职工，但不包括从事运输业务的人员。

(六) 商品储存安全性指标

商品储存的安全性指标用来反映仓库作业的安全程度，可以用发生的各种事故的大小和次数来表示，主要有人身伤亡事故，仓库失火、爆炸、被盗事故，机械损坏事故等。这类指标一般不需要计算，只是根据损失大小来划分不同等级，以便于考核。

以上六大类指标构成了仓储管理中比较完整的指标体系，从不同方面反映了仓储部门的经营管理、工作质量及经济效益的水平。

❖❖❖❖❖　**模 块 小 结**　❖❖❖❖❖

　　仓储成本是发生在货物储存期间的各种费用支出，分为仓储运作成本和仓储存货成品两大类，除此之外还包括缺货成本和在途存货成本。仓储运作成本可以分为固定成本和变动成本两部分。仓储存货成本包括订货成本、资金占用成本和存货风险成本。

　　合理控制仓储成本，加强仓储成本管理是企业物流管理的一项重要内容。为了合理计算仓储成本，有效监控仓储过程中发生的费用来源，可以按仓库支付形式、仓储运作项目、适用对象等不同方法计算仓储成本。仓储成本的控制应遵循政策性原则、全面性原则和经济性原则。

　　建立和健全一整套行之有效的考核指标体系，对于加强现代仓储管理，提高经济效益有着十分重要的意义。仓储管理指标体系可分为商品仓储数量指标、商品仓储质量指标、商品仓储效益指标、商品仓储资金运用指标、职工工作量指标和商品储存安全性指标几大类。

关键概念

　　仓储成本；仓储运作成本；仓储存货成本；固定成本；变动成本；订货成本；资金占用成本；存货风险成本；商品仓储数量指标；商品仓储质量指标；商品仓储效益指标；商品仓储资金运用指标；职工工作量指标；商品储存安全性指标

❖❖❖❖❖　**练 习 与 思 考**　❖❖❖❖❖

一、单选题

1. 计算仓储成本时原始数据主要来自(　　)。
　　A. 财务部门　　　　　　　　　　B. 会计部门
　　C. 行政部门　　　　　　　　　　D. 管理部门

2. 仓储运作的固定成本有(　　)。
　　A. 库房折旧　　　　　　　　　　B. 水电气费用
　　C. 设备维修费用　　　　　　　　D. 工人加班费用

3. 仓储运作的变动成本有(　　)。
　　A. 设备折旧　　　　　　　　　　B. 库房租金
　　C. 库房固定人工工资　　　　　　D. 货品损坏成本

4. 仓储存货成本不包括(　　)。
　　A. 订货成本　　　　　　　　　　B. 固定成本
　　C. 资金占用成本　　　　　　　　D. 存货风险成本

5. 发生在货品持有期间，因市场变化造成的商品贬值属于(　　)。
　　A. 订货成本　　　　　　　　　　B. 资金占用成本
　　C. 缺货成本　　　　　　　　　　D. 存货风险成本

6. 下列哪项属于变动成本(　　)。
   A. 管理费
   B. 联合成本
   C. 维修费用
   D. 购置车辆费用

7. 下列哪项属于固定成本(　　)。
   A. 燃料成本
   B. 劳动成本
   C. 维修费用
   D. 购置车辆费用

8. 在库存持有成本中反映企业失去的盈利能力的指标是(　　)。
   A. 存储空间成本
   B. 资金占用成本
   C. 库存风险成本
   D. 库存服务成本

9. 主要反映仓库仓储生产的经济效益的指标是(　　)。
   A. 业务赔偿费率
   B. 全员劳动生产率
   C. 人均利税率
   D. 仓容利用率

10. 主要反映仓库保管和维护质量水平的指标是(　　)。
    A. 收发正确率
    B. 业务赔偿费率
    C. 物品损耗率
    D. 账实相符率

二、多选题

1. 仓储成本包括(　　)。
   A. 仓储运作成本
   B. 仓储存货成本
   C. 缺货成本
   D. 在途存货成本

2. 反映仓库生产物化劳动的指标主要是(　　)。
   A. 仓库面积利用率
   B. 全员劳动生产率
   C. 仓容利用率
   D. 设备利用率

3. 反映仓库生产物化劳动和活劳动的指标主要是(　　)。
   A. 库用物资消耗指标
   B. 平均验收时间
   C. 发运天数
   D. 作业量系数
   E. 单位进出库成本和单位仓储成本

4. 反映仓库生产成果质量的指标主要是(　　)。
   A. 收发差错率
   B. 业务赔偿费率
   C. 物品损耗率
   D. 账实相符率
   E. 缺货率

5. 反映仓库生产成果数量的指标主要是(　　)。
   A. 吞吐量
   B. 库存量
   C. 存货周转率
   D. 库存品种

三、判断题

1. 吞吐量是指计划期内仓库中周转供应商物品的总量,包括入库和出库两部分。(　　)
2. 收发差错率是仓库管理的重要质量指标,通常应控制在5%的范围内。(　　)
3. 缺货率反映出仓库保障供应、落实客户要求的程度。(　　)
4. 资金占用成本可能是实际发生的成本,也可能是一种机会成本。(　　)
5. 仓库生产绩效考核的意义在于对内加强管理、降低仓储成本,对外接受货主定期评价。(　　)

四、简答题

1. 仓储成本由哪些内容构成？
2. 仓储管理指标体系包括哪些具体内容？如何计算？

◆◆◆◆◆ **实 训 实 践** ◆◆◆◆◆

1. 分析影响企业仓储成本的因素，并思考如何降低仓储成本。
2. 叙述仓储管理指标体系的具体内容，并进行计算。

◆◆◆◆◆ **案 例 分 析** ◆◆◆◆◆

奥康：物流运营零成本

奥康提出的物流运营零成本并非是物流运营不花一分钱，只是通过一种有效的运营方式，最大限度地降低成本，提高产品利润。

现代市场的竞争，就是比谁看得准、下手狠。特别是对皮鞋行业而言，许多产品是季节性的。对这类产品，就是比时间、比速度。对一些畅销品种，如果能抢先对手一星期上货、一个月出货，就意味着抢先占领了市场。而对于市场管理的终极目的也在于此，如果你的产品慢于对手一步，就会形成积压。

积压下来无法销售掉的鞋子将会进行降价处理，如此一来，利润减少，物流成本加大。实在处理不掉的鞋子，将统一打回总部，二次运输成本随之产生，物流成本也就在无形之中增加了。据了解，奥康将一年分为 8 个季，鞋子基本上做到越季上市。一般情况下，在秋季尚未到来的半个月前，秋鞋必须摆上柜台。这在一定程度上考验奥康的开发设计能力，因此必须准确地把握产品的时尚潮流信息。为此，奥康在广州、米兰等地设立了信息中心，将国际最前沿的流行信息在第一时间反馈到温州总部。这样就可以做到产品开发满足市场需求、减少库存、增加利润。

很多消费者可能都有这样一种经历，电视台上有些大打广告的产品，当你心动准备去购买的时候，跑遍了所在城市的每一个角落，也找不到它们的踪影。如此一来，信息成本加大，进一步导致利润降低。

奥康的广告策略是广告与产品同时上市或广告略迟于产品上市。这样既可以使产品在上市之初进行预热，又可以收集到产品上市后的相关信息，有利于对返单的鞋子进行产品宣传及进一步的开发设计，从而达到提高销量的目的，同时也降低了物流运营成本。

(案例选自物流沙龙 http://www.logclub.com/thread-21708-1-1.html)

结合案例回答问题：

1. 奥康是如何实现零成本运营的？
2. 你认为奥康成功的关键是正确的广告策略，还是准确的产品开发？为什么？

部分习题参考答案

模块一

一、单选题

1.A 2.C 3.A 4.A 5.A 6.C 7.B 8.C 9.A 10.A

二、多选题

1.ABD 2.ABCDE 3.ABCD 4.ABD 5.ABCD

三、判断题

1.√ 2.× 3.√ 4.√ 5.√

模块二

一、单选题

1.B 2.C 3.C 4.D 5.A 6.C 7.A 8.B 9.C 10.D

二、多选题

1.ABCD 2.ABCD 3.BCDE 4.ABCD 5.CE

三、判断题

1.√ 2.× 3.× 4.√ 5.×

模块三

一、单选题

1.A 2.D 3.A 4.A 5.D 6.D 7.C 8.A 9.B 10.D

二、多选题

1.ABCDE 2.ABCDE 3.BCDE 4.AB 5.ABD

三、判断题

1.√ 2.√ 3.× 4.× 5.√

模 块 四

一、单选题

1. C　　2. B　　3. A　　4. D　　5. A　　6. C　　7. C　　8. A　　9. C　　10. D

二、多选题

1. ABCDE　　2. ABCD　　3. ABCD　　4. ABCD　　5. ABC

三、判断题

1. √　　2. ×　　3. ×　　4. √　　5. √

模 块 五

一、单选题

1. B　　2. C　　3. D　　4. B　　5. B　　6. A　　7. D　　8. C　　9. A　　10. D

二、多选题

1. ABCD　　2. ABD　　3. ABCD　　4. ABCD　　5. ABCDE
6. ABCD　　7. ABCDE　　8. ABCDE　　9. BCD　　10. ABCD

三、判断题

1. √　　2. √　　3. √　　4. √　　5. √　　6. √　　7. ×　　8. √　　9. √　　10. √

模 块 六

一、单选题

1. B　　2. D　　3. D　　4. C　　5. C　　6. D　　7. C　　8. A　　9. A　　10. B

二、多选题

1. ABC　　2. ABCDE　　3. ABCD　　4. ABCD　　5. ABDE

三、判断题

1. √　　2. ×　　3. √　　4. √　　5. √

模 块 七

一、单选题

1. A　　2. B　　3. D　　4. C　　5. A

二、多选题

1. ABC　　2. BCD　　3. ABCE　　4. ABCE　　5. BC

三、判断题

1. √   2. √   3. √   4. √   5. √

模 块 八

一、单选题

1. A   2. B   3. B   4. D   5. D   6. D   7. A   8. D   9. C   10. C

二、多选题

1. BCDE   2. ABCDE   3. ABCDE   4. ACD   5. ABCD

三、判断题

1. ×   2. ×   3. √   4. √   5. √

模 块 九

一、单选题

1. A   2. A   3. D   4. C   5. D   6. C   7. D   8. B   9. C   10. C

二、多选题

1. ABCD   2. ACD   3. ABCDE   4. ABCDE   5. ABCD

三、判断题

1. ×   2. ×   3. √   4. √   5. √

参 考 文 献

[1] 郭元萍. 仓储管理与实务[M]. 北京：中国轻工业农业出版社，2005.

[2] 邬星根. 仓储与配送管理[M]. 上海：复旦大学出版社，2005.

[3] 刘莉. 仓储管理实务[M]. 北京：中国物资出版社，2006.

[4] 王宵涵. 物流仓储业务管理模板与岗位操作流程[M]. 北京：中国经济出版社，
     2005.

[5] 张三省. 仓储与运输物流学[M]. 广州：中山大学出版社，2007.

[6] 赵玉国. 仓储管理[M]. 北京：冶金工业出版社，2008.

[7] 孙秋高. 仓储管理实务[M]. 上海：同济大学出版社，2007.

[8] 郑文岭，赵阳. 仓储管理[M]. 北京：机械工业出版社，2008.

[9] 路建国，刘颖. 物流仓储管理[M]. 北京：中国商业出版社，2007.

[10] 黄中鼎. 仓储管理实务[M]. 武汉：华中科技大学出版社，2009.

[11] 刘俐. 现代仓储管理与配送中心运营[M]. 北京：北京大学出版社，2008.

[12] 张念. 仓储与配送管理[M]. 大连：东北财经大学出版社，2008.

[13] 李永生，郑文岭. 仓储与配送管理[M]. 北京：机械工业出版社，2009.

[14] 周秀群. 仓储与配送[M]. 北京. 化学工业出版，2008.

[15] 黄静. 仓储管理实务[M]. 大连. 大连理工大学出版社，2006.

[16] 王兰会. 仓管员岗位培训手册[M]. 北京：人民邮电出版社，2011.

[17] 毛晓辉，刘光辉. 仓储作业与管理[M]. 北京：中国传媒大学出版社，2011.

[18] 张建雄. 助理物流师[M]. 北京：中国劳动社会保障出版社，2013.

[19] 罗书林，刘翠芳. 仓储管理实务[M]. 沈阳：东北大学出版社，2014.